COLLECTION
FOLIO/ESSAIS

Jean-Paul Aron

Les modernes

Gallimard

Hélas, où prendrais-je, quand
C'est l'hiver, les fleurs?

HÖLDERLIN

Le moderne, le voilà! C'est la vie
rendue sans emphase, telle qu'elle
est, et c'est, en raison même de sa
vérité, une œuvre crâne, unique...

J. K. HUYSMANS

Novembre 1945. Institut de philosophie,
Strasbourg.

Canguilhem règne, redouté pour ses colères, un ton mi-rustique mi-Charlus qui impressionne les âmes sensibles sans tromper celles qu'il prétend séduire. Un étudiant lui vient-il confier son émotion à propos d'un auteur en vogue, il monte sur ses grands chevaux, invoquant les références sérieuses, le *Traité* d'Aristote *sur les parties des animaux* ou la *Critique du jugement*, tel le baron Palamède énonçant vivement ses titres de noblesse pour briser la résistance des grooms.

Donc, Canguilhem joue l'indifférence à l'air du temps qu'il respire par la suite à pleins poumons. Il n'a pas encore lâché Bergson dont il était friand dans sa jeunesse, descendant à lui consacrer des essais qu'il s'efforce plus tard de faire oublier. Cependant sa préférence va aux biologistes et aux psychiatres allemands de la *Gestalt*, à Goldstein et à Von Uexküll, à l'époque parfaitement inconnus en France, qui inspirent, en 1943, sa thèse de médecine, son meilleur livre, sur le normal et le pathologique, un an après l'ouvrage de Merleau-Ponty sur des matières voisines.

Côté littérature, il s'exprime peu, n'affichant que trois dévotions. Au premier chapitre de *A la recherche du temps perdu* dont il rappelle l'attaque, inlassablement : « Longtemps, je me suis couché de bonne heure. » A Valéry qui apporte aux professeurs, amis de l'ordre, l'image à la fois apaisante et moderniste d'un Mallarmé cartésien. A Alain, maître d'école quasiment, laïc, rationaliste, radical-socialiste, méprisant les charges et lié à la littérature par des rapports de coquetterie et de parisianité active : de quoi émoustiller un clerc si peu doué pour l'écriture que, toujours il en est réduit à la vivre par procuration. A la soutenance de Foucault, en 1960, dont il rapporte la thèse, celui-ci, dans un puissant mouvement de modestie déclarant que pour rendre compte en vérité de la folie, il faudrait une veine de poète, Canguilhem, alors très épris du candidat, lui lance : « Vous l'êtes, monsieur ! »

Le mercredi, de Paris, débarque Hyppolite dont la rumeur flatteuse s'est répandue dans les départements. Tels les personnages de Nathalie Sarraute qui se meuvent, se débattent, virevoltent dans l'en dessous du langage, les idées, dans la culture française, circulent et s'agitent en tapinois avant de s'ériger en monuments. Hyppolite n'a pas encore publié son commentaire sur *La Phénoménologie de l'esprit* qu'il en est partout question. Il faut dire que, par une traduction préalable, il initie les Français, cent quarante ans après sa parution, à l'une des œuvres souveraines de la philosophie occidentale. De Hegel, jusqu'aux années trente environ, on n'a jamais même entendu parler si ce n'est par Victor Cousin qui, au XIXe siècle, le paupérise à souhait. Brunschvicg ne l'apprécie pas. Il lui trouve mauvaise allure, un goût suspect du négatif, une vocation encyclopédique douteuse, où se perd le jugement, nerf moteur de la pensée. Entre les deux guerres, des francs-tireurs poussent des reconnaissances du côté de ce bizarre : Alain, sur la pointe des pieds, au travers des leçons sur l'art et la religion, disponibles en français par on ne sait quelle occurrence éditoriale ; Jean Wahl, plus téméraire, lisant la *Phénoménologie* en allemand et bravant la Sorbonne par sa petite thèse sur la conscience malheureuse. Mais, de ces aventures, l'écho ici n'excède pas les enceintes académiques. Au point qu'en 1945, lorsque Hyppolite s'envole, on a presque oublié le nom du vrai pionnier : Alexandre Kojève qui, de 1933 à 1939, à la cinquième section de l'Ecole Pratique des Hautes Etudes, découvre magistralement à une poignée de jeunes intellectuels abasourdis — entre autres Georges Bataille, Raymond Queneau et le docteur Lacan — la dialectique du désir et les contradictions de la belle âme. Injuste travail du temps : Hyppolite récolte à la Libération, dans un fracas, les produits de cette germination silencieuse, sans jamais recouvrer sa vigueur. En 1950, Curtius me raconte qu'ayant, à la demande de Roger Kempf, fait la connaissance d'Hyppolite, celui-ci, sur Hegel, lui avait tenu des propos qui n'auraient pas décontenancé des candidats à l'*Abitur*, le baccalauréat allemand.

Non, nous n'aimons pas les auteurs étrangers ou plutôt nous ne les écoutons qu'à la française. Le *Voyage en Orient* de Nerval est une adaptation de *Modern Egyptians* de William Lane. Les versions littérales des pensées d'ailleurs nous importunent apparemment. En 1984, Freud n'est pas encore traduit intégralement. La culture française, lorsqu'elle daigne porter, parfois précocement, son regard sur les autres — au XVIIIe siècle sur Shaftesbury, Richardson, Fielding ou Sterne, au XXe sur Joyce, Borges, Jünger et Faulkner —, les sollicite et les apprivoise. Tant pis pour les oubliés innombrables : ils sont comme ces princes, les ducs de Savoie et de Lorraine, les comtes palatins du Rhin, dont la cour de Versailles ne reconnaît en aucun cas la parité avec ceux de France.

Il y a chez Hyppolite un je ne sais quoi de chapiteau

11

roman, une façon de prophète qui tire du ciel son propos, une éloquence qui s'adresse à l'univers plutôt qu'à ses étudiants. Sa parole se déroule, par-delà l'espace et le temps, au rythme nouménal des concepts. Parfois il prend son thème sur Claudel, après Hegel sa nourriture d'élection. Il dérive au point de perdre pied carrément. Mais je ne crois pas, s'il eût vécu, qu'il aurait navigué sous Lyotard. C'est un homme à revenir au port, dût-il y amarrer avec peine. Foucault, dont il suit passionnément les premiers travaux, le comble : de l'irrationnel, du désordre, de la déviance, des discours dissolus par la connaissance régénérés, discours articulés, discours de vérité.

J'apprécie Lagache, quoiqu'il m'intimide par un rien de pion, une voix métallique, un relent de médecin-contrôleur social du XIXᵉ siècle. On reparle, depuis 1980, de sa *Jalousie amoureuse*, après deux décennies, ou presque, d'oblitération : salaire d'une indépendance reconquise sur la faction de Lacan avec qui il parcourt, de 1953 à 1960, un petit bout de chemin.

Précurseur, il inaugure en 1930 la filière médico-analytique de la philosophie, si chic dans les années cinquante. Jean Laplanche comme lui, normalien et agrégé, le suit à la lettre : externat des hôpitaux, internat et clinicat des asiles, thèse de médecine, thèse de lettres, haute fonction universitaire, importante consultation privée. Lagache a aussi l'esprit d'entreprise, entre 1945 et 1948 créant à Strasbourg une constellation analytique, bientôt sans égale en France, hors Paris. Elle est, à partir de 1960, entièrement gagnée aux lacaniens : à la Faculté de médecine — l'une des seules à s'être ralliée unanimement à l'inconscient —, où Kammerer, Israël et Ebtinger veillent au grain ; « en ville », où Mustapha Safouan, représentant en mission de l'Ecole freudienne, mène ses didactiques.

Novembre 1945. *Deuxième numéro des* Temps modernes.

Le titre m'abuse. J'ignore que cette revue n'amorce pas une histoire mais l'achève ; qu'en se vouant au sujet et au sens, elle brouille les cartes de l'idéologie en train de se fonder sur les objets et les structures. Dans un texte d'une lucidité peu commune, Claude Lefort, alors âgé de vingt ans, critiquant l'économisme un peu sommaire d'un livre de Daniel Guérin [1], observe que le fascisme relève de représentations perverses : il est truqueur, il n'existe que d'une vie d'emprunt, sa mystique s'accomplit dans l'apparence. Comment n'y sentir point des indices exécrables d'une sensibilité qui va, pendant des décennies, dominer la France d'après-guerre, sacrifiant les choses aux mots et la présence à l'illusion ? Comme si la conscience occidentale avait, par un détour monstrueux, tâté du simulacre dans les camps d'extermination avant de l'imposer en mode noble et universel de la pensée.

Vous demandez-vous pourquoi des discours qui ne sont pas d'époque, parce que trop vieux ou trop jeunes, passent si allégrement pour novateurs ? C'est que le système d'émission compte davantage que les choses émises ; que la configuration socioculturelle des *Temps*

1. *Fascisme et Grand Capital*, Paris, Gallimard, 1945.

13

modernes détonne. A-t-on jamais vu, dans une revue littéraire française, des écrivains cohabiter si intimement avec des professeurs? Certes Bataille, avant-guerre, et quelques audacieux, donnent le ton dans des revues confidentielles comme *Bifur*, *Acéphale* ou *Documents*. Mais qui s'avise de leurs rédacteurs? En 1945, *Les Temps modernes* frappent un coup brutal. Songez à une tradition vieille de cinq cents ans, au dédain des créateurs à l'égard des docteurs, à la connivence de la classe dominante, nobiliaire puis patricienne, avec les hommes de lettres, à l'exclusion concertée des clercs. En 1718, l'abbé de Saint-Albin, que le Régent avait eu de la comédienne Florence, passe en Sorbonne sa thèse. Tout-Paris, je veux dire tout ce qui s'y fait de huppé, Mme la Duchesse d'Orléans en tête, célèbre cet événement que Saint-Simon rapporte comme un conte de fées. Mais n'allez pas chercher si loin: au XIXe siècle, quand la science, cheval de bataille de l'Université, sert aux fabricants de fiction, aux romanciers, aux dramaturges, d'emblème auquel l'art accroche désormais sa légitimité, le milieu littéraire refuse d'accréditer les enseignants parmi les siens:

Un monsieur arrive, mince, un peu raide, maigre, avec un peu de barbe; ni petit, ni grand, un pète-sec; l'œil bleuâtre sous ses lunettes; une figure décharnée, un peu effacée qui s'anime en parlant; un regard qui prend de la grâce en vous écoutant, une parole douce, coulante, un peu tombante de la bouche, qui montre les dents: c'est Taine. Comme causeur, c'est une sorte de jolie petite incarnation de la critique moderne, très savante, aimable et un peu pédante. Un fond de professeur, — on ne se défroque pas de cela, — mais sauvé par une grande simplicité, l'agrément du monde, une attention bien élevée et se donnant joliment aux autres [1].

Vous représentez-vous Zola ou Maupassant corrigeant des copies de licence ? Michelet est au Collège de France : mais celui-ci, précisément, naît en 1530 et, par la suite, se fortifie de la méfiance des rois envers les écoles, officines de rhétorique inaptes à l'essor de l'imaginaire.

Cette coupure française entre deux catégories de ce que l'on est convenu, à l'époque de l'affaire Dreyfus, d'appeler les « intellectuels » ; cette dichotomie entre ceux qui parlent en fonctionnaires et ceux qui s'expriment libéralement ; cette partition des compétences est incompréhensible aux étrangers. Comment les Allemands l'entendraient-ils ? En pays luthérien, le séminaire est un espace de spiritualité autant que de pédagogie ou de vie sociale. C'est par l'affichage de ses thèses — ou leur expédition postale, on ne sait —, que le professeur Martin Luther déclenche une des plus formidables révolutions religieuses et culturelles de l'Occident. Depuis Kant, la philosophie, la vraie, celle qui ébranle les mondes, est profondément enracinée dans l'Université germanique. Hegel y joue, à Berlin, un rôle instaurateur. Nietzsche lui-même, le plus subversif et le plus inclassable des penseurs, n'échappe à la cléricature qu'à demi. En Amérique, depuis la fin du XIXe siècle, des romanciers, des artistes célèbres ont, sans se compromettre, travaillé à Yale, à Princeton, à Harvard. Que Michelet se régale du gynécologue Coste et Zola de Prosper Lucas, que les psychiatres des années 1880 intriguent les littérateurs, que Durkheim jouisse d'un grand crédit dans le monde politique

1. J. et E. de Goncourt, *Journal*, 1er mars 1863.

15

autant que dans les cénacles, ne change rien à la chose. Les écrivains français, résolument, demeurent entre eux comme les officiers prussiens en leurs cercles et les gentlemen anglais dans leurs clubs.

Et voici qu'en octobre 1945, des enseignants et des écrivains fraternisent dans une équipe insolite : en tête, Sartre, encore professeur de lycée, connu à la fois par la littérature et par la philosophie, dont il étend démesurément — Bergson n'y parvint jamais — le domaine d'accueil (on achète *L'Etre et le Néant* comme, plus tard, *L'Anti-Œdipe* ou *Le Hasard et la Nécessité*, pour le posséder, non pour le lire) ; Beauvoir, suiveur plutôt qu'épigone, même profil ; Merleau-Ponty, tout neuf et guilleret de ses ouvrages sur le comportement et la perception ; Raymond Aron, professeur en disponibilité, rêvant d'un grand emploi, style conseiller du prince. Autour de ces agrégés, des gens de plume traditionnels se satellisent dans le genre ambigu du XIXᵉ siècle, moitié bourgeois, moitié maudits : Violette Leduc, la réprouvée ; Richard Wright, noir et américain ; Nathalie Sarraute, condescendante et inquiète ; bientôt Genet, loubard et martyr.

Mai 1946. Premier numéro de Critique.

Directeur : Georges Bataille. Rédacteur en chef : Pierre Prévost, Comité de rédaction : Maurice Blanchot, Pierre Josserand, Jules Monnerot, Albert Ollivier, Eric Veil.

Quelques semaines auparavant, Raymond Aron, ami de Veil, prie mon père de collaborer à cette publication mensuelle. Son dessein est d'associer aux écrivains non seulement des professeurs mais des savants de toutes spécialités. Son titre condense un programme : la substitution des discours à la création ; de la théorie au vécu.

Au regard de Sartre, célèbre à quarante ans, Georges Bataille, à quarante-neuf ans, est peu connu du public. Mais, depuis 1930, il exerce une activité intense et jouit d'un haut prestige dans le clan culturel de Paris. Je viens d'évoquer cette institution spécifiquement française. Il me faut revenir sur elle un instant.

Durablement liée à la noblesse par ses consommateurs mais aussi ses producteurs (de Charles d'Orléans à Chateaubriand en passant par d'Aubigné, Retz, La Rochefoucauld, les grandes dames du XVIIᵉ siècle, Saint-Simon), elle s'ouvre, dès le XVIᵉ, aux fils de robins, de marchands et d'artisans subrepticement soutenus par les princes empressés à se rallier une clientèle face à la féodalité trublionne. Apprentis sorciers, ils liguent ces forces à leurs dépens dans un milieu culturel dont Tocqueville, le premier, révèle la corrosion : les écrivains, les philosophes, les savants bourgeois reçus par les aristocrates, à partir de 1730, en deviennent les maîtres [1], car les maîtres des lieux ont perdu la foi [2] : en Dieu, qui n'est plus que la clef de voûte d'un édifice vacillant ; en la royauté qui les a, pendant près d'un siècle, persécutés, meurtris, dépouillés de leur grandeur. Il ne leur reste plus qu'à s'identifier à leurs hôtes pensants, à s'approprier les idées séditieuses transportées chez eux par ces prédateurs bien élevés ; à rêver de bouleversements politiques, de droit naturel et de déterminisme universel comme de succédanés du luxe ou d'éruptions de la folie. En 1760, tout est en place : l'écrivain ennobli par son entourage, membre d'une confrérie si rayonnante qu'il est traité par les souverains avec plus d'égards que les ambassadeurs de France ; la culture, aux mains d'une camarilla contestataire, éprise de beaux meubles et d'hôtels armoriés : Stendhal et Balzac peuvent venir.

Je propose d'appeler patricienne cette organisation pour cerner aussi exactement que possible les réajustements qu'elle introduit dans la classe dominante. Avant 1789, les nobles, par scepticisme ou par désespoir, aliènent leurs privilèges aux créateurs, émanés des diverses strates du tiers état, Voltaire, Diderot, Rousseau. Ceux-ci les paient de retour. « Leur malice, écrit Sartre, était de ne jamais opposer le bourgeois à l'aristocrate, seulement la nature humaine aux monstres produits par la société [3]. »

---

1. *L'Ancien Régime et la Révolution.*
2. Pierre Klossowski, *Sade mon prochain*, Paris, Le Seuil, 1967, p. 66-70.
3. *L'idiot de la famille*, Paris, Gallimard, t. III, 1971, p. 91.

18

Au XIXe siècle, plus question de déclassement. La roture est au pouvoir. Mais ce qui, sous Louis XV, confère au « clan » embourgeoisé son prestige, lui devient motif à isolement. Les nouveaux maîtres soupçonnent de subversion ces empêcheurs de danser en rond. Ils se replient sur eux-mêmes dans des retraites dorées — Flaubert à Croisset, Zola à Médan — ou dans la transgression de la bohème, mais toujours au contact les uns des autres par des manifestations de solidarité corporative, dîners au restaurant, sociabilité de café, collégialité de revues et de chapelles. Epanoui dans le corps social ou rétracté dans sa coterie, le clan perpétue parmi ses membres une antique figure de la caste.

Celle-ci est obscure, bien qu'elle vive au grand jour. Au moment où j'écris ces lignes, elle le demeure, comme à l'âge des précieuses. C'est que son fonctionnement demeure inintelligible à ceux qui n'y participent pas de l'intérieur. Pour « en être », il faut une longue patience, des initiations douloureuses. Allez expliquer à un postulant provincial, fût-ce à un Parisien mal dégrossi, qu'à moins d'être publié à son propre compte, il convient d'entretenir avec ses éditeurs une connivence qui ne relève pas du seul talent...

De sorte que, tout naturellement, le « clan » se comporte en machine de guerre qui intimide et qui sévit avant de pulvériser ses adversaires. Voyez l'Académie au XVIIe siècle, l'*Encyclopédie* au XVIIIe, la Jeune France puis les naturalistes au XIXe, la *N.R.F.* au début du XXe, les surréalistes vers 1925. Eparpillé de 1945 à 1984 entre des tendances esthétiques et idéologiques disparates, entre des maisons rivales et des journaux concurrents, il se présente en chaque cas comme une entreprise totalitaire résolue à faire respecter sa loi. Gare au récalcitrant auquel on ne propose qu'une alternative : la soumission ou le bannissement.

Tel est le milieu littéraire qui, à l'abri de ses juridictions soupçonneuses, permet aux siens toutes initiatives pourvu qu'elles contribuent à sa gloire. Ainsi, à Georges Bataille, dix ans ou presque avant *Critique,* la fondation, en 1937, avec Roger Caillois et Michel Leiris, du Collège de sociologie, prologue à la fois discret et éclatant à l'histoire intellectuelle de l'après-guerre. Des conférences, où la manie française du discours profane sur des choses sérieuses, les chuchotements maniéristes et la technique professorale s'articulent miraculeusement ; des thèmes — le sacré, le désir, le sexe, le pouvoir — qui vont envahir, jusqu'à l'asphyxie, la pensée pendant quarante ans ; enfin le rassemblement d'écrivains, sous l'égide des sciences humaines, ébauche officieuse d'un consortium perpétué, banalisé à la Libération par le Collège philosophique de Jean Wahl — où ce qui compte, dans l'enseignement et les lettres confondus, y va obligatoirement de sa prestation —, officialisé vers 1960 à l'Ecole des Hautes Etudes, en 1968 à l'université de Vincennes et entre 1970 et 1980 au Collège de France.

De cette conjonction insolite, il y a, dès 1931, au Musée d'ethnographie du Trocadéro, certains indices. Vétérans du surréalisme et anthropologues, poètes et chercheurs, Michel Leiris, Marcel Griaule, Georges-Henri Rivière font corps, assidus aux cours de Mauss, rejoints par Bataille qui manifeste d'emblée la tentation très spéciale, qu'il n'abandonna jamais, d'unir dans une représentation rénovée de l'avant-garde les clercs gagnés à la transgression et les écrivains ôtés à la frivolité. Dans le pointu de la crise morale secouant depuis 1920 l'intelligentsia française, tandis que la dépression de 1929 pose dramatiquement au capitalisme la question de son destin, Mauss fascine ses auditeurs par sa phénoménologie du collectif où s'entre-nouent l'économique, le social, le politique, attentat au positivisme durkheimien et au mécanisme marxiste. Il prêche la souveraineté du symbolique, installe l'ethnologie en modèle épistémologique universel, gomme les frontières entre l'imagination et le savoir, l'art et les systèmes de pensée.

Près de Bataille, en 1946, dans le comité de *Critique,* à la place d'honneur, siège Blanchot, trente-neuf ans, presque inconnu, déjà influent, auteur, en 1941, d'un roman, *Thomas l'Obscur,* en 1943, d'*Aminabad,* pétards à la déflagration différée. Il est fils de Mallarmé, celui d'*Igitur* et du *Coup de dés,* parent de Heidegger, alors dédaigné en France. Bataille descendrait plutôt de Nietzsche. Mais ils fraternisent en Sade, foyer de ce qu'ils nomment leur entretien infini. Par des voies distinctes ils se recommandent du rien qui justifie et volatilise ensemble le langage dont il exprime la règle altière de renoncer à produire de l'être. Quand Anne pénètre dans l'existence de Thomas, Blanchot note :

> Tout y semblait désolé et morne. Rivages déserts où se désagrégeaient lentement, abandonnées après un naufrage grandiose par la mer à jamais retirée, des absences de plus en plus profondes. Elle passa par d'étranges cités mortes où, au lieu de formes pétrifiées, de circonstances momifiées, elle rencontra une nécropole de mouvements, de silences, de vides ; elle se heurta à l'extraordinaire sonorité du néant qui est faite de l'envers du son, et, devant elle, s'étendent des choses admirables, le sommeil sans rêves, l'évanouissement qui ensevelit les morts dans une vie de songes, la mort pour laquelle tout homme, même l'esprit le plus faible, devient l'esprit même [1].

1. *Thomas l'Obscur,* Paris, Gallimard, p. 66-67.

En 1946, la revue *Critique* prend en charge l'élan suicidaire qui court, depuis Mallarmé, dans la culture française et, sur le mode d'un folklore macabre, continue de pervertir et d'empoisonner en 1984 nos sensibilités. Le double processus aboutissant dans les années soixante au règne dérisoire des rhéteurs en même temps qu'à l'inexorable décomposition de la fonction littéraire, est mis en marche, un an après l'armistice, aux Editions du Chêne par un conservateur des médailles à la Bibliothèque nationale, précocement disparu en 1962 et par un homme de lettres étrange, presque invisible, dérogeant à tous les principes de la parisianité, ayant si bien préservé ou géré son incognito que sa présence enveloppante, son rôle primordial, son prestige inégalé semblent presque idéalement ressortir aux instructions qu'il a, d'entrée de jeu, adressées à l'écriture, de donner un sens à ce qui a cessé d'être ou de faire être ce qui n'a pas et ne pourra plus jamais avoir de sens.

13 janvier 1947. Conférence d'Antonin Artaud au Vieux-Colombier.

A propos de la querelle qui opposa, de février à avril 1830, Cuvier et Geoffroy Saint-Hilaire à l'Académie des sciences de Paris, émouvant la presse, excitant l'opinion à la façon d'un fait divers, Goethe écrit :

> Dans l'histoire des sciences comme dans celle des États, on voit souvent des causes accidentelles et en apparence fort légères, mettre ouvertement en présence des partis dont l'existence était ignorée. Il en est de même de l'événement actuel.

Admirable lucidité d'un vieillard de quatre-vingt-un ans, presque au tombeau, dévoilant l'ambiguïté des événements qui tantôt se diluent dans les anecdotes, tantôt brusquement drainent en surface ce qui s'affaire en profondeur. Au regard de ces vérités essentielles, l'histoire des spécialistes est décevante. Elle oscille entre la considération des conjonctures dont elle n'explore que le visage découvert et l'analyse des temps longs, n'en inspectant que la face visible sous prétexte qu'à des choses évoluant à peine il est inutile de prêter des intentions de changement. Pourtant, derrière cette façade s'agitent des forces diffuses, de faible intensité au départ, de plus en plus sonores à mesure qu'elles concertent leurs accents et fracassantes par une ultime cristallisation. A la fin du règne de Louis XV et sous celui de Louis XVI, les grands seigneurs parisiens, imités par des financiers ambitieux, cultivent une gastronomie raffinée à l'abri de leurs demeures. La Révolution déploie ces afféteries au lieu d'y mettre un terme. Les restaurants naissent en pleine Terreur. Ils essaiment sous le Directoire dans les extrémités de la crise économique. Tout le monde en parle, tout le monde en raffole. Sous le Consulat, c'est l'explosion.

Je souhaite l'instauration d'une audiométrie, science féconde qui ausculterait le jugement public, capterait ses pulsations insensibles, évaluerait sa croissance, calculerait ses lassitudes. A propos d'Artaud, elle me paraît susceptible de départager deux séquences et deux modalités du bruit. D'abord un tapage ininterrompu, de la polémique avec Rivière en 1924 à l'enfermement à Rodez en 1943, en passant par les péripéties du théâtre Alfred-Jarry, l'épisode des *Cenci,* les voyages du Mexique et d'Irlande. A ne pas confondre avec la gloire. Le scandale est réactionnel, manière pour l'opinion d'étouffer ou de dissuader la provocation. Il confronte deux voix, l'une discordante — parfois en sourdine : voyez les impressionnistes en 1867 —, l'autre qui réprimande. Pendant la Seconde Guerre mondiale, celle-ci s'estompant, sur le nom d'Artaud un travail qualitatif s'opère en tapinois, traduit quantitativement par la plus-value de ses livres introuvables. En 1945, la demande se généralise. A partir de 1946, la rumeur flatteuse se transforme en chant d'apothéose.

Première figure : le 7 juin 1946, un gala de bienfaisance destiné à financer la réintégration parisienne du supplicié. Au théâtre Sarah-Bernhardt — quinze cents places —, archicomble, André Breton, revenu d'Amérique, ouvre, frémissant, la séance : « Je sais qu'Antonin Artaud a *vu*, au sens où Rimbaud et, avant lui,

Novalis et Arnim, avaient parlé de voir. » Et encore : « Au nom de ce qui me tient le plus à jamais à cœur, j'acclame le retour à la liberté d'Antonin Artaud dans un monde où la liberté même est à refaire ; par-delà toutes les dénégations prosaïques, je donne toute ma foi à Antonin Artaud, homme de prodiges, je salue en Antonin Artaud la négation héroïque de tout ce que nous mourons de vivre. » De quoi faire oublier les règlements de comptes surréalistes, l'interdit porté en 1928 contre *Le Songe* de Strindberg, dont la seconde représentation se déroule sous la protection de la police, les calomnies dégoisées sur les accointances d'Artaud avec la ploutocratie internationale : « Hélas ! ce n'était pour lui qu'un rôle comme un autre ; il " montait " *Le Songe* [...] ayant ouï dire que l'ambassadeur de Suède paierait[1]. »

Après l'invocation réparatrice du grand prêtre, Adamov proclame Artaud le plus grand poète vivant, Jouvet le désigne comme un prophète, Colette Thomas, dans un silence religieux, récite de lui un poème inédit, tandis qu'une panne d'électricité plonge la salle survoltée dans des ténèbres envoûtantes.

Deuxième figure : l'asile d'Ivry, d'où il sort librement, circulant entre Saint-Germain-des-Prés et Montparnasse, y acclimatant sa nouvelle présence de mage, souvent accompagné par Roger Blin.

Troisième figure : la conférence du 13 janvier 1947, à 21 heures, au théâtre du Vieux-Colombier. Il se produit, ce jour, une mutation acoustique dans l'institution culturelle parisienne. Car le récent prestige d'Artaud, par elle, n'était pas enregistré fidèlement. Il n'y a pas d'objectivité de l'impulsion sonore. Elle ne s'apprécie pas à la puissance des émetteurs mais à la réceptivité

---

1. André Breton.

des effecteurs, en l'occurrence du « clan » qui soudain la sélectionne et l'amplifie par des dispositifs appropriés. Au Vieux-Colombier, il met le paquet et, de façon à n'être pas débordé sur sa base — libraires curieux, jeunes gens épris d'aventure, comédiens, réalisateurs, écrivains, parmi ceux-ci Romain Weingarten et Jean Laude, qui m'ont, vingt fois, conté la circonstance —, il est là en nombre avec ses aspirants, Adamov, Pichette, ses étoiles montantes, Camus, Audiberti, ses stars chevronnées, Breton et Gide. On voit des choses surprenantes ; celui-ci, soixante-dix-sept ans, offrir à celui-là, cinquante et un, son siège ; Artaud brouiller ses papiers, les jeter à terre, se mettre à genoux pour les recueillir ; ensuite, perdant contenance, proférer des mots inintelligibles ; Gide, aidé d'Adamov, escalader la scène, afin de l'embrasser. On voit une salle en transe applaudir à ce discours dément, la folie s'imposer comme un bien de consommation courante et s'emballer l'idéologie du signe sans contenu, du son ne promettant rien de plus qu'il ne procure.

Sans doute, neuf ans plus tôt, Artaud, dénonçant prophétiquement ceux qui vont l'exploiter, le confisquer, le mutiler après sa mort, appelle l'énergie et le comique au secours de l'art à bout de souffle :

> Le théâtre contemporain est en décadence parce qu'il a perdu le sentiment d'un côté du sérieux et, de l'autre, du rire. Parce qu'il a rompu avec la gravité, avec l'efficacité immédiate et pernicieuse, et pour tout dire avec le danger.
>
> Parce qu'il a perdu d'autre part le sens de l'humour vrai et du pouvoir de dissociation physique et anarchique du rire.

Parce qu'il a perdu l'esprit d'anarchie profonde qui est à la base de toute poésie [1].

Cependant il exproprie le texte par la mythologie du metteur en scène ; il répand l'utopie d'un monde oublié dont le théâtre retrouverait les secrets au prix d'une ascèse fortifiante ; pis : il raffole des valeurs suspectes, la magie qui ressuscite lorsque la réflexion capitule, la cruauté qui, entre 1933 et 1939, sert moins à la littérature d'aiguillon qu'aux régimes totalitaires en expansion, de formule de gouvernement.

---

1. *Le Théâtre et son double*, 1938, Paris, Gallimard, « Idées », p. 69.

Mars 1948. Création du R.D.R.

Au printemps, à Strasbourg, dans la grande salle de L'Aubette d'où les fresques de Arp ont été, peu avant la guerre, effacées par des propriétaires vandales, j'assiste à un débat houleux présidé par Sartre. Il parcourt la France pour dire la bonne parole du Rassemblement démocratique révolutionnaire.

1947 : les grèves se multiplient, la S.F.I.O. vire à droite. En avril, des gaullistes fondent le Rassemblement du peuple français. Le climat est bonapartiste. Le 5 octobre, au bois de Vincennes, le général, éloigné du pouvoir depuis janvier 1946, harangue cinq cent mille personnes surchauffées. Aux municipales, quelques jours plus tard, raz de marée R.P.F.

Le même mois, chez Georges Izard, des journalistes et des écrivains d'*Esprit*, des *Temps modernes*, de *Franc-tireur* et de *Combat* tiennent réunion sur réunion en vue d'en appeler au public sur la montée des périls en France. Y assistent en permanence Camus, Sartre, Merleau-Ponty, Mounier, Domenach et Altman. Un premier manifeste est rédigé ; sa publication simultanée dans les revues *Esprit* et *Les Temps modernes* décidée. De celle-ci, au dernier moment, Merleau-Ponty s'arrange pour l'évacuer. A l'apogée de son « compagnonnage de route », il répugne à chagriner les communistes.

Car après la sauvage répression par Moch des grèves du Nord, l'idée de fonder un mouvement indépendant à la fois du parti de Thorez et de celui de Mollet grossit chez les intellectuels progressistes. Un groupe de sympathisants se retrouve à *Franc-tireur* : Altman, Ferniot, Lefort, Rous, Ronsac, Rosenthal, Treno avec, en vedettes, Sartre et Rousset. Jean Rous, familier d'*Esprit*, en réfère à Mounier qui délègue Fraisse dans les instances en cours de création. Le 10 mars 1948, Sartre annonce la naissance du Rassemblement démocratique révolutionnaire. Il faut se hâter. A Malraux qui lance, le 5 mars, des slogans atlantistes dans un meeting R.P.F., Sartre et Rousset répliquent, le 19, salle Wagram, début d'une croisade dans les départements.

Le clou de cette campagne, c'est, fin avril, une grandiose rencontre au « Vel d'Hiv » : vingt mille places occupées par tout ce que compte Paris d'extrême gauche inclassable. C'est Rousset, aux U.S.A. jouant les malins, qui obtient, à l'insu de ses camarades, l'appui financier de la Fédération américaine du travail (A.F.L.). Résultat : en fin de soirée l'homélie d'un savant américain dépêché par les donateurs à la gloire de la bombe atomique et de la guerre froide. Brouhaha, fureur, désarroi. C'est l'effondrement du R.D.R. dans la dérision. Ce qui marque les années d'après-guerre, c'est la frénésie militante des gens de culture, leur agitation continue, leur goût immodéré des comités, des concertations. Les penseurs les plus solitaires, les journalistes les plus autonomes, les enseignants les moins armés pour l'action commune font chorus. Les déclarations foisonnent, les pétitions s'amoncellent. Dans les assemblées qui se suivent sans désemparer, les tempéraments les plus incompatibles fraternisent. En septembre 1948, Gary Davis, son passeport américain déchiré, vient à Chaillot, sur le territoire provisoire de l'O.N.U., demander l'asile politique et la citoyenneté mondiale. Expulsé sans ménagement, il bivouaque aux quatre coins de Paris dans un sac de couchage dont rapidement se propage la légende. Dès le début d'octobre, sur le nom de l'héroïque aviateur, une vive effervescence s'éveille dans l'intelligentsia. Le 22, pour alerter l'opinion, une conférence de presse s'organise. Y accourent Camus, toujours sur la brèche, Queneau, Paulhan, Breton, Richard Wright, Vercors, Altman s'érigeant en « conseil de solidarité ».

Au « clan », depuis deux siècles, l'action publique ne semble pas un luxe mais une tâche ordinaire. Ainsi suspend-il sa légitimité et celle de ses membres à une insertion dans la cité. Bien peu, en conséquence, prennent le risque de la retraite : Flaubert, Baudelaire, Barbey, les Goncourt, quelques dandies. En France où, contrairement à ce qui arrive ailleurs, en pays anglo-saxon, germanique ou latin, le lien social est fragile, la vie associative médiocre, la convivialité fréquemment fermée sur la famille, la culture, entre ses ouailles, n'arrête pas de tisser des rapports, consentant aux mouvements et aux partis une fonction satellite de son pouvoir central. Au XIXᵉ siècle, la tendance est plutôt réactionnaire, de Chateaubriand à Barrès, et encore, au XXᵉ, de Léon Daudet à Drieu la Rochelle. Depuis l'affaire Dreyfus, les intellectuels de gauche ne cessent de prendre du poil de la bête ; après la Seconde Guerre mondiale, ils occupent quasiment la scène. Mais l'adversaire ne désarme pas, il relève la tête, tout près, en Amérique ourdissant ses complots. D'où une prescription de vigilance, la tension constituée en habitude, la mobilisation en éthique.

Les moralistes, dit Sartre, sont le plus beau fleuron d'une littérature qui ne manque pas de titres de fierté. Camus auquel, malgré leur brouille, il rend un hommage posthume, en est l'illustration exemplaire : parti pris de solidarité contre le mal ; refus des opportunismes ; juridiction du sentiment. De Fouquet à Calas, de Dreyfus aux Rosenberg, des Vietnamiens aux Algériens, c'est l'attendrissement et la révolte qui fomentent la combativité des gens de plume mais aussi le sacrifice, par Camus, de l'indépendance algérienne à l'amour d'une mère pied-noir ou le choix par le « clan » des intérêts d'Israël contre ceux des Palestiniens, l'holocauste, dont il se sent comptable, conférant aux Juifs un privilège absolu.

Figure prégnante d'une culpabilité tous azimuts qui fait, sur le dévouement des intellectuels, la lumière. Ils n'assument pas la défaite de 1940, le pétainisme, les pseudo-victoires des maréchaux Leclerc et de Lattre car, s'identifiant avec la France, ils se ressentent de sa déchéance. Sans parler de leurs affidés, et non des moindres, qui ont à se faire pardonner quelque chose. « La honte de vivre cédait à la honte de survivre », écrit Simone de Beauvoir dans *La Force des choses*. Sartre, qui ne « résiste » guère, se fait jouer sous l'Occupation. Tandis que les exécutions se multiplient au mont Valérien, que le camp de Drancy ne désemplit pas des israélites en transit vers Auschwitz, qu'on torture à loisir rue des Saussaies, que les clandestins transmettent à Londres des informations et en reçoivent des consignes, Paris bourdonne d'activités artistiques. A côté d'écrivains et d' « écrivants » collaborateurs en bon nombre, les non-engagés vaquent paisiblement à leurs affaires. Exception : les communistes, au grand complet ; les gens d'*Esprit* : Mounier est arrêté en 1942 ; des isolés : René Char et Malraux, Camus, Mauriac sur la fin de l'Occupation ; de grands universitaires aussi, Cavaillès, Marc Bloch, fusillés. Après la Libération, les intrépides et les autres, unis dans le même zèle rédempteur, inaugurent le régime de la macération qui ne va plus cesser d'intoxiquer l'esprit du temps.

1949. La Part maudite *de Georges Bataille* [1].
Lautréamont et Sade *de Maurice Blanchot* [1].

J'ai beau chercher dans la glose dont pâtit Georges Bataille depuis vingt ans, je n'y trouve nulle part relevée l'incongruité d'un langage du trop dans un temps de parcimonie.

Tout se minimise : la durée des séances psychanalytiques dans la foulée du docteur Lacan ; les mythes, débités en tranches fines, par Lévi-Strauss et ses affidés ; le passé découpé en séries de petites unités démographiques, économiques et même culturelles par l'histoire quantitative ; la poésie, livrée aux graphoclastes qui la dissèquent en microstructures formelles.

Simultanément tout s'éternise et se fige, la radinerie consistant à préserver coûte que coûte ce capital de miettes pour en profiter abusivement. Les cures psychanalytiques durent trente ans. Les rhétoriques dites « textuelles » sont indéfiniment répétitives : les références y reviennent comme une litanie ; Genette est si souvent cité qu'on lit ses ouvrages dans ceux des autres. L'histoire sérielle, réduite aux variations discrètes, pétrifie le devenir. Les spectacles n'en finissent pas, s'étirant sur quatre, sur cinq ou sur six heures ! Chéreau se croirait déshonoré s'il comprimait ses représenta-

1. Paris, Editions de Minuit.

33

tions en cent vingt minutes. Exubérance de démiurge, hallucination d'auteur « non accompli », gagnant peu à peu la plupart de ses confrères moins doués.

Que vient faire Bataille dans cette galère ? Sur l'excessif et la surenchère ; sur le passage à la limite par où toute pratique et toute théorie s'arrache à la servitude ; sur la prodigalité qui submerge les mécanismes du marché ; sur le luxe par où la nature échappe aux mesquineries du besoin ; sur le sacrifice qui n'est pas échange mais restitution et culmination ; sur le rien qui conspire avec le surcroît ; sur la mort qui s'agrège à la profusion ; sur la plénitude du vécu, du sentiment, de l'expérience qui fondent l'unité de l'être au-dedans et sa vérité ; sur le sujet qui surgit du non-dit, au grand dam de François Wahl[1], porte-parole des Editions du Seuil et de la jactance asphyxiante ; sur la communication qui s'exerce à la dimension de l'univers ; sur les bêtes noires et les phobies de ses épigones, Bataille s'est exprimé avec une vigueur rarement manifestée depuis Nietzsche à qui tant de traits l'apparentent, à commencer par l'insolence, superlatif du plaisir d'écrire.

En quoi cette pensée incandescente prête-t-elle la main à ces extincteurs ? Quelle substance les logorrhées à la Finas[2] et les déraisonnements à la Sollers ont-elles puisé dans ces paroxysmes ? D'où procèdent ces hérédités saumâtres ? Hélas ! de l'illusion déployée par Bataille lui-même que, de la violence, le savoir est l'expression suffisante. Les professeurs sautent sur cette aubaine, capturant ce forcené avec d'autant plus d'allégresse qu'il n'a délibérément pas cessé d'entretenir avec eux des rapports de complicité. Il y a ceux qui

---

1. Cf. la Décade « Bataille », 29 juin-9 juillet 1972, à Cerisy-la-Salle.
2. *La Crue*, Paris, Gallimard, 1972.

l'inspirent — Mauss, Dumézil, Kojève —, ceux qui l'accompagnent — cela ne l'embarrassait guère, note Barthes, que la rédaction de *Documents* en fût pleine, songez à celle de *Critique* ! —, et le menu fretin dont il adopte les méthodes, au Collège de sociologie par exemple. Qui sait si, selon Bataille, ces docteurs n'incarnent pas l'interdit. La loi est discours pour la plus grande joie des bavards qui s'efforcent d'en liquider la part maudite. Les fureurs de la passion s'en vont échouer sur ce roc. L'être en fusion est voué à l'hibernation.

Quand, entre les deux guerres mondiales, la sensibilité française entre dans l'ère du froid qui pénètre l'imaginaire collectif et envahit la culture, Bataille est pris dans la banquise. Brouillé en 1939 avec Caillois, il cite son *Vent d'hiver*, exposé inaugural, en 1937, du Collège de sociologie, et le fait sien à quelques nuances près : « ... éclairci quant à la méthode, réduit à des affirmations plus précises — et peut-être moins séduisantes — il me semble que ce texte devrait rester lié aux statuts. (Il est d'usage que des statuts aient une introduction de ce genre.) Je suis d'accord en effet sur le mouvement même que vous exprimez :

> Le temps n'est plus à la clémence. Il s'élève présentement dans le monde un grand vent de subversion, un vent froid, rigoureux, arctique, de ces vents meurtriers et si salubres, qui tuent les délicats, les malades et les oiseaux, *qui ne les laissent pas passer l'hiver*. Il se fait alors dans la nature un nettoyage muet, lent, sans recours, comme une marée de mort montant insensiblement. Les sédentaires, réfugiés dans leurs demeures surchauffées, s'épuisent à ranimer leurs membres où le sang figé dans les veines ne circule plus. Ils soignent leurs crevasses et leurs engelures — et frissonnent. Ils craignent de se risquer au-dehors où le nomade robuste, tête nue dans la jubilation de tout son corps, vient rire au

vent, enivré de cette violence glaciale et tonique, qui lui claque au visage ses cheveux raidis.

Une mauvaise saison, peut-être une ère quaternaire — l'avance des glaciers — s'ouvre pour cette société démantelée, sénile, à demi croulante : un esprit d'examen, une incrédulité impitoyable et très irrespectueuse, aimant la force et jugeant sur la capacité de résistance — et à faire ruser pour démasquer promptement les ruses. Ce climat sera très dur, cette sélection vraiment rasante. Chacun devra faire ses preuves devant des oreilles sourdes aux chansons, mais vigilantes et exercées, devant des yeux aveugles aux ornements, mais perçants, par un tact extraordinairement éduqué, ce sens plus matériel, plus réaliste que les autres, que l'apparence ne trompe pas, qui sépare à merveille le creux du plein. On reconnaîtra, lors de ces *très basses températures*, ceux qui ont bonne circulation à leur teint rosé, à la fraîcheur de leur peau, à leur aisance, à leur allégresse de jouir enfin de leur condition de vie et de hautes doses d'oxygène qu'il faut à leurs poumons. Les autres, alors rendus à leur faiblesse et chassés de la scène, se contractent, se recroquevillent, se blottissent dans les trous ; les agités deviennent immobiles, les beaux parleurs silencieux, les histrions invisibles. Le champ est libre pour les plus aptes : nul encombrement des chemins pour gêner leur marche, nul gazouillis mélodieux innombrable pour couvrir leur voix. Qu'ils se comptent et se reconnaissent dans l'air raréfié, que l'hiver les quitte unis, compacts, au coude à coude, avec la conscience de leur force, et le nouveau printemps consacrera leur destin [1].

Si, comme l'en soupçonne Bataille, Caillois bientôt renie son propos, faut-il l'en blâmer ? Malgré la langue superbe, ces accents d'énergie rosée, cet eugénisme de blizzard qui sans doute flattèrent les oreilles de Drieu la Rochelle, assidu du Collège, résonnent aux miennes désagréablement. Qui croirait à la tonicité du gel dans

1. Cf. l'excellent livre de Denis Hollier, *Le Collège de sociologie*, Paris, Gallimard, 1979.

le marasme des années trente ? Dépression économique, crise politique permanente, tentations séditieuses de la droite, démission internationale du Front populaire, aveu d'impuissance d'une collectivité mal remise de la saignée de la Première Guerre, avalanche de symptômes morbides, de drames et de carences induisant une philosophie torve, ressuscitant les rêveries inquiétantes, la magie qui circonvient la mort par une idéologie de la mort, la cruauté qui se fuit par une idéologie de la cruauté. C'est la vogue des fêtes, des orgies neigeuses sous l'égide des Esquimaux de Mauss et des Chinois de Granet. C'est le triomphe de Sade Sade glacial qui supplante un Sade de feu, souterrain et efficace, dont le XIXe siècle, unanime, se recommande — Flaubert, affectueusement l'appelle le vieux —, Sade de plaisir, antidote des ascèses bourgeoises, ancêtre d'une famille d'insurgés à présent confisqué et transformé en gage de toute parole valide par une rhétorique de la torture et du sacré, lequel, observe Bataille, n'est qu'un simulacre, appellation contrôlée du non-être dont les dictateurs fournirent et continuent, inexorablement, de produire l'exemple.

Ce n'est donc point par un malentendu que Georges Bataille, à partir de 1945 mais surtout de sa disparition en 1962, est désigné comme le « patron » par le new-look universitaire. Sartre l'accuse de mysticisme. Il est à tout le moins le chantre du renoncement. La lave, chez lui, telle chez Artaud, se durcit comme si la vie trouvait dans la littérature un miroir de sa récusation. Bataille engendre une famille de voyeurs qui, de Lacan à Robbe-Grillet et à Foucault, déréalise le regard, en grec θεωγία, dont nous avons fait *théorie*, mot d'ordre de notre culture bloquée.

L'esprit en détresse oscille entre deux tentations : en appeler à l'histoire pour y puiser les sérénités de l'expérience ou bien la déserter par désespoir. Entre 1930 et 1945, la tragédie de la conjoncture interdit la simple fuite hors du temps. L'astuce est de l'invoquer afin d'en sortir, de mettre le doigt sur l'événement absolu. Ainsi apparaissent à Maurice Blanchot la Révolution française et Sade par qui, simultanément, l'histoire et la littérature accèdent à la radicalité du sens en l'abolissant dans la Terreur. Sublime frénésie ! Moment privilégié où, selon l'expression de Hegel, il n'est pas plus compliqué de décapiter un homme que de couper une tête de chou. Moment cathartique annulant l'individu, l'intimité, la vie privée, au titre de la liberté universelle, dans la célébration du dernier acte. Moment d'extase où l'écriture, à l'instar de la société, rencontre l'intrinsèque de son essence. Divin marquis dont Blanchot oblitère systématiquement la drôlerie pour n'en exalter que le propos d'anéantissement et n'en retenir que l'inadéquation de l'écrivain au monde qui ne se laisse ni posséder ni mesurer ni même dessiner et qui ne lui est livré que par l'angoissante expression de sa vacance.

Un jour qu'à l'instigation du ministre Malraux, on ravalait les façades de Paris, le poète André du Bouchet, mallarméen des plus résolus, me dit : « Paris devient tout blanc. » Je m'étonne qu'à couvert des calembours lacaniens, il n'ait, au nom de son maître Blanchot, guère manifesté d'attention : « Blanc — chaud. » Quel trésor ! Blanc indique l'absence, « le vide papier, écrit Mallarmé, que la blancheur défend ». Blanc ou noir, c'est pareil : le noir désigne la nuit et le blanc les fantômes. Orphée « voit Eurydice dans son obscurité nocturne, dans son éloignement avec son corps fermé et son visage scellé, il veut la voir non

quand elle est visible mais quand elle est invisible [1] ».
Quant au chaud, n'est-il pas dans cette parole frigide
l'objet d'une nostalgie ou d'une quête anxieuse ? « Certaines époques, remarque Char, ami de Blanchot,
subissent l'assaut *glacé* [c'est moi qui souligne] d'un mal
qui prend appui sur les points les plus déshonorés de la
nature humaine. Au centre de cet ouragan, le poète
complétera par le refus de soi le sens de son message,
puis se joindra au parti de ceux qui, ayant ôté à la
souffrance sa légitimité, assurent le retour éternel de
l'entêté portefaix, passeur de justice [2]. » Bienvenue à
ce nietzschéisme humanisé, à cet humanisme dépous-
siéré, à ce déni de la cruauté où Sade, à la même
époque idolâtré par Blanchot, est implicitement mis en
cause.

Mais, tiraillé entre le chaud et le blanc, Blanchot
opte pour les linceuls de décor. C'est que la mort rôde
dans l'esprit occidental depuis la fin du XIXe siècle.
L'immunologie a suscité une représentation de la
sécurité débordant ses finalités biologiques de toutes
parts : il s'agit, en matière artistique, de produire la
stérilité, en d'autres termes des langages qui préservent
à la fois des risques d'infection et d'engendrement.

« Ne me parlez plus jamais des discours de rien »,
écrit Baudelaire à Paul Ancelle le 18 février 1866. C'est
pourquoi, au risque de me faire traiter de sacrilège par
le « clan » parisien, toutes tendances réunies, saluant
en Blanchot, depuis quarante ans, le fin du fin de la
rigueur littéraire, je proclame que me répugne la
phraséologie du creux, des interstices et du silence, que
je hais les airs de dignité offensée, les mouvements de
pudeur coquette à l'égard des mers, des forêts, des

---

1. Maurice Blanchot, *L'Espace littéraire*, Paris, Gallimard, 1955, p. 180.
2. « Partage formel » in *Fureur et Mystère*, Paris, Gallimard, p. 91.

montagnes, ces afféteries d'école, ces fadaises ressassées.

Il est vrai que le langage est exterminateur. Mais la mort noble surabonde d'existence. A la négativité dont Blanchot, hégélien néophyte, se gargarise, l'énergie fait défaut, nihilisme mi-honteux mi-frivole, jeu salonnier sur le non-être. De celui-ci, l'humour est un médiateur plus authentique, saisissant le langage à la gorge et lui coupant le caquet. Monstre redoutable, à la fois Même et Autre, qui tire parti de l'insignifiance pour la ragaillardir de l'intérieur, entraînant les discours du degré zéro au deuxième, au troisième, au énième degré du « signifié » dans le dévoilement de ses richesses cachées. « La difficulté de l'humour, disait Montesquieu, consiste à vous faire trouver un sentiment nouveau dans la chose dont cependant il provient[1]. » Ainsi le récit proustien, à chaque pas, rompt-il ses amarres, ses ordonnances et ses rythmes par l'irruption d'un malin génie provocateur. Dans le salon de Mme de Saint-Euverte, un soir de fête, surgit la marquise de Gallardon, falote parente de la princesse des Laumes. Pour se prévaloir d'une familiarité non reconnue par cette reine et prévenir des manifestations d'indifférence désobligeantes, fendant la foule des courtisans d'Oriane, la marquise la dévisage et lui jette sans désir de réponse : « Comment va ton mari ? »

Je ne suis pas sûr que ce passage fasse rire, même sourire nos modernes critiques, inconscients qu'il exprime, dans sa littéralité, moins que rien, tandis qu'ils croient tout y trouver. L'imaginaire du narrateur court-circuite la parole de la marquise, infuse du non-dit dans une platitude, la récusant dans le même temps qu'il s'en régale. Toute écriture est polyphonique. Elle

---

1. *Cahiers*, Paris, Grasset, 1941, p. 72.

déroule simultanément la voix de la culture qui l'enveloppe et celle de l'auteur qui, par une double tension,
ne s'identifie à ses énoncés que pour les mieux subvertir. Voyez Flaubert, avide de Bouvard et de Pécuchet.
Avec eux il dévore *L'Architecte des jardins*, il s'en
repaît, il s'enchante de la diversité des conceptions, de
la mélancolique, de la romantique, de la terrible ; de
l'exotique et de la grave ; de la majestueuse, de la
mystérieuse ; de la rêveuse et de la fantastique naguère
expérimentée dans un jardin wurtembergeois « car on y
rencontrait successivement un sanglier, un ermite,
plusieurs sépulcres et une barque se détachant d'elle-
même du rivage pour vous conduire dans un boudoir où
des jets d'eau vous inondaient quand on se posait sur le
sofa ». Voyez-le s'enivrer de leurs ardeurs, vibrer à
leurs lubies, les considérer tendrement lorsqu'ils s'em-
brassent après avoir accompli des prodiges, taillé des ifs
pour leur imposer la forme des paons et recouvert la
porte des champs « d'une couche de plâtre sur laquelle
s'alignaient en bel ordre cinq cents fourneaux de pipes,
représentant des Abd el-Kader, des nègres, des
femmes nues, des pieds de cheval et des têtes de
mort ».

Effrayante méchanceté de l'écrivain qui persifle ce
qu'il honore, qui sape le texte par le texte, qui le casse à
mesure qu'il l'articule. L'humour marque bien, à sa
façon, le triomphe du « signifiant », mais pas de celui
qu'on croit, dont il vient, à la surface des mots,
brouiller les cartes. Au lecteur, à l'interlocuteur, au
public, de le décrypter. On conçoit que des esprits
frigorifiés répugnent à cet exercice épuisant.

Juin 1949. Les Structures élémentaires de la parenté *de Claude Lévi-Strauss* [1].

Dans les années 1945-1950, de Lévi-Strauss, récemment revenu d'Amérique où il passe la guerre, je sais ce que me dépeignent des camarades suivant ses cours au Musée de l'Homme pour l'obtention du certificat d'ethnologie, prisé, pour sa facilité, par les agrégatifs de philosophie : un être de morgue et de bile, aigri comme si on ne lui rendait pas d'hommage à sa dimension.

Il s'apaise en 1959, à son entrée au Collège de France, son existence lui semblant, d'un coup, coïncider avec son essence. Moment de béatitude dont Spinoza rend péremptoirement compte dans la cinquième partie de *L'Ethique.* Par suite, la prolifération des faveurs lui paraît presque anecdotique, fioriture d'une condition installée, pour ainsi dire par nécessité, à sa place légitime, dans l'ordre universel de la nature.

En 1949, je n'ai pas lu son premier livre — petite thèse de doctorat d'Etat — sur les Nambikwaras de l'Amazonie [2] qu'il visite dans cette époque d'exil où une cohorte d'historiens et de sociologues, entre autres

1. Paris, P.U.F.
2. Paris, P.U.F., 1948.

Braudel et Roger Bastide, s'en va chercher fortune au Brésil. Ce contact avec le « terrain », qu'il ne renouvelle plus, lui cause du dégoût, tels les événements de 1848 à Flaubert ou la Belgique à Baudelaire. Ce qui écœure Lévi-Strauss, en ces indigènes : un vécu pathétique qu'il ne parvient à assumer qu'une seule fois, manière d'exorcisme, dans *Tristes Tropiques,* chef-d'œuvre quasiment romanesque, car, à l'instigation de mon ami Malaurie, il s'y déboutonne.

Loin des conjonctures, grâce aux récits notés et répertoriés, on commence à respirer, entendez : à tâter du positif des choses. Ici, plus de ces surprises, de ces sympathies, de ces émois qui traversent et brouillent l'inspection anthropologique. Le langage est un noyau dur où l'empiricité fumeuse vient achopper misérablement. Les énoncés ne se dérobent pas. Mis en fiches, ils se laissent régir à souhait. Instance de possession immanente aux sciences humaines contemporaines, la linguistique, assistée par l'informatique, offre les conditions d'un confort intellectuel parfait : les objets qu'elle traite ne résistent pas plus à l'expérimentateur que les grosses molécules d'acide désoxyribonucléique aux généticiens. Plus de risques, plus d'aléas. Le champ opératoire fixé à l'avance, il n'y a qu'à y faire évoluer les pions isolés dans le tissu verbal. L'immédiateté, la quotidienneté des conduites sont sacrifiées à l'appareil abstrait qui les exprime fondamentalement. Avec Lévi-Strauss, se produit en France, par un coup d'éclat, la substitution de la théorie au réel.

En 1950, je n'aperçois pas clairement que la substance des *Structures élémentaires de la parenté* tranche avec une préface qui retient mon attention : beau morceau d'éloquence ethnologique, grand mouvement maussien sur les rapports de la culture et de la nature, à transporter d'aise des étudiants très imprégnés de la phénoménologie ambiante. L'originalité du volume est ailleurs, dans l'application de la phonologie structurale à la réglementation archaïque des mariages qui en étouffe jusqu'à la plus petite incartade, en résorbe la zone la plus infime d'irrationalité. De ce contrôle, les discours sont des messagers pertinents, tout phénomène social renvoyant à la communication et se bâtissant sur elle : dans l'économie, la circulation des biens et des services ; dans les affaires de parenté, l'exogamie, l'échange des femmes, de clan à clan et de lignée à lignée.

Ainsi les manifestations spontanées de la parole sont-elles la retombée, la poussière d'un système de signes présidant aux rites, à l'art, à la magie. En ce code pas de place pour le « sujet », bête noire de Lévi-Strauss. S'agit-il de l'admirable statue de bois Maori dont il expose dans l'*Anthropologie structurale* en 1969 la reproduction, de son décor surprenant — sur la poitrine et l'abdomen, deux formes humaines semblant se repousser et s'enlacer à la fois —, de ces deux têtes qui ornent le sternum et l'abdomen d'un être fantastique à la bouche incurvée, aux yeux en hexagone, il y décrit deux processus : d'opposition à une structure altérée et de fonctionnement. Le résultat définitif en est « un instrument-ornement, objet-animal, bois-qui-parle. Les bateaux vivants de la côte nord-ouest trouvent leur exact équivalent dans les correspondances néo-zélandaises entre bateau et femme, ustensile et organe [1] ».

Mais le territoire d'élection, la patrie de Lévi-Strauss, c'est le mythe dont il appréhende avec passion les figures enchevêtrées, démonte les rouages, restaure les mécanismes minutieusement désarticulés et, par

1. *Anthropologie structurale*, Paris, Plon, 1958, p. 287.

une subtile algèbre, déchiffre les énigmes. Le mythe, narration privilégiée où, hors la vie, la communauté primitive joue ses drames, règle ses habitudes, oblitère ses angoisses. Quand, au Collège de France, des années durant, Lévi-Strauss en révèle les agencements, on dirait un démiurge imposant ses décrets à une matière éparpillée.

Peu à peu ce détecteur se transforme en guerrier matant les moindres revendications du sentiment. Le déterminisme souffle en tempête sur son œuvre tentaculaire qui ne m'apprivoise que par sa démesure prodigieuse. Tant pis pour les métaphores musicales, les analogies approximatives, le pseudo-déroulement dans *Le Cru et le Cuit* de l'analyse selon les formes de la sonate, de la fugue et de la symphonie. La sonate et la symphonie relèvent de la même convention. La fugue est un mode de composition, non pas une dénomination extrinsèque : les sonates et les symphonies de Beethoven en sont pleines. A ces images peu convaincantes, j'aurais préféré les références mathématiques, tant l'excessif que Lévi-Strauss ôte à la vie est ici transféré aux artifices intellectuels.

Famille, nourriture, apparence du corps, le passage de la nature à la culture s'exécute selon une logique binaire dont la phonologie de Troubetzkoï et de Jakobson procure le modèle idoine : ce n'est pas à l'échelle du vocabulaire mais des unités phonématiques des mots qu'il faut chercher les lois qui régissent les langues. On y décèle « un contraste entre consonne et voyelle qui par le jeu d'une opposition entre compact et diffus, aigu et grave, engendre ce que l'on a pu appeler le " triangle vocalique ", d'une part :

a

u   i

45

et d'autre part le " triangle consonantique " :

$$k$$
$$p \quad t^1 »$$

Ces distinctions sont applicables aux faits sociaux. Dans les deux cas elles sont inconscientes. Mais ce « non-dit » n'a rien à voir avec celui de Freud, vulgaire inconscient de désir. C'est un inconscient catégoriel dont la subjectivité — même transcendantale — est éliminée sans ménagement. Ce formalisme intraitable trouve son apothéose à la fin de *Du miel aux cendres* dans une spéculation d'où tous les contenus, les données constitutives de l'expérience culinaire, ont été extirpés. Le pourri, le cuit, le brûlé : pures médiations, non point choses à médiatiser.

Surtout, ne vous laissez pas abuser par les apparences d'humilité ou de zèle chez ce pionnier se proclamant volontiers défricheur en sciences humaines. Sous prétexte de combler un petit peu la distance qui les sépare des champs cultivés et fertiles de la recherche en sciences exactes, il viserait modestement à y croquer le profil d'une scientificité à courte portée. Qui n'aperçoit qu'il est ici question d'idéologie ; de tirer la conséquence de quarante années de cauchemar, d'atrocités et d'anéantissements. L'existence de l'homme n'étant plus acceptable, rabattez-vous sur sa connaissance. Le choix heuristique des sociétés sans écriture s'en trouve aussitôt justifié : non pas qu'elles soient sans histoire mais, comme l'indique Lévi-Strauss[2], celle-ci a la supériorité d'être froide face aux sociétés en chaleur engagées dans un devenir hasardeux.

1. Claude Lévi-Strauss. « Le Triangle culinaire », in « Claude Lévi-Strauss », *L'Arc* nº 26, 1967. p. 19.
2. *Leçon inaugurale* au Collège de France.

*Printemps 1950. Création du Club
  Méditerranée.*

Parmi les brasseurs d'affaires, distinguer les empiriques des penseurs. Les uns poursuivent le pur rendement, les autres traduisent les messages inarticulés de la société à venir. Le créateur du Club Méditerranée est un des principaux philosophes de ce temps. Sans doute a-t-il un maître en 1938, Mr Butlin, Anglo-Canadien richissime qui fonde une entreprise de vacances en séries, procurant des plaisirs à prix fixe, une abondante nourriture, des sports, des jeux gratuits et parfois l'amour en supplément [1]. Mais l'originalité du « Club » reste d'avoir institué le soleil en marchandise élective. Tandis qu'on sort à peine des restrictions, que l'on subit les stress de la guerre froide et que le vent d'hiver commence à figer les esprits, Gérard Blitz embrasse les aspirations profondes et éparses de la sensibilité collective.

Le corps en est le foyer et l'horizon, il en noue les fantasmes et les mirages, remportant en 1946 sa première victoire française par la proclamation du droit de tous à la santé et de l'assistance comme fondement de la société civile. Ensuite vient la garantie alimentaire, règle non écrite de la civilisation d'abondance. Un

1. Claude Blanchard, in *Paris-Soir*, 9 août 1938.

siècle auparavant, dans l'hiver de 1846-1847, à Paris comptant un million d'habitants, le préfet de la Seine, peu suspect d'irrespect ou de rêverie, signale au ministre de l'Intérieur qu'entre les déshérités complets, les pauvres et les malaisés, c'est environ six cent mille personnes qui ne mangent pas à leur faim.

Cependant, en 1950, l'amour demeure tracassé, occulté dans la nuit des chambres conjugales ou l'ombre des jeux interdits. A cette distorsion périmée des libertés, le village des vacances apporte un premier correctif spectaculaire. Il se déploie en espaces, à la fois cloisonnés et confondus, de la jouissance : la plage, la table, la tente, bientôt le bungalow et l'hôtel. Au Club Méditerranée, la femme, ailleurs sous surveillance, se rend pour prendre souverainement son plaisir, sans négliger pour autant des avantages à long terme. A mesure du relâchement des tabous, les vendeuses de magasin et les secrétaires-dactylographes modifient leur stratégie, renonçant aux extases sans lendemain au profit d'établissements vénérables.

C'est ainsi qu'à Alcudia aux Baléares tout s'arrange selon un schéma destiné à la fortune la plus éclatante : le brunissement qui symbolise avec les perfections de la nature ; le sport, à portée de main et de pied ; la mer propitiatoire, mer natale de l'Occident donnant son nom et son patronage à l'aventure, d'abord à but non lucratif, que viennent tenter des garçons et des filles épris de vie saine ; les enlacements banalisés ; le petit déjeuner opulent aux confitures, aux pâtisseries, aux délicatesses prodigues ; l'attention apportée à la dissuasion des solitudes ; la directivité à tout prix : l'institution des G.O. — Gentils Organisateurs — véritables fourmis, chevilles ouvrières d'une sociabilité si peu habituelle aux Français qui allie une programmation minutée, ressort de l'existence obsessionnelle contemporaine, à une camaraderie festive ; l'ébranlement des barrières déjà rouillées entre les classes ; le dépaysement en groupe dans des terres soumises à de pacifiques convoitises...

Tout est en place, en 1954, quand, à la direction générale du « Club » qui se commercialise, arrive Gilbert Trigano. Il ne prend pas le train en marche : la France s'initie à la consommation. Les océans, les déserts, les montagnes, les oasis deviennent, à l'instar des objets quotidiens, les instruments d'une concupiscence effarée. La planète, peu à peu, se transforme en kaléidoscope où les lieux et les noms, les politiques et les histoires se pulvérisent en signes qui se bousculent, s'intervertissent et se volatilisent dans un vertige.

11 mai 1950. Première représentation de
La Cantatrice chauve *de Ionesco.*

Entre 1945 et 1951, à Paris, on joue à bureaux fermés
La Folle de Chaillot de Giraudoux et *Huis clos*, *Morts
sans sépulture*, *La Putain respectueuse*, *Les Mains sales*,
Le Diable et le Bon Dieu de Sartre. Je préfère *La
Nausée*, ses nouvelles du *Mur* et même *Les Chemins de
la liberté*. Il y a du Sardou dans ses situations dramatiques. De grands desseins, l'expérimentation scénique
de la mauvaise foi ou du regard d'autrui n'y change
rien. La thèse opère ici sans transgression, elle se
plaque sur un langage convenu.

On joue aussi *Caligula* de Camus, que j'ai revu en
1981. Je crains qu'aux carences du spectacle n'incombe
pas l'entière responsabilité de mon ennui.

Après-guerre, la bourgeoisie est titillée par les
concepts. Elle balance entre les pièces philosophiques
et celles d'Anouilh qui, depuis 1936, en donne une par
an et, à compter d'*Antigone*, en 1944, sur le mode
haineux. Dans le genre, Marcel Aymé fait mieux.

Ainsi, à cette époque, il ne se passe guère de choses
au théâtre. Une exception : *Les Bonnes* de Genet
découvert par Jouvet dès 1947. C'est, malgré l'emphase, l'une des réussites dramatiques d'un auteur qu'il
n'est pas bon de décrier, partageant avec Blanchot un
statut très spécial d'inviolabilité. Cocteau le sort du

trou, Sartre le sanctifie, Giacometti, cinq fois, fait son portrait. En 1952-1953, à la publication de ses œuvres complètes, il est gratifié par la critique et par la vente. En 1958, Roger Blin, disciple d'Artaud et révélateur de Beckett, réalise splendidement *Les Nègres* au tout récent théâtre de Lutèce. En 1960, Peter Brook se lance à la conquête de Paris avec *Le Balcon*. En 1966, Blin monte au Théâtre national de l'Odéon *Les Paravents*, outrage à l'armée française, avec la bénédiction d'André Malraux, tout-puissant ministre des Affaires culturelles. Le plus vaniteux des écrivains d'aujourd'hui, Michel Butor, qui, en un quart de siècle, ne proféra qu'un ou deux compliments sur des confrères, déclare dans *L'Express* qu'aucun autre théâtre ne peut prétendre légitimement à l'existence.

Les journalistes qui comptent suivent le pas. Au-dessous de Brecht, Dort range Genet dans son panthéon et Sandier se délecte de ce grand lyrique de la faute. En 1982, le réalisateur allemand Fassbinder meurt par overdose à la fin du montage de *Querelle*. Ce film provoque en France un tintamarre où le cinéaste est largement distancé par son inspirateur. En 1983, Patrice Chéreau, au faîte de sa carrière, reprend *Les Paravents*.

Jean Genet coalise, il est vrai, toutes les conditions du prestige. L'aspect voyou, si attachant depuis Villon. L'aspect taulard, si distingué depuis Sade. L'aspect paumé, si émouvant depuis Rousseau. L'aspect vagabond qui traverse nos lettres avec panache de Rétif de La Bretonne à Rimbaud. L'aspect esthète, chevauchant les siècles de Montaigne à Gide, de La Fontaine à Mallarmé. L'aspect victime dont les illustrations sont trop nombreuses d'Agrippa d'Aubigné à Antonin Artaud pour que j'en entreprenne le compte. L'aspect peuple, de George Sand à Barbusse. L'aspect militant, de Voltaire à Sartre... Que sais-je encore ?

Mais, avec la culture dominante, Genet a des affinités moins parisiennes. Du crime, de la trahison, de l'homosexualité, encore si scandaleuse dans les années cinquante, la sensibilité bourgeoise s'enflamme depuis trente ans comme d'un cérémonial expiatoire. Passée du ressentiment — victoire, dit Nietzsche, des esclaves sur les seigneurs —, à l'horreur de soi, à la honte des démissions accumulées, des veuleries affichées pendant le second conflit mondial, des complaisances prodiguées aux artifices d'une civilisation expirante, elle trouve une drogue — excitant et remède ensemble — dans les violences enrobées, l'abjection enguirlandée, le vernis d'un discours oratoire et précieux. Aux antipodes du satanisme de Baudelaire ou du sacrilège sadien, le mal, chez Genet, est un simulacre propre à satisfaire l'appétit d'illusions d'une société empêtrée dans ses machines. Georges Bataille, solitairement, n'en fut pas dupe. Il faut l'en louer, car, malgré la dérision qui vient parfois durcir l'écriture (dans *Querelle de Brest* : « J'ai bonne mine, moi, avec un frangin qui en prend plein le cul ! »), je n'ai jamais réprimé ma méfiance pour cette affectation du sordide, cette effusion de symboles, ces célébrations parodiques pratiquant avec la cruauté et la mort le jeu sophistiqué des belles-lettres.

A défaut de nouveau venu, le public découvre un septuagénaire. Jean-Louis Barrault, habile défenseur des valeurs mûres, entendez réputées et reléguées parallèlement, tire en 1943, par *Le Soulier de satin*, Claudel, écrivain illustre, ambassadeur de France, personnage comblé de biens et de faveurs, de la pénombre théâtrale. Il y a dans l'histoire d'un auteur reconnu du « clan » un moment fatidique où il est réclamé par le grand nombre. L'art de Jean-Louis est de renifler toujours ces occurrences, à point nommé de satisfaire des attraits si touchants. Par exemple, pour Ionesco justement honoré de ses pairs, qu'il choisit de mettre sur orbite par son *Rhinocéros* regrettable et, pour Beckett dont, plus heureux, il produit *Oh! les beaux jours*.

Ainsi n'est-ce pas tant du côté des créateurs mais des metteurs en scène que, dans les années quarante-cinq, bouge le théâtre, le maternage du génie par l'artisan naissant, entre les deux guerres, du « Cartel », de la captativité des Copeau, Dullin, Pitoëff et Baty, peut-être, plus loin encore, de circonstances où, face à l'artiste maudit, le courage et l'initiative du dénicheur deviennent l'objet d'une légende. On dit qu'il « monte » les pièces comme s'il les faisait passer du bas vers le haut ou du non-être à l'être, cessant de les servir pour les réduire à sa merci.

En 1899, Lugné-Poe « crée » l'*Ubu roi* de Jarry dans des décors de Bonnard, coup d'envoi de l'épopée des « réalisateurs ». De 1920 à 1940, certains dramaturges bénéficient en quelque façon de cet abus de pouvoir, Giraudoux des prétentions de Jouvet à tenir pour siennes les pièces qu'il lui écrit. Mais Artaud n'endosse pas cet arrangement à l'amiable, il exalte la souveraineté du maître d'œuvre et ne vise à rien moins qu'à l'expulsion de l'auteur, bavard inutile et impénitent. Elle s'effectue quarante ans après.

Le trait dominant des années cinquante, c'est l'essaimage des compagnies à la place des hauts responsables. Associations de comédiens démunies et condamnées à l'existence précaire sous l'égide d'animateurs héroïques : Michel de Ré, Roger Blin, Jean-Marie Serreau, Sylvain Dhomme, Jacques Mauclair, Jacques Fabbri, etc. Un concours est institué pour les aider à conquérir

53

un marché rebelle. En 1948, Nicolas Bataille, à vingt-deux ans, présente, d'après Rimbaud, *Une saison en enfer*, suscitant des mouvements divers. Pour mystifier ses détracteurs, il écrit avec Akakia Viala *La Chasse spirituelle* diffusée comme un inédit du poète. Bruit immense. Le pastiche est porté aux nues. Les exégètes se mettent à l'ouvrage, disséquant le verbe rimbaldien, traquant sa magie, auscultant ses mystères. Seul, Breton, opiniâtre, crie à l'imposture. Le pot aux roses est éventé, les floués rivalisent de dépit. Bataille est célèbre.

Au début de 1950, avec une perspicacité peu commune, il décide de représenter un texte que Ionesco vient de lui porter, plus tard appelé *La Cantatrice chauve*, dont Beckett, un jour, dit à Roger Kempf qu'il y discerne un peu de génie. Tout y est subverti : l'espace, le temps, la parole, les personnages. Et le miracle, c'est qu'une plénitude de sens jaillit de cette universelle mise à sac. Rien, dans ce discours chambardé, qui trafique avec le vide. A réconforter des mots exténués il s'affaire. Quand le capitaine des pompiers, égaré dans son récit labyrinthique, déclare tout d'un coup, comme illuminé par une évidence, que « la fille d'un sincère patriote élevée dans le désir de faire fortune épousa un chasseur qui avait connu Rothschild », cette irruption du repère dans le désordre et du social dans l'incongru réaménage la narration. L'absurde est entamé par le vécu. Pareillement, le dialogue des Martin, mari et femme, impuissants à s'identifier dans le train où ils sont face à face, ne relève en aucun cas d'un divertissement postdadaïste un peu ringard : c'est la tragédie quotidienne de la communication impossible, à la fin restaurée par l'humour. De celui-ci, en 1984, la civilisation glaciaire ayant réussi à éteindre les derniers feux, Elisabeth et Donald ne seraient plus parvenus à se reconnaître. Constatez la froideur des témoins s'il vous arrive, comme à moi-même, de leur faire part avec enthousiasme, au restaurant, sur un quai de métro, dans une foule quelconque, de ressemblance soudainement décelée entre un visage anonyme et une personne familière. L'impatience de mes interlocuteurs est à son comble quand mes rapprochements sollicitent des modèles culturels. J'aperçois fréquemment dans la rue des Carpaccio ou des Ingres, des Caravage ou des Baldung Grien, ceux-ci plus spécialement dans mon Alsace natale. Ce n'est pas que les gens très sérieux auxquels j'ai l'imprudence de confier ces trouvailles m'imputent une débilité particulière. Ils enragent plutôt de ne pouvoir me suivre sur ces terrains mal tracés où le réel et l'imaginaire jouent à cache-cache, où le mythe inscrit dans le monde la fiction et le bonheur.

Malgré des supporters éblouissants, Queneau, Paulhan, qui entraînent la N.R.F., *La Cantatrice chauve* fait un bide. Jacques Lemarchand raconte les réactions agressives, à la première, d'une assistance plutôt snob. Pour tenter de meubler la minuscule salle des Noctambules, Bataille et ses camarades, chaque après-midi, boulevard Saint-Michel, promènent sur leur dos l'affiche du spectacle sans l'empêcher de tomber au bout de deux semaines. Pas découragé, Marcel Cuvelier crée l'admirable *Leçon* au Théâtre de Poche en janvier 1951, Sylvain Dhomme *Les Chaises* au Lancry en 1952 et Jean-Marie Serreau *Amédée* au Babylone en 1954.

Oui, Beckett a raison : il y a un peu de génie dans ces pièces, bien qu'elles manifestent, d'année en année, des faiblesses croissantes : la conclusion des *Chaises* est traînante, la seconde moitié d'*Amédée* redondante. Mais, à partir du *Tueur sans gages* en 1959, c'est la débâcle, en dépit du *Roi se meurt*, en 1962, où une veine ancienne se coule par saccades dans un moule shakespearien. Comme si soudain Ionesco ne soutenait plus le choc d'une culture agrippée aux mots pour en recevoir des assurances, non pas pour sauter sur leurs mines ; qu'il n'assumait plus de rire à la barbe de Blanchot et de Lévi-Strauss ; qu'il abdiquait sa dignité d'auteur face aux sous-fifres de la création collective. Serait-ce par amertume que, congénitalement hostile aux engagements, il se dévoue, depuis vingt-cinq ans, dans des fables philosophiques indigentes, aux causes parfois douteuses ?

Janvier 1951. Mort de Gide.

La culture française est nécropathe. Elle encense et
punit les défunts avec un égal excès, portant Voltaire
aux nues, enterrant deux fois Gide : à peine inhumé,
l'occultant.

En 1947, après l'attribution du prix Nobel, il se
trouve au zénith : dans l'édition, la presse, la parisianité. Ainsi qu'on l'a vérifié en octobre 1966, à la mort
de Breton — dix lignes dans les journaux, écho mina-
ble —, la gloire des vivants est problématique, rien ne
la prémunit des silences posthumes. Celle de Gide, en
1950, est déjà factice, effilochée à la surface vermoulue
du devenir, prête à succomber aux secousses des forces
latentes, aux charges longuement accumulées de l'acri-
monie, n'attendant pour exploser qu'une bourrade des
événements. Hugo, dans *Les Misérables*, parle de Jean
Valjean comme d'un excavateur dévoilant les secrets
de son temps. A quand l'élaboration d'une épistémologie des forages ?

Quand Gide meurt, on assiste à un retour du refoulé.
L'ère avec lui qui s'achève est dénoncée comme celle
du sujet, blason d'un monde à bout de souffle où les
engagements, les désirs, les passions se déclarent,
indiscrets, à la première personne ; où le vécu, toute
honte bue, s'exhibe en permanence ; où le langage

57

prétend se confondre avec le style ; où le livre s'accomplit à l'enseigne de l'angoisse et du plaisir. En 1951, l'époque ne mange plus de ce pain-là et le fait sentir. Seule diversion dans un concert hostile, un article vibrant des *Temps modernes*. Mais Sartre n'est pas vraiment de son temps, trop jeune ou trop vieux, comme on voudra. Je parie pour la jeunesse parce que son hommage n'a pas pris une ride, qu'il bouscule les modes, décline les convenances. Quand foncent les charognards, quand *L'Humanité* vomit sur ce « cadavre qui vient de mourir » — ce qui n'est pas faux à condition de préciser que le vieillard a été achevé par une culture mortifère —, quand on avance que Gide vivait dangereusement sous trois épaisseurs de gilets de flanelle, Sartre rappelle que ce prudent n'hésite pas en 1911 à publier *Corydon*[1] — en pleine actualité du docteur Tardieu qui affirme que sa plume se souille de l'infâme turpitude des pédérastes —, que ce frileux n'hésite pas davantage à se rendre par un froid polaire en U.R.S.S. et à dire, après coup, qu'il y est allé à tort : que son goût des pays chauds ne lui inspire pas d'indulgence pour les politiques tropicales auxquelles il dédie, avant Michel Leiris et les surréalistes, avant Céline et le *Voyage au bout de la nuit*, plusieurs livres champions de l'anticolonialisme.

En 1981, Susan Sontag, écrivain américain qui manifeste parfois pour des figures de proue de la modernité post- et anti-gidienne des affinités, voire des complaisances que je ne saurais partager, m'a dit avec émotion qu'au fin fond de son Colorado natal, âgée de quatorze ans, elle avait rencontré, comme d'autres Dieu, la culture, la civilisation et la nation françaises, en lisant une traduction du *Journal* de Gide. Sans doute fut-elle

1. Qu'il ne signa toutefois qu'en 1924.

émerveillée par l'exubérance d'une liberté que les coquetteries narcissiques, les relâchements de la sensiblerie et les préciosités indigestes ne parviennent pas à compromettre tout à fait. Cette spontanéité est la cible non dite des antipathies réunies contre Gide depuis trente ans. Il est vrai qu'il était le moins armé pour apprivoiser une société de moutons.

Eté 1952. Inauguration des Décades de Cerisy.

Quand les professeurs envahissent, en 1945 et 1946, les maisons d'édition et les revues littéraires, depuis 1930 l'histoire du Musée d'ethnologie du Trocadéro, du cours de Mauss, du Collège de sociologie, des leçons de Kojève à l'Ecole Pratique des Hautes Etudes, témoigne qu'ils ne surgissent pas à la lumière du « clan » par une mutation brusque. Il y a longtemps qu'ils poursuivent le dessein d'y trôner.

Tout débute sous l'Empire et la Restauration. Au milieu d'un personnel moisi, de jeunes loups, Guizot, Villemain, Cousin, Royer-Collard, étouffant dans les amphithéâtres, étalent insolemment des ambitions d'écriture :

> Je me rappelle qu'aux approches de la révolution de 1848, le bruit des questions politiques et des questions sociales ayant un peu couvert celui qu'il faisait avec les questions philosophiques et religieuses, M. Victor Cousin tremblait de peur d'être oublié : « Paraître, me disait-il. Il faut paraître. J'ai le sentiment que nous en avons besoin... » Il disait *nous avons* comme le roi dit *nous voulons*. Quand il fut ministre de l'Instruction publique (il ne le fut que huit mois), il remplit *Le Moniteur* et les journaux officieux de ses arrêts, de ses circulaires, de ses discours publics, de ses menus propos

60

et de ses projets. M. Damiron, qui était, selon l'expression de M. Cousin lui-même, le sage des sages le lui reprochait doucement : « Tu parais trop, disait-il, tu fatigueras le public. » Mais Cousin répondait : « Il faut paraître [1]. »

Ainsi Philarète Chasles, brillant introducteur de la littérature anglo-saxonne au Collège de France, hante-t-il les hôtels armoriés du faubourg Saint-Germain où il frôle, sous les derniers Bourbons, les romanciers et les marquis, ne pouvant s'empêcher de s'y montrer cuistre, méchant, jaloux, intraitable sur les mœurs, acharné à perdre ce qui reste d'orgueil au pauvre Custine, lorsque celui-ci est recueilli tout nu dans le bois de Saint-Denis, meurtri par les dragons qu'il n'avait pas su distraire.

On n'en finirait pas de dresser la liste des doctes candidats à la « parisianité » mondaine et culturelle, coterie présomptueuse dont ils avaient toujours été exclus. Mais ils ne saisissent qu'à demi la chance que leur offre le XIXe siècle égalitaire. Brichot n'abdique ni son pédantisme ni sa gaucherie face aux authentiques créateurs, peintre, musicien, romancier ou poète, dans *A la recherche du temps perdu*.

Les enseignants accomplissent avec l'affaire Dreyfus une grande première, membres actifs de la coalition des « intellectuels » à laquelle une fraction appréciable de l'élite pensante adhère au nom du droit. Groupement qui continue sporadiquement à se manifester, sans pulvériser, jusqu'à la Seconde Guerre mondiale, les clivages. Gide se désigne sur son passeport homme de lettres. Peut-être eût-il troqué ce titre incomparable contre celui d'ambassadeur — fort prisé, de Saint-Simon à Claudel, en passant par Chateaubriand, de ce

---

1. Jules Simon, *Victor Cousin*, Paris, Hachette, 1887, p. 12-13.

qui se prétend de plume en France, en aucun cas contre celui de professeur qui lui aurait paru dérisoire. La condition du littérateur s'affirme par une indépendance hautaine. Il existe des écrivains-médecins, petits comme Duhamel ou, comme Céline, géniaux : les uns et les autres n'invoquent cette identité qu'au chapitre de leur vie privée ; publique elle leur semble dérogeante.

Tenaces, les maîtres, en tapinois, marquent des points. Telles les hordes turques érodant durant des siècles les murailles de Byzance, ils investissent la forteresse du « clan » qu'ils n'ont jamais renoncé à prendre d'assaut.

En 1910, sans crier gare, ils remportent une victoire éclatante. En Bourgogne, dans une abbaye cistercienne acquise après la laïcisation et la mise en adjudication des biens de l'Eglise, Paul Desjardins inaugure les « Décades » de Pontigny. C'est un clerc, du style le plus huppé du XIXe siècle. En 1864, Louise, sa sœur cadette, est baptisée à la chapelle des Tuileries, l'Empereur et l'Impératrice daignant lui accorder leur parrainage. Son père Ernest, né de Jacques-Guillaume et de Catherine-Abel-Justine de Beffroy de Regny, enseigne les antiquités romaines à la très sélecte Ecole des Hautes Etudes, tout juste instituée par Victor Duruy, puis l'épigraphie au Collège de France. En 1892, Paul, âgé de trente-trois ans, normalien, agrégé des lettres, remarqué pour des articles du *Temps*, des *Débats* ou du *Figaro*, fonde à Paris l'Union pour l'action morale, ralliant des catholiques, des protestants, des libres penseurs, des universitaires, des aristocrates... et le futur maréchal Lyautey.

De ce fourre-tout, un christianisme de progrès est la tonalité dominante, la régénération sociale, la raison d'être à la gauche du combat que mènent, le long du siècle, les bourgeois français pour affirmer leur légitimité. Par l'honneur guerrier sous la Révolution et l'Empire. Par des manières respectables sous la Monarchie de Juillet et le Second Empire. Par un zèle hygiénique sous la Troisième République. Car, sous prétexte de dignité, ils se préoccupent subitement de survivre. La mort menace de partout. La France connaît, depuis les sombres temps du règne de Charles VI, les affres de fin de siècle. Songez aux décennies 1390, 1590, 1690, 1790. En 1890, la conjoncture donne le frisson : une dénatalité qui s'accuse, tandis que l'on se réveille à peine de la défaite et de l'invasion du territoire par les Prussiens ; les ébranlements sociaux, la classe au pouvoir narguée par les 634 grèves de 1893, simple avant-goût de ce qu'on ne se prive plus d'appeler la grève générale ; les mœurs qui partent à la dérive ; l'alcoolisme, la syphilis qui gagnent ; l'aliénation galopante ; pis, la foule hébétée dans les villes grouillantes, attestant la montée des dégénérescences.

Au fond du gouffre, Barrès découvre la lumière de l'ultranationalisme et de l'antisémitisme militant. Desjardins s'en remet à l'éthique, dans la mouvance kantienne de la nouvelle école républicaine, mais sans couper les ponts avec la foi. A Pontigny, en 1910, il en retrouve l'innocence par l'esprit de communion rapprochant les tempéraments et les fonctions, pour commencer les professeurs des écrivains auxquels il ose s'adresser. A l'affût d'une actualité émoustillante, il frappe à la porte de *La Nouvelle Revue française*, née l'année d'avant ; il y a des relations, Gide et Schlumberger qui ont lu ses essais et l'on assiste au spectacle le plus étrange, réitéré durant presque trente ans : des poètes, des romanciers, des gens de théâtre, écoutant, sans jamais interrompre, dans une fraternité de circonstance, des sorbonnards de haute volée et les premiers

reçus des agrégations les plus distinguées, la philosophie et les lettres (jamais l'histoire, les mathématiques
non plus), invités par le propriétaire des lieux à ces
joutes verbales si caricaturalement françaises dont le
programme se fixe des mois à l'avance.

Donc, en 1910, l'équipe pionnière de la *N.R.F.* se
déplace en corps constitué : Gide et son beau-frère
Drouin, Henri Ghéon, Jean Schlumberger et Jacques
Copeau. Interrompues en 1914, les Décades repren-
nent en 1922 et c'est tout Gallimard maintenant qui s'y
rue, fer de lance d'une Internationale littéraire. On y
voit pour la première fois Roger Martin du Gard et les
Anglaises Miss Burns et Miss Strachey, le romaniste
allemand Ernst Robert Curtius, découvreur de Proust,
l'Italien Prizzolini, Charles et Mme du Bos, André
Maurois et le jeune cinéaste Marc Allégret, intronisé
par Gide dont Paul Desjardins, au prix d'une
contrainte douloureuse, se résout à avaliser les inclinations particulières, Jean Tardieu, le surréaliste Tilroy,
beaucoup encore.

Pour les clercs, c'est le septième ciel, l'ère des
collusions gratifiantes et des frivolités studieuses, le
grand brassage du savoir et de l'imaginaire dans
l'euphorie des solidarités de classes. Si Roger Martin
du Gard amène sa baignoire, la plupart, écrivains et
professeurs, assument de bonne humeur l'austérité et
l'inconfort du séjour, par une triple vocation de jansé-
nisme, de protestantisme et de rigorisme dont relèvent,
en des proportions identiques, les personnalités présentes. Une entorse à cet ascétisme consenti : la cuisine
sur laquelle veille Mme Desjardins, femme admirable,
efficace et discrète, dévolue à la charge essentielle
d'infuser à cette vie monacale une gourmandise robora-
tive. Ne perdez pas de vue qu'en France, au XIXe siècle,
la masse des nantis-bouffeurs affronte des forces rebel-

les, catholiques héritiers de Port-Royal et érudits dédaigneux de la chère qui font leur jonction pendant la Troisième République. Ils ont des rejetons à la fin du XXe siècle. A l'Ecole des Hautes Etudes en sciences sociales, parmi mes collègues les plus sympathiques, face à Jacques Le Goff, Marc Ferro, André Burguière, Jean-Pierre Peter ou Ruggiero Romano qui prolongent à des degrés divers la grande histoire bourgeoise des mangeurs, François Furet ne craint pas de proclamer son ataraxie alimentaire.

A Pontigny des amitiés se nouent — de Raymond Aron et d'André Malraux —, des amours s'enfantent, des mariages s'arrangent — de Ramon Fernandez et de Madeleine Chomette, de René Poirier et de Jeanne Mélot, de Raymond Aron et de Suzanne Gauchon, secrétaire de Martin du Gard. Mais l'extraordinaire, c'est la santé du discours culturel. Genre français par excellence qui n'a d'équivalence nulle part, en Allemagne, en Angleterre, en Italie, tenant de la rhétorique pour convaincre et de l'art de plaire, dont les juges et les prêtres ont effectué la synthèse au XVIe siècle :

> Tous ces braves esprits furent diversement conviés à cette nouvelle éloquence ; Messire Christophe de Thou, premier président qui prenait une infinité de plaisir à les écouter et à leur répondre, symbolisant tous en un point qui était de remplir leur harangue des échantillons de divers auteurs, chose de tous inconnue aux anciens orateurs tant grecs que romains, et dont, me plaignant un jour à M. d'Espeisses, duquel j'étais voisin et ami, il en fit une à l'Antiquité qui est la neuvième des siennes, sur la louange et la recommandation de l'éloquence et me dit que cette seule lui avait coûté plus à faire que les

trois précédentes qu'il avait rapiécées de plusieurs passages[1].

Aussi bien aux chaires et aux prétoires la culture française paie-t-elle ses dettes sur son capital propre, les références qui nourrissent la piété et la robe comme, plus tard, la politique et la médecine et généralement toute élocution précieuse. En Angleterre, impossible, dans un cercle choisi, de causer littérature : c'est là une matière vulgaire. En pays germanique, la mise en circulation de la pensée hors de ses assises spirituelles est vécue comme un scandale. Marquée profondément par le luthéranisme, elle conserve, même sécularisée, des accents religieux et réclame des instances communautaires dont l'université et ses clercs composent le noyau dur. En France, sa dilution dans le bavardage n'est éprouvée ni comme un appauvrissement ni comme une licence parce qu'il n'y a aucune solution de continuité entre les œuvres et le langage qui s'en empare. Dans la conversation ou la correspondance, elles s'expriment avant ou après leur génération, elles s'inventent ou se refont. Créer, c'est toujours fabriquer et parler ensemble :

> Les Français m'amusent, déclare Orson Welles, ils peuvent indéfiniment commenter leur travail. Chez nous, cet esprit, c'est un vice, chez vous une forme d'art. Si on me demande : « Pourquoi sont-ils passés derrière cette porte ? » ou « Cette porte n'évoque-t-elle pas celle du *Procès* ? », les réponses sont toujours banales[2].

Pourtant je ne suis pas sûr que Charles du Bos avance à Berenson, sur les mérites de Pontigny, des arguments péremptoires. De cet expert cynique, juif

1. Etienne Pasquier, *Des recherches sur la France*, Paris, P. Lhuillier, Livres premier et second, 1569.
2. In *Le Monde*, 25-02-1982, p. 13.

lituanien, émigré aux Etats-Unis, fixé en Italie pour y faire assaut d'habileté commerciale et de savoir à l'allemande, il se targue d'apprivoiser les réticences par le miroitement des propos débridés ou du lien si français de l'intelligence et de la table !

Ah ! Que ne donnerais-je pas pour attirer l'incomparable humaniste que vous êtes à notre Décade sur l'humanisme qui aura lieu du 26 août au 5 septembre et où vous retrouveriez Gide, Valéry, Maurois, Fabre-Luce, Mauriac, Ramon Fernandez, Groethuysen et, j'espère, T.S. Eliot et Ernst Robert Curtius, Zézette [1] et moi (ces deux derniers en tout cas). J'ai peur que vain soit l'espoir de vous enlever à la sereine plénitude de Tatti [2] ; à tout hasard je vous inscris au programme en ajoutant bien vite qu'il s'agit d'entretiens sans aucun caractère formel, absolument libres, qui d'ailleurs ne se tiennent qu'entre le déjeuner et le thé, les conversations privées constituant comme de juste le meilleur attrait. Je ne vous parle pas de la beauté du lieu que sans doute vous connaissez mieux que moi et dont la « grâce sérieuse » — pour reprendre la parfaite expression de Gide sur Florence — vous permettra de ne pas vous sentir trop dépaysé [3].

Du Bos se tait sur l'enchantement de la collation du matin où l'appétit, avec le papotage, prend son élan, où se liguent les âmes et sympathisent les corps dans un désordre de bon aloi ; où la sociabilité de type français, à la fois ironique et aimable, se teinte parfois d'espièglerie lourdaude :

Un jour, au petit déjeuner, Desjardins et Brunschvicg étaient assis côte à côte ; j'arrive, je les salue, Desjardins se lève très courtoisement et dit : « Je ne sais pas si vous connaissez Léon Brunschvicg. » Alors Brunschvicg entre

1. Mme Charles du Bos.
2. Demeure de Berenson à Florence.
3. 21 juin 1926.

dans le jeu, se lève et me serre la main : « Enchanté de vous connaître et avez-vous entendu parler de Paul Desjardins[1] ? »

C'est au fil de cette loquacité inimitable que l'on discute, de 1922 à 1939, de la muse et de la grâce, de l'anachronisme politique, de l'autobiographie et de la fiction, des libertés nécessaires, de l'honneur et du temps, du procès de la bourgeoisie devant la classe ouvrière, de la technicité et du bon sens, du baroque et de l'irréductible diversité du goût suivant les peuples, de la presse dangereuse, de Goethe le réconciliateur, du loisir, de Victor Hugo connaisseur des choses divines, de la reconstruction de la Société des Nations, de la solitude, du primitivisme, de la destinée, du problème des étrangers en France, etc.

En 1950, en Basse-Normandie, au château de Cerisy-la-Salle, belle bâtisse du xvie siècle, héritée, par Mme Desjardins, de sa mère, épouse en deuxièmes noces de Gaston Paris, philologue éminent, académicien, professeur au Collège de France, Anne Heurgon-Desjardins fonde un foyer culturel transformé dès 1952 en centre de débats et de confrontations. Il vient de fêter ses trente ans d'activité inlassable à l'écoute des temps qui courent, dans la filiation de Pontigny et à l'heure des retrouvailles de l'université et de la culture. De ses parents, Mme Heurgon réunit les zèles disjoints de la maison et des idées, veillant sur le ménage et sur les personnes, sachant entendre sans trop dire, favorisant les échanges, enthousiaste, admirative mais n'hésitant pas à sévir, sanctionnant de son mutisme les prestations déficientes.

Le privilège autoritairement reconnu à l'élégance et

1. L. M. Chauffier, in *Paul Desjardins et les Décades de Cerisy*, Paris, P.U.F., 1964, p. 202.

à la facilité d'élocution, tout le système Desjardins se perpétue ici jusqu'au climat décontracté des petits déjeuners savants, avec quelques différences de taille.

D'abord, la fréquentation des artistes cesse d'étonner et surtout d'honorer les clercs. S'ils ne disposent pas encore du pouvoir absolu dans l'institution culturelle, ils en partagent déjà le gouvernement. Depuis 1945, ils s'abattent en effet sur elle, sans qu'il soit question de les endiguer. Ils impriment à Cerisy leurs habitudes, aux discussions un air de sérieux didactique. C'en est fini des jeux et des loisirs, de la stratégie des divertissements dont Desjardins, pourtant si pascalien de cœur, avait habilement usé à Pontigny. A la tâche, au plus tard, à dix heures et, sans désemparer, l'après-midi ; le soir, à l'occasion, si nécessaire.

Mais la véritable originalité des nouvelles Décades est d'avoir réalisé une osmose des comportements. Aux enseignants le « clan » offre l'exemple exquis de sa désinvolture, les dégrossissant, les débarbouillant. La conversation littéraire, vieille de quatre siècles, ludique, brillante, avec ses flammes, ses rebondissements, qui mettait Mme de Staël en émoi, tant elle y prêtait d'avantage à la France sur la pesanteur allemande, leur devient, à l'image des initiés, immanente. Inversement, ils accommodent les créateurs à leur verbiage, ils les instruisent, ils les « socratisent ». On assiste aux copulations les plus surprenantes : tout ce qui se fait d'étranger à l'académisme et à la cléricature, tout ce qui est, par éducation et par goût, enclin à les fuir ou à les haïr, s'en régale dans une promiscuité radieuse. Francis Ponge, l'intraitable, le Cévenol solitaire, le poète botaniste et zoologue, le descripteur de l'objet pur sur lequel trébuchent toutes paraphrases, file à Cerisy en 1953, y vient et y revient en 1955. En 1955, Ionesco, qui a rendu par sa *Leçon* toute pédagogie suspecte, s'y livre, sur le théâtre, avec Adamov et Obaldia, à des dissertations solennelles. Marcel Arland, rédacteur en chef de la *N.R.F.*, brandissant l'étendard de Gallimard comme le sire de Lévis celui de la Vierge à la première croisade, y entraîne sa maison, associée par un atavique pacte d'alliance aux productions de la famille Desjardins. Nœud qui progressivement se relâche après 1955 au profit des Editions du Seuil, champion toutes catégories des modes intellectuelles, et des Editions de Minuit, petite fourmi industrieuse dans les opérations de la modernité combative. Toutefois, c'est au plus autonome des éditeurs qu'il appartient de célébrer officiellement après 1970 à Cerisy le mariage des écrivains et des docteurs, à Christian Bourgois, sans doute stupéfié durant quelques années par les rafales du vent d'hiver.

Respectueuse de la tradition desjardienne, Mme Heurgon s'évertue à la déployer. La biologie, l'informatique, les mathématiques participent de son répertoire. Mon père, Max Aron, copréside, en 1960, avec Etienne Wolff et Robert Courrier, des entretiens sur la sexualité. Grâce en soit rendue à Cerisy, car, dans la tradition française, les sciences — entendez-les au sens propre et point dans leur application récente et métaphorique à la réalité humaine —, ne ressortissent pas véritablement à la culture. Elles ne s'y glissent au XVIIIe siècle, elles ne se faufilent dans ses salons que sous le label des lettres. Elles ne la concernent au XIXe, à l'âge du scientisme arrogant, que par l'intercession des romanciers. On s'informe, dans les chapelles, de l'hérédité et de la dégénérescence mais les spécialistes, en tant que tels, n'ont pas accès au champ clos de la littérature. A Pontigny, Paul Desjardins ne tend aux scientifiques qu'une main hésitante, préférant écouter sur la physique ses épistémologues accrédités, Léon

Brunschvicg ou Gaston Bachelard. Sa fille ouvre tout grands ses bras aux hommes de terrain. Seul vestige sensible des anciennes cloisons étanches, l'inadaptation à l'éloquence de quelques savants, spoliés séculairement du droit de faire sonner leurs concepts dans l'espace de la parole triomphante.

Fin juillet 1952. Rencontre de Pierre Boulez.

En 1950, entre l'écrit et l'oral de l'agrégation, je découvre l'abbaye de Royaumont, récemment convertie en centre culturel par ses propriétaires-mécènes, Henri et Isabelle Goüin. J'accompagne, sympathiquement invité par Althusser, un groupe de normaliens qu'il materne.

Je m'y retrouve avec Foucault pendant l'été 1952 et, dans le salon qui ne sert pas encore d'asile aux séminaires de banquiers, de publicitaires et d'industriels, j'entends un jeune homme, très entouré, traiter de littérature avec des accents furieux. Il parle surtout de Gide, mort l'année d'avant, et l'insulte. C'est l'époque encore indécise des dépouilles, pour user de l'élégante formule américaine qui désigne l'exclusion par la nouvelle équipe dirigeante de ses prédécesseurs au pouvoir ; c'est le temps à peine amorcé où se met en place la génération intellectuelle qui, si vieillie, si infertile et démodée qu'elle apparaisse après trente ans, demeure en 1984 aux leviers de commande.

Je m'informe sur cet irascible, tranchant comme un couperet, assuré comme un prophète et mal élevé de surcroît. On me dit qu'il s'appelle Boulez, qu'il est fameux chez les siens, qu'il a publié presque au berceau un *Livre pour quatuor* et deux sonates pour le piano, que Messiaen le déclare premier des meilleurs. Il est vrai que, dans l'explosion de l'école de Paris qui revendique après 1945 la succession de celle de Vienne et draine vers la France le suc de la musique européenne, Stockhausen et Xenakis entre bien d'autres, Boulez, à vingt-sept ans, est fondé de se sentir élu. On l'a par suite maintes fois soupçonné d'un goût immodéré des honneurs. C'est injuste. Il s'est seulement toujours cru voué au génie, à la gloire et à la souveraineté non partagée.

Comme il est naturel dans une période de remise en cause, il invoque, à Royaumont, les nouveaux guides : Char et Mallarmé [1]. Bientôt, il leur dédie deux partitions majeurs : en 1955, *Le Marteau sans maître* sur un ancien poème du premier, en 1960, *Pli selon pli* sur un fameux poème du second.

Ce contact a de grandes conséquences sur l'itinéraire culturel de Foucault. La musique fut toujours son faible. Il la rejoint au travers des discours. Boulez lui sert de premier médiateur avant qu'il ne se lie avec Jean Barraqué, prématurément disparu, et Michel Fano, Gilbert Amy, la bande à Boulez plus tard désagrégée par les vicissitudes du Domaine musical.

En musique, de ses amours, Boulez, du moins en ma présence, parla peu : de Debussy, sa brûlure constante, ce diable qui jamais ne sacrifie l'émotion à la technique révolutionnaire ; de Webern de qui, en 1945, l'annonce lui vint que l'art ne devait rien au monde mais au système, rien aux choses mais au langage.

En fin de soirée, Boulez se mit au piano, un magnifique Bechstein, et joua une sonate de Mozart, de la période parisienne, laquelle, je ne sais plus, ni celle en *la* mineur ni celle à la marche turque en tout

---

1. Consacrant l'antique prépondérance française du discours littéraire.

cas. J'ai souvent repensé à cette exécution d'autant plus remarquable que, dans sa carrière de chef ou d'animateur, Boulez n'a guère dispensé à Mozart de soins. Comme s'il se concédait un plaisir, il s'abandonna tout d'un coup. Il paraît que Messiaen, cependant si porté à l'analyse des structures, souvent prétendait dans ses cours qu'il n'y avait rien à dire de Mozart hors des platitudes d'usage : que l'andante en *fa* du concerto en *do*, K.467, que l'adagio du concerto pour clarinette ou le quintette des adieux de *Cosi fan tutte* sont sublimes. Dommage que Boulez se soit si rarement octroyé le luxe de l'indicible…

Avril 1953. Rencontre avec André Wurmser.

Marcel Evrard, qui dirige à présent le bel éco-musée du Creusot, anime dans les années cinquante une librairie-galerie à Lille. J'y vais souvent, pour me détendre, à la sortie du lycée de Tourcoing, fuyant les vociférations du vilain censeur Cantiniaux. J'y vois pour la première fois une toile de Poliakoff, un peu plus tard devenu mon ami grâce à Henri et à Alice Dupont, autres Lillois à qui je dois tant.

Un jour d'avril, j'arrive par hasard à une réunion organisée au sous-sol autour d'André Wurmser, l'un des maîtres penseurs de *L'Humanité*, un enragé, n'hésitant pas à affirmer en 1950, à l'occasion du procès Kravchenko, que quiconque attaque la Russie se range du côté de Hitler, et, la même année, à traiter Jean Cassou de canaille parce qu'il s'est permis d'insinuer que l'U.R.S.S. venait de liquider pour des raisons de haute politique les communistes et les résistants grecs. J'ai toujours pris Wurmser pour un âne, fagoté en idéologue. J'exècre les êtres pétris d'indigne conviction, les idées courtes qui s'énoncent en chaînes de raison, les passions sacrifiées à la sécurité des bonnes causes. Aussi bien dans ce journal de l'esprit d'un temps qui en manque, ce doctrinaire n'est-il présent que pour témoigner de sa sottise épique. Représentant en mission du comité central, il entretient les intellectuels de province d'une affaire grave : le portrait de Staline par Picasso publié le 15 mars 1953 dans *Les Lettres françaises*, organe intellectuel du parti dirigé par Louis Aragon.

Le peintre a été officiellement désavoué par le bureau politique : on ne trahit pas impunément la vérité du monde. Car Staline, défiguré, échevelé, le regard glauque, la moustache pantelante, n'est pas sujet à interprétations plus ou moins saugrenues : il est l'histoire, l'occurrence où un corps particulier et une idée se fondent. En contrefaisant ce visage essentiel, Picasso ne s'est pas livré à un simple attentat moral qui suffirait à le flétrir, il s'est mis, à parler proprement, hors la loi, entendez, tout ensemble, de la société révolutionnaire et de la nature.

Mais comment, d'un œil infaillible, déterminer l'infraction ? De Staline, grand et noble Staline, dont nous croyons connaître le visage et le poil si différents de ce que Picasso nous en fait voir, sommes-nous sûrs, absolument, que nous apercevions les traits exacts ? Et si le regard de l'artiste n'avait pas réussi, sous l'apparence, à déchiffrer ses authentiques ressorts ?

Wurmser tranche là-dessus sans appel. Devant Michel Simon, jeune professeur agrégé de philosophie au lycée Faidherbe, à qui, en dépit de sa naïve et indéracinable orthodoxie communiste, je conserve ma sympathie, devant Michel Foucault que de tels arguments commencent à ébranler, il déclare : condamné par Thorez, ce portrait s'autodétruit, il meurt de son erreur ou, ce qui revient au même, de sa malfaisance. En matière esthétique, comme en toute autre, le secrétaire général du parti communiste, expression démocratique, donc scientifique, de la classe ouvrière, ne se saurait tromper.

Juin 1953. Scission dans la communauté psychanalytique de France.

Il y a de bons mois pour les révolutions : de mai à juillet avec, en juin, un temps fort. Le 2 juin 1793, la Montagne en finit avec la Gironde, introduction à la Terreur populaire. Du 23 au 26 juin, c'est l'insurrection de 1848 et la répression sanglante. Le 1er juin 1953, moins de trois mois après la mort de Staline, des émeutes éclatent en Allemagne de l'Est. Le 17, à Berlin, des troubles graves se produisent. Les monuments publics et le siège du parti sont attaqués par des dizaines de milliers de travailleurs rapidement écrasés par la milice.

La veille, à Paris, la confiance lui étant refusée par la majorité, Lacan claque la porte, abandonnant son mandat de président de la Société psychanalytique de Paris (S.P.P.). Lagache, Françoise Dolto, Juliette Favez-Boutonier annoncent la création de la Société française de psychanalyse (S.F.P.). Lacan s'y rallie avec Blanche Reverchon-Jouve, épouse du poète.

A l'origine, une révolte des jeunes contre les « maîtres » : Nacht, Cénac, Mâle, Lebovici, Diatkine, Pasche et Schlumberger. Essentiellement, une lutte contre le régime despotique inauguré par la faction dominante de l'Institut, ouvert le 5 mars 1953 aux fins de la formation et de l'enseignement des analystes. Emanation de la S.P.P. pluraliste, il entretient avec elle des relations controversées par la minorité : Nacht le dirige en potentat, publiant des règlements tatillons, vexants, prohibitifs, traitant les disciples en écoliers, leur imposant des discriminations désobligeantes et des pressions économiques intolérables, mettant le feu aux poudres par la réclamation d'engagements déjà pris sur l'honneur. Ils s'alarment, ils s'informent, sèchement éconduits par le tyran. Le 15 mai 1953, c'est l'explosion, Jenny Roudinesco adresse à Nacht et à Lacan, encore président de la Société de Paris, une lettre ouverte que ses camarades cautionnent aussitôt. Un « Mai 68 » avant la lettre :

> Il convient de souligner le caractère spontané de
> l'opposition des élèves qui se constitue par la confluence
> de plusieurs noyaux d'abord isolés. Selon notre interpré-
> tation, elle doit être considérée comme une réponse
> agressive bien que modérée dans ses formes à un climat
> d'autoritarisme inquiétant et humiliant[1].

Trente ans après, l'intérêt de cette affaire se déplace, des élèves en colère et de leurs patrons compatissants, sur la personne du docteur Lacan, en retrait, dirait-on, dans le pointu des événements. Considérez-le bien, quand tout s'électrise : abandonnant la présidence de la S.P.P. hostile, restant en réserve, laissant faire ses agents, les rejoignant après la bataille. De la conjuration dont il est l'âme, il ne s'affirme qu'à demi solidaire. Il est en porte à faux avec ses affidés, leurs raisons ne sont pas les siennes. Son ombre se profile tout au long d'un conflit qui lui demeure étranger. Alors même qu'on ne parle pas de lui, il est au-devant d'une scène qu'il dédaigne. Les autres, Berge, Lagache, Boutonier,

1. Daniel Lagache. « Mémorandum à l'Association internationale de psychanalyse », in Supplément au n° 7 d'*Ornicar*, 1976, p. 109.

sinon Dolto, vassale indéfectible, ne sont que fantoches et gens de paille dont il se défera sans scrupules pour assurer son hégémonie.

Dans les années cinquante Lacan est déjà fort réputé par quelques articles d'avant-guerre — sur le stade du miroir, sur la famille — et par sa thèse sur la paranoïa. Il fait partie, depuis deux décennies, du cercle de Georges Bataille qui l'introduit dans la littérature d'avant-garde et jusqu'en sa maison où il séduit sa femme Sylvia, comédienne illustrée par Jean Renoir dans *Le Crime de M. Lange* et surtout *Une partie de campagne*. Devenue l'épouse du docteur elle lui apporte en dot deux beaux-frères, André Masson auquel, de longtemps, des titillations surréalistes le lient et Jean Piel qui, pour n'avoir pas tant d'éclat, n'en exerce pas moins après la mort de Bataille, par la direction de *Critique*, une minidictature dans le « clan ». Lacan ne cesse de courir vers ceux qui pensent et surtout ceux qui brillent dans la pensée. Ce grand esprit n'est jamais autonome, il fonctionne à l'intérieur de « constellations », frappées, à l'encontre de celles de Nietzsche, du grand sceau de la mode, ou, à tout le moins, des valeurs établies.

Pourtant, lorsque la Société parisienne se reconstitue et reprend ses assises, Lacan, même élu à la présidence, est vite soupçonné de subversion par la majorité réactionnaire. C'est moins d'agitation que d'action délétère sourdement exercée sur des esprits fragiles, qu'on l'accuse :

A [...] la société psychanalytique de Paris, le 2 juin, Lacan fut, de la part du docteur Cénac, l'objet d'un réquisitoire quelque peu dramatique, dans lequel divers griefs étaient articulés ; le principal était la cause de la révolte des élèves ; à l'objection que cette opposition était une [réaction] à l'autoritarisme et qu'elle était née indépendamment de toute action des maîtres (ce qui est ma conviction et personne ne pourrait prouver le contraire) il ne put donner aucune réponse ; un des partisans de l'autorité alla jusqu'à dire que, si même Lacan n'avait pas inspiré le conflit, il en était responsable du fait de sa seule existence [1].

En quoi, sans le moindre doute, ce pâle accusateur a raison. Lacan, en 1953, captive les jeunes gens grisés par le vent d'hiver qui se lève. A cinquante-trois ans, sa parole prolixe tranche sur son œuvre écrite. Son séminaire est déjà renommé. Et tandis que les mots commencent à prendre sur les choses un avantage qu'ils n'ont, jusqu'à ce jour, plus laissé échapper, ce discours où la poésie — réminiscences mêlées de Mallarmé et du surréalisme — investit le savoir remplit d'aise ses auditeurs, généralement « petits clercs ».

A Lacan, théoricien fanatique, rien d'étrange que la réalité de la souffrance et de la maladie apparaisse vulgaire, la cure psychanalytique à mille lieues d'un projet médical. Attitude évoquant celle des praticiens français du tournant du XVIIIe au XIXe siècle pour qui la guérison n'est qu'une conséquence subsidiaire de la « méthode clinique ». Aussi bien le procès, constamment intenté au docteur, de restreindre à quelques minutes la séance d'analyse conventionnellement fixée à trois quarts d'heure, semble misérable. La durée des rencontres ne saurait affecter la fécondité d'un système ne ressortissant pas au domaine, encore moins aux caprices de la subjectivité.

Sans doute cette *minimal experience* s'inscrit-elle dans une représentation de l'ellipse qui affecte l'ensemble de l'esprit occidental depuis la Première Guerre mondiale, culminant après la Seconde. Tout s'amorce

1. Daniel Lagache, *op. cit.*, p. 109.

en musique, le moindre s'y combinant avec le court. Chez Schönberg, les formes se condensent simplement ; chez Webern la brièveté s'érige en paradigme. A l'ère des transistors la miniaturisation va bon train et les œuvres que j'admire le plus, grâce auxquelles j'ai pu, sans tout à fait désespérer, traverser cette période glaciaire, sacrifient au principe du peu. De Ionesco, *La Leçon* dure tout juste quarante-cinq minutes ; de Beckett, *La Dernière Bande*, à peine davantage. La matière sculptée par Giacometti semble rétractée sur elle-même pour insolemment resurgir du néant. Dans le groupe du Musée d'art moderne de New York, trois frêles personnages enveloppent un espace vide, présences flagrantes dans l'absence absolue.

Tels sont l'amenuisement de nos perceptions, le recroquevillement de nos ambitions, la paupérisation de nos désirs que nous en ménageons les transports comme pour en épargner le combustible en période de froid intense. Lors de la dernière et éclatante exposition *Byzantios* [1], je suis frappé de l'économie des objets dans un monde pleinement réhabilité, concession d'un peintre transgresseur et marginal à la pénurie dominante.

Mais ce n'est pas de ce minimalisme-là que relève la technique lacanienne mais plutôt du « *minimal art* » américain, de l'exténuation plastique du réel et de la pulvérisation du vécu. Et surtout du confusionnisme universel qui fait perdre à la culture contemporaine l'évaluation du temps. Elle endosse, sans tiquer, des spectacles durant sept heures à l'instar des images évanescentes qui nous bombardent à longueur de journée, dans la rue, au travail, à la télévision.

1. Flinker, février 1980.

1953. Les Gommes *d'Alain Robbe-Grillet* [1].

Robbe-Grillet n'est pas un créateur. Ce mot recouvre des acceptions inapplicables à ses ouvrages : le grand saut du néant à l'être, les origines, le devenir. C'est un révélateur et, à ce titre, l'un des écrivains les plus importants de sa génération. A ce titre seulement, car, sous l'angle littéraire, il me paraît dénué d'intérêt.

De l'air du temps, avant qu'il ne souffle dans les rafales des modes, Robbe-Grillet, parmi les premiers, indique la direction, en 1953, prenant la nouvelle mesure des phénomènes, les délestant de leur contenu pour ne plus retenir que la mince pellicule de leur aspect visible, les substituant aux occupants désuets de la scène romanesque — hommes, personnages, consciences —, les manipulant comme des pions. Etonnante prescience de l'espace subrepticement, lentement constitué dans les années cinquante et, depuis 1960, pleinement opérationnel, des vitrines, gorgées de marchandises, servant de suffisant support au monde qui se nie en les étalant.

Certes il y a des siècles que l'œil est un organe en vogue et des lustres qu'il tient le haut du pavé, de Georges Bataille à Merleau-Ponty, à travers le docteur

1. Paris, Editions de Minuit.

Lacan qui, en 1936, dans un de ses textes les plus péremptoires, lui confie la mission flatteuse d'élaborer notre identité dans le miroir. Mais personne, jusqu'alors, n'ose couper tout à fait la vision du sujet. Chez Merleau-Ponty, il en est à la fois le siège et le vecteur, plongeant dans la matière où son intentionnalité l'investit. Et voici qu'avec Robbe-Grillet, dans un roman dont je vous épargne l'argument, me bornant au décompte de ses figurants — un certain Watts qui cumule les fonctions d'assassin et d'inquisiteur, Dupont, la victime, et le serpent Ouroboros aux cent huit écailles —, le spectacle se formalise, champ de rotation, d'imbrication, d'articulation des objets. N'y cherchez ni épaisseur ni profondeur. Déployés en surface, sans troisième dimension, minutieusement, presque obsessionnellement décrits, le discours s'arrimant à chaque détail, messager de son apesanteur comme de son mode exclusif d'existence.

Car, de ces matériaux, le romancier use à proportion de leur vacuité. Barthes, dans le texte qu'il consacre aux *Gommes* dans la *N.R.F.*, en avril 1954, remarque qu'ils n'ont nulle fonction possible. Lorsque leur ustensilité est invoquée comme un sens, ce ne peut être qu'en se moquant. Les sandwichs (ainsi celui consommé par Dupont) sont faits pour qu'on les mange, les ponts pour qu'on les franchisse et les gommes pour effacer, mais le regard de l'auteur ne s'en laisse pas conter par une métaphysique finaliste. Il se fixe si fort sur l'objet-instrument qu'il l'arrache à son rôle et le réduit à son étendue d'où il n'était d'ailleurs jamais sorti : « Sa fonction n'était qu'illusoire, c'est son parcours optique qui est réel, son humanité commence au-delà de son usage. »

De quelle humanité peut-il bien s'agir ? Dans l'artifice Robbe-Grillet prend son pied. A Bruce Morrissette il raconte avoir d'abord voulu découper son intrigue en cent huit éléments, nombre des écailles d'Ouroboros, selon les procédés de composition de Raymond Roussel. Je reviendrai sur les pratiques contemporaines de confiscation et de détournement de ce grand homme. Mais j'affirme, sans plus attendre, qu'il n'y a, dans l'œuvre de Robbe-Grillet, rien qui, de près ou de loin, évoque *Locus Solus*, *Impressions d'Afrique*, *L'Etoile au front*. Des agencements de Roussel, surgissent des histoires folles, des pastiches de Jules Verne ou de Ponson du Terrail, des contrefaçons de Delly ou de romanciers à l'eau de rose. Je m'époufffe de rire, comme dirait Saint-Simon, aux divagations de Martial Cantarel ou de M. Trézel. Malgré des prodiges de bonne volonté je n'ai jamais extrait d'une page de Robbe-Grillet que des brassées d'ennui.

Par contre on conçoit facilement qu'à l'avant-garde de ses adorateurs, les clercs se soient pointés aussitôt. Ce discours désincarné, indexé sur des images désignifiées, quelle pâture pour l'explication de textes, épreuve initiatique des facultés de lettres françaises qui, par le biais des grands concours, se colporte jusque dans les petites classes des lycées et des collèges ! Chez Robbe-Grillet, tout est ordre et clarté : entre les mots-objets sans profondeur, tout s'arrange en superficie, tout s'ajuste, tout se compose. Finies les hypothèques douloureuses, ces croix de l'enseignement littéraire, la civilisation, l'histoire, le sujet surtout dont les professeurs positivistes reconstituent à coups d'anecdotes insipides la vérité supposée. Mais le plus doux au cœur des docteurs, c'est Robbe-Grillet lui-même, professeur itinérant ! Qui l'eût rêvé, qui eût cru que cet artisan, ce manuel issu de l'agronomie, chargé de mission à l'Institut national des statistiques, expert en légumes et en fruits tropicaux, courant du Maroc en Guinée et de

Guinée aux Antilles, plutôt drôle et causeur agréable, bon vivant, bon mangeur, sillonnerait la planète dans un second essor pour y faire des cours sur son œuvre et sur les rares textes qui lui paraissent relever de sa facture ?

Certains, quelques compagnons d'avant l'entrée en littérature [1], ayant flairé son esprit mystificateur avancent une explication audacieuse : que tout cela, la technique romanesque, les gloses théoriciennes, la fougue pédagogique procèdent d'une comédie formidable. Mais le malheur — ou l'atout de Robbe-Grillet — est que celle-ci s'épanouit dans un temps du sérieux. Le goût du mensonge s'inspire démesurément de la civilisation du simulacre en train de naître. Pas l'ombre d'humour dans cette œuvre frigide. La description abolit jusqu'aux résidus les plus infimes des événements. On les débusque encore dans *Les Gommes* au fil d'une vague intrigue policière sous-tendant un texte impassible. En 1955, dans *Le Voyeur*, Robbe-Grillet fait table rase des éléments qui isoleraient et privilégieraient tant soit peu l'homme entre les choses. Il invente le rien littéral, le rien de rien. Un rien atone, apathique. Le rien de Nietzsche est stratégique : son horizon est le débordement. Le rien de Beckett est repu de plénitude, paroxysme de dissolution. De cette profusion d'insignifiance, le sens jaillit. La décomposition, dans le langage comme dans la nature, est prolifique. Au plus creux de l'ineffable une parole se profère, percutante. Chez Robbe-Grillet, le rien ne produit même plus le gel : ici le vent d'hiver induit la température de la glace fondante, le degré zéro de l'argument que, fort à propos, Barthes rapproche du mana, type-zéro de société selon Lévi-Strauss, forme institution-

1. En particulier, Jean Mothes.

nelle n'ayant d'autre propriété que d'« introduire les conditions préalables à l'existence du système social, dont elles relèvent, auquel leur présence — en elle-même dépourvue de signification — permet de poser comme totalité [1] ». De tous les pores du champ symbolique surgissent, dans les années cinquante, les modèles d'un froid sans piquant et d'une blancheur blafarde.

Ce qui ne laisse pas d'étonner, sous ce climat contraire, c'est le parti pris de suffisance tranquille, voire l'affectation d'optimisme, des récents concepteurs, expression, semble-t-il, plus adéquate, que celle d'artistes, adaptée à des usages périmés. Ainsi Robbe-Grillet se pose-t-il hardiment comme le héraut d'un imaginaire retrouvé, désinfecté du réel purulent.

Débat scolaire et pitoyable. Comme si la réalité dans les Fayoum ressortissait à celle des chromos ! Dans l'idéologie, Robbe-Grillet manifeste une propension fâcheuse à la confusion. En intronisant, contre le réalisme exténué, le régime de l'imaginaire, il récupère le sujet hégémonique qu'il vient de chasser. En définissant les objets comme des « être-là », il prône sans le savoir un essentialisme à la Husserl, une phénoménologie qui retourne au monde. Il déploie avec une décennie d'avance les contradictions d'une époque endossant les valeurs qu'elle récuse, excisant le sujet en lui accordant, comme Lacan, un domaine postiche, croyant aux signes comme à des bulles de savon.

1. Lévi-Strauss, *Anthropologie structurale*, op. cit., p. 176 ; cf. Lévi-Strauss, « Introduction à l'œuvre de Marcel Mauss » in Marcel Mauss, *Sociologie et Anthropologie*, Paris, P.U.F., 1950, p. 41.

1953. Le Degré zéro de l'écriture de Roland Barthes[1].

Quand l'esprit prend ses quartiers d'hiver, l'écriture sert de réflecteur ; elle se refroidit à vue d'œil. Immense mérite de Roland Barthes d'avoir inauguré une thermométrie des signes.

En 1953, il a trente-huit ans, presque inconnu. Cet ouvrage qui reprend et étoffe quelques articles parus en 1947 et 1950 dans *Combat* marque son point de départ. Simultanément, il amorce une collaboration avec des revues de pointe, *Critique*, *Théâtre populaire*, *Lettres nouvelles* auxquelles, de 1954 à 1956, il confie la plupart des *mythologies*.

Face à Blanchot qui ne rencontre l'histoire qu'une seule fois dans une épiphanie, la Terreur, événement absolu où la littérature culmine et s'abîme par le truchement du marquis de Sade, Barthes s'inquiète du temps. A une ontologie funèbre, il préfère, comme toile de fond des récents exercices formels, une sociologie de la connaissance.

A l'âge classique, pas de problème : le théâtre, l'éloquence, l'ordre civil, les classes sociales, tout est langage limpide. Vers la fin du xviiie siècle, une crise se dessine. La Révolution enveloppe le monde de ténè-

1. Paris, Le Seuil, coll. « Pierres vives ».

bres et le discours subitement se regarde s'accomplir, chez Chateaubriand éruption de l'amour de soi, objet de spectacle et d'enivrement. Avec Flaubert, c'est l'escalade : la bourgeoisie récuse l'écrivain qui découvre dans l'écriture un terrain de lutte et de défi. Mais, à la souveraineté du producteur, correspond une distanciation des produits. En lui servant d'enjeu, les textes échappent à leur auteur. Il ne lui reste plus qu'à les nier tout court : ce qu'opère Mallarmé, par un meurtre.

Ainsi a-t-il fallu à la littérature moins d'un siècle pour briser son ressort, une parole innocente dont les professionnels et les amateurs se partageaient les bons offices. Pas même soixante-dix ans, pour s'employer à l'anéantir.

Depuis Mallarmé, à quoi bon créer, je vous le demande, s'il est vrai que l'expiration de l'œuvre d'art reflète l'immersion progressive de la sensibilité collective dans des systèmes non signifiants ? A quel jeu sophistiqué ou pervers s'amuse le fabricant d'un livre qui déclare, le faisant, qu'il instaure le vide et trouve dans le sentiment de cette inanité une incitation à l'aller remettre à un éditeur ? Allégeance probable de l'artiste à la civilisation dont il épouse et étale au grand jour le désespoir. Assassiné, l'art poursuit, au degré zéro, son aventure hibernante. Les Japonais ne s'y sont pas trompés, traduisant le titre de Barthes par cet équivalent édifiant : « Il gèle dans la littérature. » Ce dont celle-ci prend son parti, à en juger par les termes qu'elle utilise pour illustrer son renoncement : « écriture blanche », « écriture neutre ». Ecriture sevrée d'écrivains : la nouvelle société se constitue ses modes anonymes de langage sans que de pseudo-inventeurs n'y viennent plus mêler leur grain de sel.

Dans l'essai de Roland Barthes, tout m'afflige et rétrospectivement me paraît justifié. Ce n'est pas chez

Dutourd ou Nourissier, pas même chez les meilleurs, Aymé ou Nimier, que se proclame dorénavant l'idéologie de la classe dominante mais dans une théorie de l'ascèse. Car la présente génération technicienne se doit de résister aux sollicitations et aux indiscrétions du vécu : l'abstraction lui tient lieu de paysage mental, le formalisme de moyen de communication. L'écriture blanche, cadavre vivant, affirme par la voie officieuse d'une oligarchie intellectuelle la vigueur et l'actualité des interdits officiellement jetés aux oubliettes par la jouissance collective. Sitôt le droit au corps aligné sur les performances des machines, c'est dans l'art que la bourgeoisie investit le capital résiduel de ses instances puritaines. Barthes est le premier à confronter explicitement le conditionnement politique de l'écriture neutre à l'exigence d'une morale du langage. Le premier à prendre conscience du rôle expiatoire des pratiques symboliques jugulant dans l'espace ésotérique des discours les forces vives du désir honteusement déchaîné à la surface des sociétés.

Barthes, comme Gide ou Sartre, est protestant. De la fin du XIXe siècle à celle du XXe, ils occupent tous trois une position en flèche dans la littérature française. Phénomène notable, à considérer les grands nombres : en 1984, huit cent mille réformés ou luthériens sur cinquante-deux millions de métropolitains. Mais Gide, puis Sartre qui lui est proche, s'appliquent à démystifier la nature. Plus fidèle aux sources huguenotes, Barthes engage contre la tentation une croisade. L'austérité est érigée en méthode, l'ennui promu à la dignité épistémologique, *Le Degré zéro de l'écriture* assigné à la phraséologie la plus absconse. Peu après, dans *Mythologies*, le préjugé de pénitence ne maîtrise plus tout à fait une jubilation native, plus tard encore le rigorisme ne contient qu'imparfaitement, dans *Sade*, *Fourier*,

Loyola ou *L'Empire des signes*, les élans d'une des pensées assurément les plus émoustillantes de cette ère glaciaire. Pour le moment, Barthes donne, sans accommodement ni nuance, le coup d'envoi de la grande répression, descendant à d'implacables remarques sur le style, effluve de nos muscles et de notre sang, émanation dans le verbe de notre biologie répugnante. Ainsi, de ce démon, faut-il étouffer dans l'œuf les luxures, ramenant l'expression à l'état d'équilibre avec l'univers engourdi. Aux images deux fois millénaires de la Passion où la mort n'est qu'un épisode dans l'épopée de la création, il substitue celle d'un chemin de croix aux stations infinies sur lesquelles perpétuellement déambulent des fantômes.

Décembre 1953. Création du
« Domaine musical ».

Boulez n'est pas jeune homme à demeurer cloîtré, comme dit Descartes, « dans son poêle ». A longueur de journée il peste contre les modèles culturels dominants. Maîtrise fantasmatique, maîtrise postiche assurément, car c'est lui, avec ses amis, qui détient la suprématie symbolique. Témoin les concerts qu'à son instigation Jean-Louis Barrault accueille au théâtre Marigny et qu'une mécène, Mme Suzanne Tézenas, soutient de ses efforts passionnés.

Il y a précocement chez Boulez, sous prétexte de croisade esthétique, une fringale de pouvoir rarement présentée avant lui par les musiciens. Jusqu'au XIXe siècle, ils relèvent de l'autorité plus ou moins capricieuse de leurs employeurs, patrons exigeants du type Coloredo ou Esterhazy plus répandus que les protecteurs amènes du style La Popelinière. Beethoven secoue ce lien d'infamie, revendiquant hautement l'aide privée comme un droit des créateurs. Quand la pension gracieusement allouée par trois seigneurs, le prince Lichnowski, le comte Kinski et l'archiduc Rodolphe n'arrive pas au jour fixé, il fronce le sourcil. Marx (avec Engels), Joyce (avec beaucoup de bailleurs), chez les écrivains, profitent plus tard de la leçon, à l'encontre des compositeurs romantiques dans leur ensemble qui se laissent conduire par les circonstances ou les oblitè-rent, tantôt paumés, tantôt dandys. Enfin Wagner vient qui allie le goût de l'action à l'exercice du gouverne-ment. Mais, avec Boulez, à ne considérer que la carrière, quelles différences ! Dans un cas, la vie parsemée de chausse-trapes, des échecs à répétition, une errance continue jusqu'au couronnement de Bay-reuth. Dans l'autre, l'obtention continue des faveurs. La fuite en Allemagne n'offrant avec l'exil parisien de Richard qu'une analogie trompeuse : ici, des larmes, là une succession de triomphes.

Et j'ai beau interroger les biographies contempo-raines, l'existence de Debussy ou celle de Bartók, la vie des trois Viennois, de Varèse, de Stravinski, celle aussi de Stockhausen, peu anachorète de tempérament, je ne trouve rien qui ressemble à l'avidité de contrôle, de gestion et à vrai dire de puissance, manifestée par Boulez. A cinquante ans, revenu en France, comblé d'honneurs, chef d'orchestre international, adopté par les Etats-Unis, envié par le Japon, il prend la direction de l'Institut de recherche et de création musicales du Centre Pompidou, rentre au Collège de France, règne partout et sur tout.

Au moins cette ambition a-t-elle, dans les années cinquante, l'heureuse conséquence d'ouvrir au champ culturel français la musique qui n'y avait jamais vrai-ment eu accès. Dans un débat très informel que j'anime, en pleine tempête théoricienne [1], Michel Phi-lippot remarque que c'est avec la complicité des musiciens eux-mêmes que le discours littéraire a chro-niquement écrasé la musique en France. Sur l'ampleur

1. Cf. « Les mots et les Notes », in Jean-Paul Aron, *Qu'est-ce que la culture française ?* « Collectif Médiations » n° 2, Paris, Denoël-Gonthier, 1975.

de cette déroute mes compagnons apportent des réflexions stimulantes :

Jean-Pierre Peter. — [...] Les sociétés qui ont produit de grands musiciens sont en même temps celles où le folklore, la musique populaire ont gardé un statut et font preuve aujourd'hui encore d'une vitalité notable. D'une certaine façon Schubert n'est-il pas un génial évocateur de festivités et de réjouissances collectives ? [...] En Italie, n'a-t-on pas de même l'impression que l'air d'opéra est issu de chansons de rue, après une série de médiations prodigieuses mais qui ne le coupent pas de sa racine vivante. En revanche, nous savons que la tradition du folklore et de la musique populaire en France a été radicalement étouffée [...] De nombreux textes anciens (livres de raison, mémoires, etc., ou, par exemple, les *Propos rustiques* de Noël du Fail) témoignent que l'on chantait et dansait partout en France au XVIe siècle dans les campagnes et à toutes sortes d'occasions : fleur heureuse de musique et de mouvement passant, nous le savons, sur une terre lourde de travaux, de peines, souvent d'horreurs. A la fin du XVIIIe siècle il en restait encore quelque chose, mais dégradé. Arthur Young, voyageur anglais, témoigne de son agacement à n'entendre partout (auberges, voitures publiques, etc.) que chansonnettes bien « françaises », c'est-à-dire parisiennes : galanterie piquante, plaisanterie ou persiflage politique sur mélodie banale. Populaire désormais veut dire : sous-produit de salon ou dérivé de la feuille de journal [...]

Jean-Paul Aron. — Nous nous étendons sur les rapports d'une civilisation littéraire et référentielle avec la musique qu'elle traite en parente pauvre mais digne, comme, au XIXe siècle, ces filles non mariées, condamnées à une destinée lamentable dans la résignation et la vertu. J'aimerais revenir à la parole, à la soumission en France de la musique au mot, à la déclamation lyrique, aux théories du chant, chez Rameau, chez Lulli [...]

Roger Kempf. — Les lettres patentes qui lui sont accordées interdisent à quiconque de faire chanter

« aucune pièce ancienne en musique, soit en vers français ou autre langue », sous peine de dix mille livres d'amende. Il y a aussi cette ordonnance de 1673 défendant aux comédiens d'employer plus de deux voix et six violons. Que signifient [...] ces privilèges et ces barricades ? Qu'une musique débridée pourrait être fatale à notre patrimoine [...] Lulli tient que la musique doit être soumise à la parole. Ainsi, tout en conservant le dispositif de l'opéra italien, renverse-t-il les rôles de l'air et du récitatif. L'air, c'était l'expression sous une forme musicale plus ou moins élaborée, du sentiment, de l'émotion. Le récitatif, trame de l'action dramatique, s'interrompait de temps à autre pour laisser la place aux œuvres. En Italie, les airs l'emportent sur un récitatif sommaire. Mais en France, le récitatif, nourri de mythologie gréco-romaine, devient l'élément fondamental. Les airs sont timides, accessoires, rien ne serait plus indécent que de donner libre cours à la passion. C'est au nom du goût français, c'est-à-dire d'un code de bienséance, que Lulli aménage l'opéra italien [...] Avec Lulli, et sans le mésestimer, nous sommes dans le domaine de la musique servante. Voltaire s'enchante de cette déférence des notes : il peut déclamer un récitatif de Lulli en adoucissant seulement quelques intonations. Car Lulli, tout au service du texte tragique, utilise des tonalités très simples, un orchestre appuyé sur la basse continue rythmée par le clavecin. Rameau, ce sera le contraire, et beaucoup, en 1733, s'offenseront, comme l'écrit Debussy, de trouver trop de musique dans *Hippolyte et Aricie*.

Michel Philippot. — La musique française, c'est vrai, a du mal à s'arracher à la description. Je cherchais tout à l'heure quel musicien français s'est véritablement adonné à une musique pure. Au fond je n'en vois pas. Même Debussy use des titres à la fin de ses *Préludes*. Berlioz presque toujours raconte une histoire ; dans *Harold en Italie*, dans *La Symphonie fantastique*. Les pièces de clavecin du XVIIe et du XVIIIe siècle sont des tableaux, des portraits [...] Surtout il est exceptionnel de trouver en France une œuvre qui s'appelle quatuor, sonate, symphonie. Cela s'est produit néanmoins : chez Debussy, justement, chez Ravel.

Yves Petit de Voize. — Le XVIIIe siècle n'arrête pas d'exprimer sa méfiance, voire son aversion de la sonate. D'Alembert, esprit pourtant avancé, n'hésite pas à la définir comme un « dictionnaire de mots sans aucun sens ». L'abbé de Mably, sur les sonates de Le Chevalier, déclare : « Ni caractère ni harmonie. Ne réveillent aucune passion ; point de style ; tours inattendus, bonds et sauts, tout y est aigre et escarpé. »

Michel Philippot. — Et voyez Rameau, grand, génial théoricien de la musique. Dès qu'il sort de la technicité pure, c'est pour revenir au sens du drame, à l'anecdote, à la déclamation, au récitatif. A la même époque, le grand théoricien de la musique en Allemagne, c'est Werkmeister, personnage obscur auquel nous devons trois siècles de chefs-d'œuvre, une remise en question profonde de la musique occidentale : il invente le système tempéré d'où procède Bach mais aussi toute l'organisation tonale qui règne jusqu'à Schönberg. Il s'agit ici d'une abstraction dégagée de tout contenu descriptif. Werkmeister se demande pourquoi l'intervalle engendré par sept octaves n'est pas égal à celui que produisent douze quintes. Rameau, même dans le *Traité de l'harmonie,* envisage toujours la manière dont la musique est utilisée pour la peinture des passions. Il la renvoie à une histoire sociale, à un discours moral, à une littérature en fin de compte.

Et voici qu'après la Seconde Guerre mondiale la musique devenue grande personne se constitue sa propre sphère de prestige, attirant à elle les artistes et les intellectuels de tous bords, brisant les habitudes au point de susciter chez les écrivains une émulation impensable au XIXe siècle et même plus tard, lorsqu'ils sont au centre de toutes les mondanités pensantes. Songez à Liszt, à Chopin, à Stravinski, s'embarquant dans l'aventure à forte teneur parolière et par conséquent littéraire des salons et des cénacles. George

Sand, la princesse de Polignac, subjuguée par Paul Valéry, Jean Cocteau toujours conduisent les affaires. A présent, c'est Pierre Boulez qui les mène à la baguette, au propre et au figuré, et les poètes, essayistes, romanciers qui filent doux, sollicitant de Lucie Germain et de Suzanne Tézenas, avec un bulletin d'adhésion au « Domaine », une invitation à leurs fêtes, avenue Foch et rue Octave-Feuillet où, aux compositeurs rayonnants, Michel Butor, déjà renommé, offre des fours glacés.

J'applaudis à tout rompre à cette revanche de la musique sur le papotage. Par malchance le discours et par conséquent la littérature participent éminemment de sa souveraineté récente. A l'inverse de Werkmeister ou de Rameau qui n'emploient jamais la théorie à contraindre l'imaginaire, les « sériels » français l'utilisent d'emblée comme système d'assurance contre les dévergondages émotionnels. Si bien que, dans la dévotion aux langages, le professeur, l'écrivain et l'artiste se rencontrent, induisant dans la musique française un courant de « théoricité » asphyxiante qui l'a handicapée à long terme.

Ce qui n'empêche pas Boulez d'invoquer la nouveauté avec autant de naïveté que d'outrecuidance :

A la fois redoutée et souhaitée, la « modernité » possède en elle-même une remarquable force de propulsion ; il suffit de lui offrir le premier passage pour qu'elle fasse irruption dans un milieu sclérosé avec une violence corrosive (cependant que, l'érosion initiale passée, il faut remplir la vallée [...]). Ah ! Que tout serait simple sans une question-barrage : *qui* va jouer les œuvres dont nous voulons présenter la jeune et vulnérable immortalité[1] ?

1. Pierre Boulez, in *Cahiers Renaud-Barrault*, n° 41, p. 363-364.

Qu'une époque se considère avec complaisance, imputant aux gratifications très spéciales du devenir le secret de son génie, rien de plus ordinaire. La querelle des anciens et des modernes ponctue l'histoire des sociétés. Mais nous sommes hors course, puisqu'en rendant l'art impossible, nous avons assassiné sa modernité.

J'invite les ethnopsychiatres à prendre leur thème sur la culture française des trente dernières années, elle me semble pleinement relever de leurs compétences. Je ne doute pas qu'ils n'y détectent sans trop d'effort une pathologie inédite, une perversion bouleversante du sentiment du temps. Et je leur suggère d'appeler ce mal, en hommage à Nietzsche qui constelle ses ouvrages du mépris de ceux qui en arborent les symptômes, « syndrome de tempestivité ».

Ce grand benêt de McLuhan et ce butor de Brzezinski, conseiller aulique du président Carter, ont eu, comme il arrive aux innocents, le nez fin. En annonçant la bonne nouvelle « technotronique » (Brzezinski), la mutation opérée par la rencontre de la technologie avec l'électronique, ils entament la chronique de la fin de l'histoire. Nos instruments de communication bouleversent des mentalités et des pratiques tutélaires par l'éradication de l'attente. Puisqu'elle n'est plus un obstacle, une source d'angoisse, qu'on va en quelques heures de Paris à Valparaiso, qu'on entend son correspondant vous parler de Singapour ou de Honolulu comme s'il était à vos côtés, qu'on assiste en pantoufles, en famille, en pleine digestion vespérale aux spectacles héroïques se déroulant dans l'apesanteur ; puisqu'il n'y a plus d'avenir sur lequel on ne prétende avoir prise par des programmations de plus en plus exorbitantes, l'instant, cette pulsation artificielle, abs-

97

traite et désinsérée de la durée, est porté à la magistrature suprême.

Dans un temps sans épaisseur la chose succombe sous l'apparence, le contenu démissionne au profit de la forme vide. L'art meurt de la mort du sens, il ne résiste pas à l'évaporation du réel dans le simulacre car son rôle est d'introduire du simulacre dans le réel. Si bien que, dans la vacance esthétique présente, la modernité ne ressortit plus à la création mais aux pures contraintes d'un marché régenté par les consommateurs : à peine apparue, elle est dévaluée.

Et les carapaces théoriques n'y font rien. Il s'en trouve à revendre, en 1954, chez Boulez comme chez Lévi-Strauss ou Robbe-Grillet. Les systèmes ont beau dos : ils contrôlent artificiellement les signes volatils qui n'attendent que l'occasion de s'envoyer en l'air. Ainsi Boulez, incontestablement, est, vers 1950, d'« avant-garde », mais seulement en ce qu'il démontre par son rigorisme que la débâcle est proche, que l'art agonise, que sa modernité ne vaut déjà pas plus que celle d'une lessive.

De l'artiste « moderne », quand, pour la première fois, il se confronte aux produits manufacturés, Baudelaire, génialement, déclare qu'il a un pied dans le transitoire et l'autre dans l'intemporel, complice du dandy ne prenant du présent que ce qu'il faut pour le subvertir, érigeant sa scénographie dissidente sur la scène du monde qu'il épouse [1].

Cependant, à ce rebelle, le véritable créateur dame le pion jusqu'à n'être jamais vraiment d'un moment quelconque, l'inventant et réciproquement le redécouvrant hors du temps, dans ce que Nietzsche désigne par

1. Cf. Roger Kempf, *Dandies, Baudelaire et Cie*, Paris, Le Seuil, coll. « Pierres vives », 1977.

la fraternité astrale, corrosive illustration du retour du Même. Or, pour quelques concessions à la « modernité » des anciens — à celle de Beethoven, plus particulièrement, très bien portée [1] —, la poursuite de la « nouveauté » à tout crin ne s'accomplit pas moins à l'intérieur, dans les parages et dans l'hérédité du « Domaine musical [2] » qui répertorie ses choix suivant une casuistique pointilleuse.

Elle distingue les modernes « actuels » des « classiques » et les uns et les autres des référents que la modernité invoque légitimement puisqu'ils la contiennent pour ainsi dire en puissance. Parmi ceux-ci, une poignée de médiévaux et de renaissants, Machaut, Dufay, Gabrieli, le prince Gesualdo de Venosa — si élégant en musicologie depuis Stravinski —, Monteverdi et trois plus récents prophètes du savoir formel : Bach, avec *L'Offrande musicale,* Mozart avec la Fugue en *ut* mineur pour deux pianos, Beethoven avec la Grande Fugue op. 133.

Les modernes « classiques » sont au nombre de huit. Bartók, bien servi par cinq œuvres, quoique, en 1965 à l'occasion du vingtième anniversaire de sa mort, j'aie entendu Boulez déplorer qu'en dépit de son importance, ce fût un homme de l' « ancien système ». Berg, richement traité à mesure de son rôle pionnier (six œuvres, dont les quatre pièces pour clarinette et piano exécutées à trois reprises, et la suite lyrique, deux fois). Debussy, modestement représenté (trois œuvres) peut-être parce que, de Boulez, l'amour le plus refoulé. Ravel très relégué : une œuvre, obscure mais raffinée, le *Frontispice pour deux pianos à quatre mains d'un*

---

1. Cf. Boukouretchliew in *L'Arc,* « Beethoven », 1970.
2. Dans l'idéologie de la revue *Musique en jeu.*

livre de Ricciotta Canudo. La situation de ce compositeur est complexe : mal aimé des « modernes », il est là, pour ainsi dire sur leur marge, accepté plutôt que reconnu, et comme s'il fallait, à son égard, accomplir une bonne action désagréable. De Schönberg, père vénéré, le « Domaine » interprète quatorze œuvres. Et dix-neuf de Stravinski, héros inclassable, soit vingt-cinq exécutions en raison des reprises fréquentes. D'Edgar Varèse, bien considéré, encore qu'avec des réserves appuyées, cinq œuvres et huit exécutions. Enfin, sur Webern, je préfère laisser la parole à Boulez :

> Vingt numéros d'opus — sur les trente et un que comprend son catalogue — ont été donnés en première audition par le « Domaine musical » ; la *Passacaille*, op. 1, composée en 1908, a été jouée pour la première fois à Paris en 1958 ; avec cinquante ans de retard. La *Deuxième Cantate*, op. 31, composée en 1941-1943, a été jouée pour la première fois en 1956 ; treize ans de retard seulement [1].

Mais, à cet outrage, quelle réparation éclatante : de 1954 à 1964, quarante-quatre exécutions. Webern n'est-il pas le parangon de toute modernité possible ?

Quant aux « actuels » c'en est, au « Domaine », l'explosion triomphante. Quarante-six noms, avec des noyaux durs : Boulez, évidemment ; Messiaen, qu'on aurait pu loger parmi les classiques contemporains ; Stockhausen ; Pousseur, on ne sait pas trop pourquoi joué onze fois.

Et des évanescences : Xenakis, figurant sporadique,

---

1. In *Cahiers Renaud-Barrault*, op. cit., p. 365.

son originalité et sa méfiance à l'égard de l'école de Vienne constituant une tare inexpiable.

Des absents : Dutilleux, musicien exemplaire, ne ressortissant pas à la « nouveauté ».

*Printemps 1954. Exposition des peintures
de Giacometti. Galerie Maeght, Paris.*

En 1954, à Paris, à New York, l'abstraction règne.
Pour ceux qui résistent aux pressions de la circonstance, il n'est qu'une alternative : le pompiérisme —
Brayer, Chapelain-Midy, que Buffet n'a pas encore
rejoints — ou la gloire inviolable — Picasso, installé
dans le siècle, tel Titien au XVIᵉ ; Matisse, décorant en
1951, à quatre-vingt-deux ans, la chapelle de Vence
dans une apothéose juvénile ; les surréalistes, Dali,
Ernst, Chirico traversant les événements avec un
laissez-passer permanent ; et quelques images d'Epinal,
Chagall, perdu d' « avant-garde » depuis 1917, sans
espoir de retour ; Miró qui se reproduit inlassablement ;
Braque, vendu très cher, accroché depuis trente ans
dans tous les musées d'Occident et trouvant sur le tard
le soutien logistique incomparable de Heidegger.

Il arrive que l'histoire tolère et même qu'elle organise le chevauchement des générations : si Beethoven
avait vécu jusqu'en 1850, alors que Chopin meurt en
1849 et que Schumann est près du suicide, on n'en eût
pas moins admiré la révolution des derniers quatuors.
Quand Manet peint ses premières toiles, Delacroix,
vieilli, travaille à Saint-Sulpice aux fresques magnifi-
ques de la chapelle des Saints-Anges, Ingres, à quatre-
vingts ans, n'en finit pas de faire des chefs-d'œuvre.
Richard Strauss, en 1948, écrit ses quatre derniers

Lieder qui plongent en majesté dans l'Allemagne de 1880 trois ans après la mort d'Anton Webern.

Mais, dans les années cinquante, si l'on est « in » et point encore dans les dictionnaires, on fait de la non-figuration. Parmi les réfractaires — entre autres Hélion, Fernandez, Balthus et Bacon —, seul brille Giacometti. De 1945 à 1960, les écrivains se pressent à son atelier : Genet, Ponge, Tardieu, Dupin, du Bouchet. Le temps de la malédiction est révolu. Notre époque a une peur névrotique de manquer les trains. Harcelée par les horaires, aux rendez-vous de la modernité elle est d'une exactitude exemplaire, elle s'y trouverait à l'avance, si elle pouvait. A ceux de Giacometti, il faut dire qu'une insistante rumeur la convie, venue du surréalisme auquel il a été, avant la guerre, acoquiné. Leiris l'y a connu et lui amène Sartre qui, dès 1948, écrit dans *Les Temps modernes* un texte sur les sculptures aussitôt traduit dans le catalogue d'une exposition à New York chez Pierre Matisse[1]. Pourtant c'est sur les conseils avertis de Louis Clayeux que Maeght s'intéresse aux peintures, bien plus provocantes dans les années cinquante, lignes, traits qui s'entrecroisent et se nouent dans des figures familières, sans support, sans fond, sans horizon, cassant l'opposition conventionnelle du dedans et du dehors et l'homologie insidieusement opérée par le XIXe siècle de l'intériorité et du sujet.

Que celui-ci ne relève pas des états d'âme ou d'une caractérologie de salon, les portraits de Giacometti témoignent avec vigueur, balayant l'anecdote, allant à l'essentiel, justifiant Husserl d'avoir imaginé, à l'abri des impressions, une conscience qui ose dire son nom, en cheville avec le monde. La civilisation des médias a pris malencontreusement cette osmose pour de la

1. Cet essai figure dans *Situations*, t. III.

communication, le réel pour un code et l'esprit pour un appareil chargé d'émettre et de recevoir des messages. Elle a commis la mauvaise action de confondre les œuvres d'art avec des discours.

Sur de vrais personnages Giacometti pose son regard, les installant dans un espace déserté, semblable à celui qu'investissent ses sculptures. Mais à l'inverse des formes à trois dimensions qui composent encore avec nos habitudes, la peinture, en remettant en cause la perspective, brise un mouvement amorcé au XVe siècle dont la psychologie constitue le vecteur.

Au départ, dans les germinations de la Renaissance, l'effort pour marquer la profondeur du champ ressortit à la vie, victoire du corps animé sur la géométrie. Chez Uccello et Piero della Francesca les plans du proche et du lointain s'ordonnent à l'insolite lumière des sensations. Progressivement, aux différences de position, des distinctions morales se substituent, au contraste sensoriel, des conflits de sentiments se superposent. Avec l'explosion du clair-obscur vers la fin du XVe siècle, l'art occidental s'applique à une alchimie mentale.

C'est la couleur qui triomphe. Pas un peintre, pas un tableau qui ne se dérobe à son emprise. Elle a des accès de fièvre, Caravage et ses suiveurs ; des pudeurs, de Philippe de Champaigne à Chardin ; des effusions tragiques, Rembrandt ; une veine théâtrale, Tintoret, Greco, Rubens, Delacroix. Et elle culmine chez les impressionnistes, dans les derniers Monet, annoncés, dès la fin du XVIIIe siècle, par Turner qui dissipe le réel dans les éclairages.

Les abstraits, sinon ceux d'entre eux poursuivant l'expérience formaliste enclenchée par Cézanne et généralisée par Mondrian, galvanisent les couleurs et poursuivent la tradition occidentale du clair-obscur. Et voici que Giacometti, non content de représenter des personnes au moment où Robbe-Grillet les déclare interdites de séjour, les décolore, les traite dans les tons sombres, et, dans le lacis des traits enchevêtrés, joue avec elles en noirs et en blancs défiant le chic et le bon genre. J'ai entendu un jour Pomeran, lettriste en vogue à Saint-Germain-des-Prés, lui crier, mi-réprobateur, mi-narquois : « Tu peins sale, Alberto ! »

Opinion courante à l'époque. Sculpteur, oui. Peintre : pas vraiment ; il barbouille. Les fonds, peut-être, qui ne l'intéressent guère, parce qu'il s'agit pour lui d'avantager à tout prix les visages, non point par une option de portraitiste — lequel, pendant cinq siècles, n'a jamais cessé de « lécher » l'environnement du « sujet » —, mais selon un parti pris plastique irrévocable : d'imposer à la toile la présence du sujet, prêt à bondir, force captée dans l'instant de sa génération.

D'où l'énergie du dessin, sa part majeure à l'élaboration des têtes sur lesquels il s'acharne pour les cerner, les maîtriser et en faire jaillir le regard. Dans la composition, dont les niveaux et les distances semblent évacués, ce démon fascine, insolite et souverain.

D'où aussi l'économie consentie, un ascétisme à la mesure de l'histoire en honte des choses. Un visage qui surgit de rien, des yeux, une bouche dans la vacance du perçu, quelle gageure ! N'en demandez pas plus. Ne souhaitez pas l'impossible : que Giacometti résolument se dégage de l'impasse cézannienne, qu'il ravive, du visible, la flamme étouffée par les discours dont il ne brise la glace qu'au prix d'une austérité soupçonneuse.

Mai 1954. Spectacles du Berliner Ensemble.

Fondée en septembre 1949, cette troupe qui n'a jamais quitté Berlin, présente à Paris, au premier Festival international du théâtre, *Mère Courage* de Brecht et *La Cruche cassée* de Schiller et Kleist. C'est une bombe. La fine pointe de la critique est en transe. Bernard Dort, jeune énarque très doué, passé, à l'instigation de Guy Dumur, de la critique cinématographique à la dramatique, entre en Brecht comme en religion. Roland Barthes déclare qu'à ce jour il renonce au théâtre : ayant accédé à la perfection, il refuse d'en descendre. Parole tenue.

La vie culturelle de Paris, depuis le XVIIIe siècle, est chroniquement traversée de paroxysmes. Ils participent de sa marche ordinaire, tantôt engouements, tantôt fureurs. De celles-ci, maintenant, plus question. Battues par le vent d'hiver nos sensibilités soudain sont inertes. Aux orgies du Grand Nord, si bien décrites par Mauss et par Granet, les climats tempérés se prêtent malaisément. Ce dont Breton s'avise dès les années cinquante et se convainc vers 1960, proclamant, attristé, à quelques-uns de ses amis, la fin des scandales artistiques ou littéraires.

Pourtant les emballements se poursuivent, ils se multiplient même en cadence de la consommation, du pullulement des tentations ne prenant plus le réel pour cible mais un fantôme : le désir, signe sans contenu, sans épaisseur, sans durée. Les choses s'évaporent dans un verbiage investi par les stéréotypes qui tentent d'y restaurer un semblant d'ordonnance. Ainsi naissent les modes tuant la nouveauté et niant les objets à force de les reproduire.

En 1954 Brecht est au sommet d'une gloire qu'il s'est payé le luxe de conquérir, de 1930 à 1950, dans les occurrences les plus contraires. En Allemagne, quand le nazisme monte et hors d'Allemagne dans des tribulations déplorables, de Prague à Vienne, de Zurich au Danemark, de Moscou à Paris, de New York à Paris encore, de Suède, au début des hostilités, en Russie puis à Hollywood où il passe la guerre et demeure jusqu'à sa comparution, en 1947, à Washington devant la commission des activités antiaméricaines. Enfin, en 1948, de Zurich à Berlin dans la République démocratique allemande. Il est joué aux Etats-Unis d'est en ouest et, symétriquement, au-delà du rideau de fer, de Berlin à Varsovie et à Prague. Cinq mois après le triomphe parisien du Berliner Ensemble, il reçoit le prix Staline.

En France, nous entretenons des rapports équivoques avec les autres. Nous les aimons pourvu que nous n'ayons pas affaire à eux. Souvenez-vous de la vogue hégélienne en 1945 : en 1984, Hegel n'est que fort partiellement traduit, tel Freud qui obsède depuis trente ans l'idéologie dominante. Mais ce qui frappe surtout dans nos élans de xénophilie culturelle, c'est qu'ils accompagnent, en politique, des accès de xénophobie violente : contre l'Espagnol au XVIIe siècle, l'Anglais au XVIIIe, l'Allemand à la fin du XIXe et au commencement du XXe. Quand tout ne parle que de revanche et des provinces martyres d'Alsace-Lorraine — littéralement bradées en 1871 à Bismarck, par parenthèse —, ce qu'il y a de plus chauvin, de plus avancé ou de plus expert en musique, se rend à

Bayreuth ainsi qu'un musulman à La Mecque et en revient fanatisé. Après Saint-Saëns, Fauré et Chabrier, après Léo Delibes, la partition de *Lakmé* en poche, à qui *Parsifal* fait verser des ruisseaux de larmes, Debussy qu'on aurait cru immunisé succombe au charme à son tour. Comme si les Français fantasmaient l'adversaire sous les traits d'un père prestigieux auquel ils s'évertuent de s'identifier.

Après 1945, même écrasée, l'Allemagne garde cet avantage symbolique. Par vagues successives ses auteurs nous sont proposés en exemples. Après Hegel vient Heidegger, en compétition avec les phénoménologues, puis, vers 1960, Freud, revu et corrigé par Lacan, et Max Weber chaperonné par Raymond Aron. Sans parler des trois Viennois, perles de la « modernité ». C'est moins la nation allemande que la langue, commune aux Prussiens, aux Bavarois et aux Autrichiens, qui fait référence.

Parallèlement, le théâtre allemand, si dédaigné jusqu'alors, est à la fête. En 1951, grâce à Gérard Philipe, gros succès du *Prince de Hombourg* de Kleist. Du même, les Parisiens, en 1954, découvrent *La Cruche cassée*. En 1982, on joue simultanément à Paris *Penthésilée* et *Le Prince de Hombourg* qui n'a plus quitté nos planches. Büchner ne cesse pas d'être à l'honneur avec ou sans le soutien d'Alban Berg. Lenz, le grand aîné, est intronisé en 1972 par Deleuze et Guattari qui ouvrent sur lui *L'Anti-Œdipe*. Goethe et Schiller connaissent, depuis la fin des années soixante-dix, un retour de faveur. Et s'il est vrai que les dramaturges allemands aujourd'hui sont rares, Patrice Chéreau a honoré Tankred Dorst de l'une de ses exceptionnelles créations contemporaines et ils sont très allégrement et souvent remplacés sur les scènes des centres dramatiques régionaux ou de la petite ceinture de Paris par les

Autrichiens et les Suisses, Botho Strauss, Peter Handke, Max Frisch et Frédéric Dürrenmatt.

Relever, dans cette célébration générale, la haute proportion de victimes. Juifs : Husserl, Freud, Schönberg, Berg, Marcuse, Bloch, Adorno. Dissident : Thomas Mann. Dissident et Juif : Fritz Lang. Juif et marxiste : Walter Benjamin. Marxiste tout court : Bertolt Brecht. Et remarquer l'art inégalable des Français d'enfourcher brusquement des dadas. De Brecht, que l'univers s'arrache dans les années cinquante, ils ne savent rien ou presque. Deux initiatives récentes l'ont à peine tiré du néant. Vilar monte en 1951 *Mère Courage* et Jean-Marie Serreau, en 1952, *L'Exception et la Règle.* Echos modestes. En 1954, que se passe-t-il ? La cristallisation d'expériences diffuses. Nous ignorions qu'avec Brecht déjà nous avions rendez-vous.

En plein déploiement de la cléricature, la représentation, par le Berliner Ensemble, de *Mère Courage* est pédagogique, ne faisant pas le partage du plaisir et du savoir, instruisant sur les plus minuscules détails de la situation de l'homme social, auscultant ses contradictions sans prétendre les résoudre. Mère Courage, indissociablement génitrice et femme d'argent, passe d'un rôle à l'autre sans relation de continuité. En quoi elle provoque dans le public des réactions ambiguës de volupté et de malaise, projections de ses désirs et de sa mauvaise conscience, reflets de ses magouilles et façon point trop incommode de les assumer. Chez Brecht avouerai-je que j'ai tendance à trouver d'autres incitations à ma réjouissance, des délices moins sentencieuses comme dans *La Vie de Galilée,* quand le vieux cardinal, outré d'indignation, imagine que Dieu ait gaspillé ses forces et son crédit pour envoyer son enfant dans une terre rotative inconvenante, misérable scorie, offense à sa majesté ! Splendeur du mythe pulvérisant les bonnes intentions! L'édification au théâtre, de quelque technique qu'elle se prévale, m'accable. C'est pourquoi, entre les premières pièces de Brecht où elle ne résiste pas à la corrosion anarchiste et les fresques géniales de la fin, les pavés démonstratifs intermédiaires m'inspirent de la défiance, *Puntila,* sur la servitude et la maîtrise, la *Bonne Ame,* sur le bien et le mal, *Arturo Ui,* sur l'abus de pouvoir, le *Cercle de craie,* sur l'intérêt particulier et l'intérêt général. A ces monuments et à quelques autres, les réalisateurs, sinon Strehler, dans les années soixante, parviennent assez rarement à insuffler la liberté de la vie.

Tandis qu'en l'air du temps circulent les modèles par qui l'esprit feint de se retrouver, les structures de Lévi-Strauss, le regard objectif de Robbe-Grillet, la série de Boulez, que propose donc la scène « moderne »? L'abîme non figuratif de Ionesco ou la dissolution universelle chez Beckett, dont Blin vient de créer *En attendant Godot,* poème de la déréliction ne congédiant la subjectivité que pour la remplacer par l'absurde. Le régime des signes formels ne saurait indéfiniment s'accommoder de ce laisser-aller. Il ne peut justifier sa nouvelle fortune qu'à condition de rétablir l'ordre au théâtre délivré de ses repères vermoulus : conflits, passions, caractères. Et voici que cet Allemand lui apporte sur un plateau un fantastique appareillage qui articule et intègre le texte, sa réalisation, sa relation au public ; dont chaque élément n'existe qu'en fonction de l'ensemble ; où l'assistance est transformée par le spectacle qui en use comme un indispensable facteur de son déroulement. L'action dramatique devient un système à géométrie variable et cependant huilé à la perfection : rien n'y est fixé à l'avance, tout s'y effectue irrésistiblement. Au début, Mère Courage ne se sent pas aliénée par sa vénalité. Les spectateurs la démasquent avant qu'elle ne s'en aperçoive. Dans *La Vie de Galilée* ils comprennent qu'Urbain VIII, en opposant son célèbre : « Non, non et non ! » aux pressions du Grand Inquisiteur, lui a déjà cédé. C'est qu'on affuble le pape des ornements de sa fonction et qu'en se rapprochant de saint Pierre il lâche progressivement son protégé.

Comment voudriez-vous que le « clan » engagé dans une ambitieuse entreprise de recyclage, ajustant le marxisme qui débauche bon nombre de ses membres au structuralisme qui commence à aguicher les autres, ne soit pas pénétré, au vu des exercices superbement rodés du Berliner Ensemble, par la magnificence de ces actions et de ces réactions en chaîne ? A la leçon dialectique — rien n'est figé ; le drame et ses assistants évoluent réciproquement ; ceux-ci ne croient à celui-là qu'à demi ; les acteurs récusent donc l'emploi qu'ils endossent —, à la leçon sémiotique — les sentiments n'existent pas ; il n'y a que des comportements codés —, s'ajoute une leçon éthique : il n'est d'*ars nova* que dans la discipline et la rigueur. C'est au Brecht doctrinaire davantage qu'à l'auteur antisocial de *Baal*, à l'écrivain canaille de *L'Opéra de quat'sous* ou au mythologue de *Mère Courage* et de *La Vie de Galilée* qu'en 1954 ses fans parisiens décident de donner leur cœur.

Ajoutez qu'à l'histoire politique, il appartient de rendre la théorie utile et la pédagogie attrayante. La matière qu'elle charrie est illustrative. En abandonnant la subjectivité au vestiaire, elle ne doit rien qu'aux collectivités en conflit et en marche pour surmonter leurs déchirements. Mise à l'épreuve de l'Idée, science en acte, elle se porte en tous lieux et à toutes époques.

111

De l'Alaska de Mahagonny à l'Angleterre du préfet Brown, de la Finlande de Puntila au Middlewest d'Arturo Ui, de l'Espagne de Teresa Carrar à la Chine de Chen-si, du XVIIᵉ siècle baroque, répressif et cruel de Mère Courage et de Galilée au XXᵉ siècle aliéné et révolutionnaire des abattoirs de Chicago et des kolkhozes caucasiens, de la prostitution à Setchouan et du collaborationnisme français —, elle couvre le champ uniforme de l'homme à la conquête de soi. La parabole de la *Bonne Ame,* la farce de *L'Opéra de quat'sous* ou l'épopée de *Mère Courage* relèvent donc d'un même projet : réconcilier l'individu et la société.

A Paris quelques semaines après la capitulation de Diên Biên Phu, songez à l'impact formidable, à l'effet cathartique d'une théâtralité qui, à coup de paradigmes, incite à la paix en exaspérant les différends, à l'unité en illustrant les disparités et au rapprochement en creusant les distances : « Nous comprenons maintenant, indique Roland Barthes dans *Théâtre populaire* en 1955, pourquoi nos dramaturgies traditionnelles sont radicalement fausses : elles repoussent le spectateur, ce sont des dramaturgies de l'abdication. Celle de Brecht détient au contraire un pouvoir maïeutique, elle représente et fait juger, elle est à la fois bouleversante et isolante [...] c'est un théâtre de la solidarité, non de la contestation [1]. » Précédemment, en 1939, Walter Benjamin note que Brecht comble la fosse d'orchestre, ce trou séparant artificiellement de la salle la scène sacralisée. A présent, quoique surélevée, elle se mue en podium, espace de toutes les manifestations égalitaires.

Mais l'idéologie, dans l'art, m'asphyxie. Je ne l'y conçois que non dite, telle, il y a six cent cinquante ans, dans la fresque de Sienne, par le condottiere da

1. In *Essais critiques*, « Mère Courage aveugle », Paris, Le Seuil, 1964.

Fogliano de Simone Martini, sur son cheval blanc, caparaçonné d'or, considérant, altier, la forteresse vaincue. L'originalité de Brecht n'est pas d'avoir changé les choses mais inventé, à leur mesure tragique, un langage dont le réel est le sujet et la mythologie la subversion bénéfique.

Août 1955. Décade Heidegger à Cerisy.

Pour la quatrième saison du Centre culturel, c'est un coup de maître. Dans la pure tradition desjardienne, Mme Heurgon hume l'instant propice. Thucydide la vanterait.

Car Heidegger est à point. Cela fait treize ans que son exégète, son envoyé — en grec ἄγγελός, d'où vient « ange », celui qui transmet, à titre exceptionnel, la parole absolue —, treize ans qu'en France, Jean Beaufret [1] œuvre à cette assomption.

Leibniz prête aux substances d'autant plus de perfection qu'elles recèlent de complexité. Qui est Beaufret ? Un homme de la Marche à l'allure demeurée tardivement rustique et fière ? Un Parisien, légèrement empêtré de sa province, un peu snob sur les bords, pour la faire oublier, admis de bonne heure dans les pourtours du « clan », fréquentant Jouhandeau, son pays et d'autres littérateurs à la mode, ne répugnant ni aux salons ni aux dîners en ville ? Le fils d'instituteurs laïcs, à cinquante ans effleuré par la grâce ? Un intellectuel bien de chez nous, gagnant par le mérite, c'est-à-dire par la sélection des concours, les grades et les honneurs : normalien de la rue d'Ulm, agrégé de philoso-

1. 1907-1982.

phie, à l'époque des promotions mémorables de Nizan, Sartre, Aron, Cavaillès, Merleau-Ponty ? Un solitaire, longtemps émigré au bout du XXe arrondissement dans un logis désordonné mais sympathique, dont les livres constituent le décor majeur ? Un érudit passant souverainement des présocratiques à Pascal, d'Aristote à Schelling et de Descartes à Kant ? Un artiste ? Je ne connais, parmi les clercs, aucun écrivain de sa stature, une plume ainsi connectée à une philosophie exigeante mettant obstinément le passé à l'indicatif dévoilant :

> C'est cette épiphanie d'un unique présent qui est le sens voilé de l'être à son aurore, un tel présent que Hegel nommera encore le *jour spirituel du présent* ne se réduisant nullement à l'instant qui passe, mais ouvrant au plus proche les plus extrêmes lointains, aussi bien les lointains du passé que ceux de l'avenir. En ce sens, l'apparition de ce présent que nous est l'être comme, d'après Homère, il le fut à Chalchas, est à la croisée de tous les horizons du temps. Dès lors, ce qui avec l'être se rend présent, perce tout aussi bien en un futur qui s'amorce à son tour en arrière du présent, quand nous découvrons comme prenant issue d'une longue ascendance le possible à la mesure duquel se déclôt ce dont tout était en attente et qui ne cesse avec le temps d'advenir [1].

Quand je rencontre Beaufret, en 1956, par l'intermédiaire de Roger Kempf, cette conjugaison me fascine. De son voyage en Egypte, vingt ans plus tôt, il m'institue spectateur : « Je sors du lycée du Caire. J'ai rendez-vous avec Fernand Lombroso. » Reprenons. Qui est-il ? Un marginal, un asocial, bouffi d'orgueil, ne consentant pas aux manœuvres aliénantes, la thèse ou les visites de candidature, jusqu'à la retraite profé-

---

1. *Dialogue avec Heidegger, Approche de Heidegger*, Paris, Editions de Minuit, 1976, p. 219-220.

rant dans les khâgnes, à Henri-IV, puis à Condorcet, d'incomparables cours? Un épigone? Ce mot ne le saurait choquer, Nietzsche, parfois reconnaissant à l'administrateur ou à l'exploiteur de valeurs préexistantes, par exemple à Hegel, les caractéristiques du génie. Epigone de Heidegger, son oracle, dans l'exacte acception des Anciens : décrypteur d'un discours originaire et radical.

En 1942, près de Guéret, Beaufret se baigne dans la Creuse, sortant de lire les *Ideen* d'Edmund Husserl, et soudain se pénètre de la consistance des réalités matérielles. Jusqu'alors il vit sous la tutelle du Dieu de Descartes qui les garantit de son autorité exorbitante. De ce retournement aquatique, il retire une jouissance très spéciale que Platon fonde en raison : « Rien de plus philosophique, en effet, que ce sentiment : s'étonner » (*Théétète*, 155 D). Pascal, dans sa Nuit, Malebranche, dans celle si mouvementée où il s'enivre de la géométrie cartésienne, en font l'édifiante expérience. Beaufret, intensément, se convainc qu'il n'y a aucun prétexte, même méthodique, à douter de cette eau fraîche dont ses bras, ses jambes, sa peau, ses muscles et son sentiment solidaires assurent si fermement l'existence.

A l'automne qui suit, il lit *Sein und Zeit*. Début d'une aventure exaltante, d'un enchantement toujours renouvelé, d'un dialogue qui a résisté à la disparition d'un des locuteurs parce qu'il ne relève pas de l'empiricité des circonstances mais d'un échange inépuisablement énigmatique et inspirant. A la fin de 1942, au milieu des massacres et des déportations, Heidegger lui révèle la tragédie historiale de l'homme et simultanément l'affinité de la parole et de la mort, depuis Mallarmé murmurant dans la culture de l'Occident. Le bruit des canons et le silence poétique se déploient, en Beaufret, sur une angoisse qui lui découvre l'être au plus profond de sa dissimulation. Du mot de Cézanne :

> Quand la couleur est à la richesse, la forme est à sa plénitude.

Beaufret ose tirer une variation libre :

> Quand la manifestation est à sa richesse, le non-manifeste est à la plénitude de son propre secret[1].

Ainsi quand tout vacille et se décompose, il reçoit de Heidegger, tel un air apaisant et régénérateur, une leçon péremptoire sur notre « temps de détresse »? Mais Nietzsche, sur celui-ci, n'avait-il pas tranché? Plus rien à attendre, de Dieu, du devenir, des sciences, de l'homme et du surhomme même, si l'on accorde foi à l'interprétation de Heidegger qui rattache comme deux volets couplés et complémentaires la volonté de puissance à l'éternel retour de l'identique :

> La volonté de volonté est la vérité de la volonté de puissance dans l'oubli radical de l'*être* en faveur du *faire*, celui-ci à son tour n'ayant d'autre sens que faire encore dans l'affairement privé d'horizon qui partout mobilise un monde en ouvrant en lui celui de la planification[2].

N'empêche qu'en cette dénégation une virulence gronde, une fureur « athlétique » à l'image du regard que Hölderlin prête aux Grecs, auxquels Nietzsche retourne non seulement pour les suivre dans la patrie de l'être mais afin d'en retrouver l'esprit de vie, les passions d'avant la cité parfaite dont Hegel fit ses choux

1. *Introduction aux philosophies de l'existence*, Paris, Denoël-Gonthier, « Médiations », 1971, p. 202.
2. Jean Beaufret, « Les deux paroles de Nietzsche », in *Dialogue avec Heidegger, Philosophie moderne*, Paris, Éditions de Minuit, p. 214.

gras. Grecs mythiques, Grecs excessifs, Grecs jubilatoires, Grecs innocents, légers et graves, ayant reçu le
don d'arracher l'insignifiance à la futilité. Grecs point
obnubilés par la lumière de l'Acropole, point encore
aveugles aux idées vénéneuses qui bouillonnent dans
l'obscurité de la caverne. Peut-être, en cet abîme, les
héros de tous lieux et de toutes époques prennent-ils
leur essor, car ils ne s'unissent pas dans le ciel des
chrétiens mais dans le plus opaque des séjours :

> [...] Il existe probablement dans l'invisible une formi-
> dable trajectoire, orbite stellaire où nos voies et nos buts
> différents viennent s'inclure comme de petites étapes.
> Elevons-nous jusqu'à cette pensée. Mais notre vie est
> trop courte et notre vue trop faible pour que nous soyons
> plus qu'amis au niveau de cette ultime possibilité.
> Croyons donc à notre amitié au niveau des étoiles,
> dussions-nous, sur la terre, être des ennemis [1].

Nietzsche traque les idoles de l'actuel, la mode, la
nouveauté, le progrès. La modernité est « intempestive », éternité de flâneur dit Baudelaire, « éternité de
délices ». Heidegger a beau révolutionner l'esprit d'Occident en y introduisant le temps que la métaphysique,
depuis un peu plus de deux millénaires, a systématiquement éconduit, il a beau traverser l'histoire à contre-
courant, en y lisant le destin affligeant de l'homme
déraciné, il a beau, face aux succès de la civilisation
mécanicienne, insolemment et magistralement déplacer la question de la technique de l'instrumentalité à
l'ontologie : il rencontre l'époque dont il porte la croix
sur la fondamentale matière du langage, l'accueillant
dans la maison de l'être, l'y conviant, l'y choyant, l'y
bénissant, les mots jaillissant dans leur terre nourricière

1. Nietzsche, « Sternenfreudschaft », in *Le Gai Savoir*, § 279.

comme si, selon l'expression de Merleau-Ponty, « l'univers des choses dites était plus clair que celui des choses brutes [1] ». Non pas qu'il donne dans le délire des structures ou la mythologie des signes auxquels il reste étranger strictement, accordant à la signification une primauté sans équivoque sur le signifiant. Mais est-ce bien de « sens » qu'il s'agit et suis-je sûr de l'y débusquer dans la profusion explosive de l'être réduisant en cendres les qualités que j'ai la faiblesse d'imputer à l'« étant » dans l'éblouissement naïf de l'expérience vécue ? L'être de Heidegger n'est une merveille, « la merveille des merveilles », qu'à la mesure du rien dont il surgit, être sans chair et sans âme, sans contours et sans costume, sans autre attribut que sa présence illuminante, se posant dans la fulgurance d'une interrogation sur laquelle il est permis sans sacrilège de s'interroger à son tour, à l'instar de Lamennais, quêtant inlassablement l'enseigne de l'auberge où sommeille, chez Descartes, l'évidence.

Quatre ans après la publication de son ouvrage instaurateur, Heidegger pénètre en France discrètement. Le 10 mai 1931, pour le huitième et dernier numéro de la confidentielle revue *Bifur*, Henri Corbin traduit un fragment de *Qu'est-ce que la métaphysique ?* paru en Allemagne en 1929. Peu après, du *Dasein* on commence à s'inquiéter en Sorbonne, à l'instigation de Jean Wahl. En 1938, Gallimard édite en un volume, dans la nouvelle collection des « Essais », la traduction complète par Corbin de *Qu'est-ce que la métaphysique ?*, d'extraits de *Sein und Zeit*, de *Kant et le Problème de la métaphysique* et de l'intégralité de la conférence *Hölderlin et l'Essence de la poésie*.

Cependant, l'œuvre de Heidegger n'est encore acces-

1. *Le Visible et l'Invisible*, Paris, Gallimard, 1964, p. 132.

sible qu'à des privilégiés. Pendant la guerre, à Lyon, c'est de Joseph Rovan, juif, résistant bientôt déporté, que Beaufret tient son exemplaire de *Sein und Zeit*. En 1945, le murmure s'étend. Lorsque les troupes du général de Lattre de Tassigny pénètrent en Allemagne, deux soldats quittent leur corps pour voir le grand homme : Frédéric de Towarnicky, animateur culturel de la Ire Armée française, et Alain Resnais, qui prend des photos.

A la Libération, Beaufret adresse à Heidegger, par l'intermédiaire de l'aviateur alsacien Palmer, un message enflammé :

> Avec vous, en effet, c'est la philosophie elle-même qui s'affranchit décidément de toute platitude et recouvre l'essentiel de sa dignité.

A quoi, le 23 novembre 1945, Heidegger répond par sa lettre sur l'humanisme, amorce d'un entretien infini :

> La pensée féconde requiert, en plus de l'écriture et de la lecture, la Sunousia de la conversation et de ce travail qui est enseignement reçu tout autant que donné.

En janvier 1946, dans la quatrième livraison des *Temps modernes*, paraît un article-reportage de Maurice de Gandillac, professeur de philosophie médiévale branché par occasions sur l'Allemagne romantique ou contemporaine. Chez Heidegger, à côté d'une moustache qui n'est pas loin de lui rappeler celle de Hitler, il détecte des accents mystiques que sa familiarité avec Maître Eckart et les Pères souabes lui rend particulièrement sensibles. Peu après, en mai et juin 1946, dans les deux premiers numéros de *Critique*, Alexandre Koyré retrace en deux articles l'évolution philosophique de

Heidegger. Et Beaufret entreprend le cycle de ses voyages annuels à Fribourg. En 1947, Heidegger édite la *Lettre sur l'humanisme* qu'il lui dédie [1].

L'heideggerisme, en France, gagne du terrain, face au marxisme dont il est l'un des antidotes. A l'Ecole Normale supérieure, en 1950, surgissent des fanatiques, Faucon-Lamboi et Gourinat qui déclame, une savate sur la tête, des pages de *Sein und Zeit* selon un rituel étrange, s'accompagnant du battement d'une cuiller sur une tasse à café. Plus sereinement Granel, appuyé du dehors par des amis de khâgne, Deguy et Launay, s'initie à la poétique d'un discours qu'il traduit en 1959 (*Qu'appelle-t-on pensée ?*) et en 1968 (*Question I*). En 1949, l'ouvrage de Gurvitch, *Les Tendances actuelles de la philosophie allemande,* en juin 1953, un numéro spécial de la *Revue de métaphysique et de morale* font à Heidegger la part belle. La consécration académique — doctorats, diplômes, mémoires —, débouche de ce remue-ménage : dans les années cinquante, Birault, benjamin du jury d'agrégation, entame sur Heidegger sa thèse.

Une dissonance : la politique, la caution de Heidegger au nazisme en 1933. Dans *Les Temps modernes,* dès 1946, le débat s'engage entre Karl Loewith, Eric Weil et Alphonse de Waelhens, s'y poursuivant en 1947. Il est réanimé en 1961 dans *Médiations* par Jean-Pierre Faye auquel Fédier répond dans *Critique*. Il reprend en 1975 dans les *Actes de la recherche en science sociale* sous l'égide de Pierre Bourdieu. Il se poursuit toujours, Beaufret jusqu'à sa mort, à l'affût, leste à démontrer les arguments spécieux ou les chronologies incertaines.

A l'organisation, en août 1955, de la Décade cerisyenne, il se dévoue passionnément, pour la levée

1. *Brief über den Humanismus, an Jean Beaufret.*

publique de l'anathème, l'intronisation solennelle par le « clan » de celui qu'il désigne comme le plus grand penseur du XXe siècle.

Cinquante-six personnes inscrites y compris le jubilaire et son épouse. Des ecclésiastiques : le R.P. Fessard, jésuite, les R.P. Kleiber et Léger, les abbés Morel et Pépin. De jeunes philosophes : Gourinat, dont j'ai narré les bizarreries, Philonenko et Deleuze. Un peintre : Charles Lapicque. Des personnages : Gabriel Marcel, Léon Pierre-Quint. Des réputations établies : Waelhens, vieil husserlien catholique de Louvain, Ricœur, jeune husserlien protestant de Strasbourg. Des renommées montantes : Lucien Goldmann et Jean Starobinski. La « basse obligée » des Décades : Maurice et Geneviève de Gandillac. Le tout-venant universitaire : Simone Pétrement, Mme Parain-Vial. Des étrangers distingués : Kostas Axelos, qui sert de truchement et Beda Aleman, germaniste zurichois. Deux Belges flamingants, un Péruvien, un Espagnol, un Américain du Nord et seulement trois Allemands.

Le samedi 27 août, les cérémonies débutent « à la Pontigny » par la distribution des chambres. Aux Heidegger la plus belle, plus tard donnée à Toynbee et à Piaget. Puis par la programmation des réunions. Heidegger s'inquiète d'une organisation associant, « à la française », l'exo- et l'ésotérique, les spécialistes et le public. Le dimanche 28, il ouvre les débats par la conférence : *Was ist das, die Philosophie?* (*Qu'est-ce donc cela, la philosophie?*) ; il y reprend son thème des Grecs fondateurs, du dire de l'être engendrant la pensée avant que ne la brouillent les nuages de la conscience et de l'idée.

Le lundi 29, la discussion manque de dégénérer, le propos du Maître ayant induit la veille une agitation générale à laquelle l'extase et la stupeur, l'adulation et la colère coopèrent.

Pour ramener le calme, le mardi 30, Heidegger choisit de commenter, de Kant, le texte de 1763 sur l'unique fondement possible de l'existence de Dieu. Peine perdue, car, le mercredi 31, en fin d'après-midi, c'est le bruit et la fureur. Le 1er août la parole est donnée à Gabriel Marcel reprochant à Heidegger de se complaire dans l'intraduisible, à Paul Ricœur qui l'accuse de faire l'impasse sur la Bible, à Lucien Goldmann lui prêtant un élitisme sur fond de mort, à Julian Marias dont les critiques n'apportent pas d'éclaircie.

Peut-être les remarques de Ricœur méritent-elles des égards, s'il est vrai que, depuis le XVIe siècle — mais Heidegger est indifférent aux conjonctures —, le développement du capitalisme protestant engendre la désinsertion, la perte d'identité, la dérive des objets, le déracinement universel, le règne du simulacre abrogeant à la fois l'imaginaire et le réel. A partir du XIXe siècle la réintégration des Juifs dans la culture occidentale l'affecte d'un nouveau désarroi, d'un indice d'errance, d'une insécurité que la Diaspora réhabilitée greffe spontanément sur les représentations précaires et les produits fragiles de la civilisation technicienne. Ainsi l'univers judéo-chrétien ou, plus exactement, christo-judaïque, au tournant du XIXe et du XXe siècle, liquide l'héritage grec, celui d'Héraclite, de Parménide, d'Empédocle où l'être, resplendissant d'un unique foyer, accueille tous les habitants de l'univers.

Le vendredi 2 septembre, on est au point de rupture. Habilement Heidegger appelle Hegel à la rescousse, entreprenant d'expliquer, de la Préface de *La Phénoménologie de l'esprit*, la fameuse proposition spéculative. Un grand vent d'apaisement souffle sur l'assemblée et la sixième séance se clôt dans l'harmonie.

Le samedi 3 septembre, Beda Aleman, disciple et ami de Heidegger, auteur d'un livre apprécié sur Hölderlin propose, à la satisfaction unanime, l'analyse de *Friedens Feier*[1]. Et le dimanche 4, après une allocution de Gabriel Marcel conjurant Heidegger d'aider à la paix entre les nations, celui-ci résume les travaux herculéens de la semaine.

M. et Mme Heidegger ne quittent pas la France aussitôt. Flanqués de Beaufret et d'Axelos, ils se rendent, près de Paris, à Mantes-la-Jolie chez le docteur et Mme Jacques Lacan. Rencontre au sommet, suprêmement gratifiante pour le psychanalyste qui y joint le plaisir d'orgueil à celui de l'hospitalité : Heidegger va à lui, qui, en 1954 s'étant déplacé à Fribourg, ne dut d'accéder au philosophe qu'à l'entremise de Beaufret.

L'heideggerisme, en France, dès lors prend sa vitesse de croisière. En 1956 le Maître se rend en Provence pour y connaître la *Bodenständigkeit* cézannienne[2] et rendre visite à René Char auquel le lie depuis quelques années une « fraternité sidérale » dans le présocratisme et le nihilisme mallarméen. A cette constellation Braque est intégré, avec Cézanne dont il est le continuateur exemplaire, poètes de la peinture — tels, de la poésie, Hölderlin, Trakl et Rilke —, poètes de la forme et de son adéquation à la couleur, poètes d'une éclosion dont l'empreinte plastique n'est qu'une simple anecdote. Heidegger contemple les paysages, emblèmes du sol qu'il définit en 1935 « l'afflux infatigué et intarissable de ce qui n'est pas là pour rien. Sur la terre et en

1. De Hölderlin.
2. « L'assise. »

124

elle l'homme historial fonde son séjour dans le monde, l'œuvre fait venir la terre, le faire-venir doit être pensé en termes rigoureux. L'œuvre porte et maintient l'œuvre elle-même dans l'œuvre d'un monde. L'œuvre libère la terre pour qu'elle soit une terre [1] ». A Aix qu'il aime, il retourne au printemps de 1958, invité par l'université à faire une conférence sur « Hegel et les Grecs », publiée par *Les Cahiers du Sud* en 1959.

En 1964, à Fribourg, j'ai l'honneur d'être présenté à Martin Heidegger qui me convie, avec Jean Beaufret, Roger Kempf et Maria Bindschedler, à déjeuner à Bâle. Il désire y voir, à la galerie Beyeler, un Cézanne de la dernière période, une *Montagne Sainte-Victoire*, obsédante figure du sensible qui se cherche en vain, comme l'Occident des Grecs, espace d'un couchant ne se relevant plus.

1. « L'Origine de l'œuvre d'art », in *Chemins qui ne mènent nulle part*, traduction par Wolfgang Brokmeier, Paris, Gallimard, 1962, p. 35.

Février 1956 : XXᵉ Congrès du parti commu-
niste de l'U.R.S.S. ; rapport Khrouchtchev.
Octobre 1956 : intervention des chars soviétiques
à Budapest.

Le parti communiste ne se réduit pas à une machine-rie rigide. C'est un délire à la mesure de son support, la classe libératrice appliquée à installer l'histoire dans son âge d'or où la vérité et la justice sont accomplies, où les hommes réconciliés savourent leur triomphe.

De cette représentation, depuis le Congrès de Tours, les intellectuels français, en proportions gigantesques, n'ont pas cessé d'être imprégnés jusqu'aux années soixante-quinze, le parti commençant à branler dans le manche, en régression profonde dans la nation, contraint aux négociations, voire aux marchandages, déporté, malgré lui, de l'opportunisme dans la compro-mission.

Reste que j'en suis pantois. Soixante ans, ou pres-que, de désillusions et de révélations effarantes — du voyage de Victor Serge au rapport Khrouchtchev, du pacte germano-soviétique à l'invasion de l'Afghanistan — n'entamant pas les convictions ; une fidélité obtuse ravivant la foi périodiquement mise à l'épreuve de l'intelligentsia communiste...

Cependant, quand la coupe est pleine, quand le capitalisme et l'impérialisme affidés fauchent les jeunes gens par millions à l'aide de « leurs mitrailleuses, de leurs bombes et de leurs machineries d'enfer[1] », à moins qu'ils ne se vautrent dans le plaisir ignoble des expéditions coloniales, les intellectuels français frappent à la porte du Parti, incarnation du refus. Barbusse, patriote ardent, héros de la Première Guerre mondiale, blasphème, avant de tomber dans l'idolâtrie des Soviets, contre l'armée, le courage, la gloire militaire. En 1918, alors que la guerre sévit encore, 230 000 exemplaires de son livre *Le Feu* ont déjà été vendus. C'est par dégoût aussi que Breton, en 1925, franchit le pas au moment de la campagne « pacificatrice » du Rif.

Face aux menaces fascistes, à qui donc s'adresser ? Aux socialistes, gavés de sentiments creux, aux radicaux, impénitents bavards de comices agricoles ? Les intellectuels, en masse, se tournent vers le mouvement marxiste international. Ils y trouvent des militants, une structure, la vertu du combat. Ils y rêvent de troupes de choc capables dans la rue d'affronter des ennemis de la démocratie. En 1934, après le 6 février, les communistes noyautent à souhait tous les groupements de front commun où se rassemblent penseurs, créateurs, scientifiques de gauche (plus de douze cents à signer le second manifeste aux travailleurs lancé par le Comité de vigilance des intellectuels antifascistes, fondé le 4 mars 1935). Sous la direction de Muenzenberg, un Congrès international pour la défense de la culture se tient à Paris en 1935 : on y rencontre, pêle-mêle, parmi les Français, Alain, Barbusse, Romain Rolland, Malraux, Gide et Aragon, inimitable serviteur du Parti, lequel bénéficie à plein de cette mobilisation unitaire. Aux élections de 1936, sa représentation à la Chambre

---

1. M. Martinet, *La Nuit*, Paris, 1921, p. 14, cité par David Caute dans son excellent livre *Le Communisme et les Intellectuels français*, Paris, Gallimard, traduction de Magdeleine Paz, 1969, p. 79.

passe de douze à soixante-douze sièges et, de 1932 à 1936, dans le pays de 25 000 à 350 000 membres.

Mais c'est durant la guerre, au fond du gouffre, que se rallient en nombre les intellectuels les plus rétifs aux engagements : Claude Roy, venu de l'Action française, Dyonis Mascolo, Jean Duvignaud, J. F. Rolland, Edgar Morin, Edith Thomas, Robert Antelme, Marguerite Duras, Roger Vailland, René Char, Francis Ponge. Les martyrs communistes des années d'Occupation sont, le danger écarté, l'argument d'un culte savamment orchestré. En 1945, le Parti est au pinacle. Lorsque la société politique offre le spectacle du lucre, de la spéculation instituée et de la concussion gratifiée ; que tout n'est qu'intérêt et intrigue, il découvre aux intellectuels le paysage de la pureté. Sa marche ne leur semble pas compromise par les accidents de parcours, les détails d'intendance ou les ratés anecdotiques. La condamnation épisodique d'un innocent les affecte modérément et les grandes affaires, par exemple les procès de Moscou, ne sauraient leur paraître illégitimes. En 1938, Georges Friedmann, quoique en désaccord idéologique avec les Soviets, avalise sans sourciller la culpabilité des accusés.

La folle idée de l'infaillibilité du communisme a en France une hérédité chargée. L'utopie d'un pouvoir du temps, depuis le XVIIIᵉ siècle, galvanise les philosophies politiques et culturelles. Dans la poisse et le marasme, quel professeur, quel écrivain, quel savant résisterait à la fascination des lendemains qui chantent ? Le communisme, c'est la contradiction dépassée, le bonheur pour tous, l'homme retrouvé. Les « compagnons de route [1] » conspirent dans cette chimère. En 1984, ils n'ont pas désarmé. Voyez Mᵐᵉ Questiaux récemment affrontant

---

1. Adeptes, non affiliés, du parti communiste.

Pierre Mauroy et jusqu'à François Mitterrand qu'elle vénère sur la question de la C.G.T. qui, selon elle, construit l'avenir ! Etonnez-vous que le Parti ait, de longtemps, exploité ces sornettes. « Progressistes », appelle-t-il, désinvolte, ceux de ses proches qu'il n'a pas jugé opportun d'accueillir.

A l'évocation de l'humanité future, maîtresse d'elle-même et du monde, l'intellectuel français, point engagé encore, meurt de honte. Aux prolétaires il fait injure, se couchant à l'aube, coulant en vacances la moitié de sa vie, portant cravate et costume, parlant bourgeois. Il est aliéné deux fois : par la société d'oppression qu'il récuse et par la classe opprimée, à laquelle il demeure extérieur. Pour conjurer son abjection, il se complaît dans le fanatisme et dans l'ascèse, consentant à tous les ravalements. En 1945, un professeur en Sorbonne manifestant à Garaudy sa volonté d'adhésion, celui-ci lui suggère de militer dans le cadre d'une activité personnelle : « Non, se récrie-t-il, j'aimerais servir à quelque chose de plus utile et de plus social [1]. » Les libertins, les joyeux s'entraînent à la déférence : « Après Stalingrad, s'exclame Roger Vailland, on ne peut plus se moquer des généraux. » A la frigidité accablant la pensée française depuis 1945, nul doute que ces puritains ne concourent. Du rire ils incriminent l'air de frivolité malsaine, l'outrage à la vie réelle, le sale goût de jouissance. Les travailleurs s'amusent-ils ? Aussi bien y a-t-il des scrupuleux, des inquiets pour hésiter à entrer en communisme. En sont-ils dignes, marqués au fer rouge de l'égoïsme et de la fripouillerie par leur milieu d'origine ? En 1934, dans une lettre à Vaillant-Couturier, Edith Thomas, qui n'en rate pas

---

1. R. Garaudy, *Les Intellectuels et la Renaissance française*, Paris, Editions du Parti communiste français, 1946

une, se demande si elle a le droit, petite-bourgeoise invétérée et sans doute incurable, de s'inscrire à l'Association des écrivains et artistes révolutionnaires : assurément, répond-il, magnanime, lui donnant son absolution tel le Juste de l'Evangile à la Madeleine repentante.

Ces pénitents n'en connaissent pas moins des voluptés singulières. De la plus infime contribution aux grands chambardements par où l'histoire passe de la maladie à la santé, ils tirent un orgueil incommensurable dont Sartre, peu suspect de partialité à leur égard, semble parfois s'irriter :

> Aveuglés par les deuils et par la gloire, les intellectuels du Parti se prenaient pour un ordre de chevalerie, ils se nommaient entre eux « les héros permanents de notre temps » et c'est, vers cette époque, je crois, qu'un de mes anciens élèves me dit avec une suave ironie : « Nous autres, les intellectuels communistes, nous souffrons, voyez-vous, d'un complexe de supériorité[1]. »

Entre 1945 et 1950, appartenir à une cellule, rien de plus « in ». Mais, sans drapeau, pas de caste : voyez le « clan » des écrivains, ligués par le symbole parisien de la souveraineté française. Les bolcheviks ont constitué la société nouvelle, la Russie s'avère la patrie de tout communiste. En 1953 Dionys Mascolo, qui a reconquis sa liberté, est encore hypnotisé par cet emblème :

> [...] Tenant pour vrais tous les faits sans exception que les adversaires du communisme reprochent à l'U.R.S.S., il faut encore se demander si l'U.R.S.S. est une société fondée sur l'absolu respect des conditions nécessaires de

---

1. Préface d'*Aden Arabie* de Paul Nizan, Paris, Maspero, 1960, p. 11, repris dans *Situations*, t. IV, Paris, Gallimard, 1964, p. 132.

la satisfaction des besoins matériels de l'homme, ou non.
Elle l'est [1].

Chatouillée dans son chauvinisme par le leadership
soviétique, la gauche française n'en croit pas moins à
l'exemplarité du Parti. Certitude agissant comme un
poison, un germe permanent de mauvaise conscience,
de dissensions internes ou d'inertie. Il est symptoma-
tique que, remis sur pied en 1971 par François Mitterrand, les socialistes assument les revendications d'un
rival amoindri ; que le C.E.R.E.S., à leur pointe, se
forge son image de marque sur un thème gaulliste à
variations communisantes ; qu'ils accordent, en 1981, à
leur associé malheureux des avantages, non seulement
par tactique, afin de ménager les forces syndicales,
mais par une culpabilité de bâtard envers un frère bien
né.

1. *Le Communisme*, Paris, Gallimard, p. 488.

En octobre 1952, tout juste débarqué à Lille, je rencontre Henri Dupont, libraire, place de la République, marchand de tableaux en vérité, liégeois d'origine, homme étrange, dégingandé, mangeant ses mots — j'en capte quelques-uns au passage —, bourru, généreux, charmeur, très intelligent. Un Cousin Pons sans la détresse, un Léautaud sans la saleté. Sa maison raffinée tenue par Alice, sa femme superbe, surabonde de bibelots, de meubles, de tableaux, de ceux particulièrement qu'il aime trop pour les exposer dans sa boutique-galerie alors d'importance nationale : aux artistes parisiens l'industrie textile du Nord offre des débouchés. Les gros clients de Dupont, parfois collectionneurs célèbres, sont ses intimes, Jean Masurel, André Lefèvre, un peu moins Philippe Leclerc qui prétend voler de ses propres ailes, commandant, pour l'église qu'il s'est fait construire à Hem — on a de la religion chez ces gens-là —, des vitraux à Manessier dont les toiles tapissent sa demeure à côté de Rouault fauve et d'un Bonnard splendide.

Chaque jour, je vais, du lycée de Tourcoing, bavarder avec Dupont de *L'Encyclopédie* qu'il refuse de vendre, des petits érotiques du XIXe siècle, des dessins de Daumier ou de Grandville, des expressionnistes belges, ses compatriotes, et principalement de Riopelle, d'Estève, de Vieira da Silva, de Poliakoff ou d'Atlan, ses amis.

Il se tait sur Staël. Sans doute sous l'influence de Poliakoff qui ne le pouvait sentir : affaire de Russes, de tempéraments, de négoces ; la cote de Staël monte à vue d'œil depuis cinq ans.

Rentré à Paris à l'automne de 1955, orphelin de Dupont, je trouve, à défaut d'un père supplétif, un parent pour me procurer le gîte pictural dont j'ai besoin. Et, chaque soir, sortant du Muséum d'histoire naturelle où je lis les manuscrits de Lamarck, je me rends rue des Beaux-Arts chez Michel Warren qui expose Bram Van Velde sur lequel Beckett vient d'écrire un des rares textes qu'il ait concédés à la peinture, Olivier Debré dont le frère aîné commence à comploter pour la prise de pouvoir du général de Gaulle, Messagier, quelques autres. Lié à Tarika et à Denise René, muse des « cinétiques », je ne fréquente pas Jacques Dubourg qui en 1949 tire Staël du pétrin. En 1956, la rétrospective du Musée d'art moderne me le découvre et m'enthousiasme. La continuité que je n'avais pas cessé de ressentir de l'abstraction avec la figuration, par Staël réintroduite à la fin de sa vie, me paraît démontrée bruyamment.

Hartung ou Soulages, Mathieu ou Lanskoy, Tal Coat ou Bissière traduisent, sans les décrire, les secrets, les palpitations et les fureurs du monde, prolongeant l'inspiration des peintres qui, avant Cézanne, cherchent dans les jeux de la lumière à ragaillardir nos yeux blasés, à revigorer le réel déjà défloré par les techniques et confisqué par les savoirs. Du retour au perçu, opiniâtrement poursuivi depuis 1860 par l'impressionnisme, Monet, en 1926, à quatre-vingt-six ans, dégage dans les *Nymphéas* les conséquences formidables, donnant à l'abstraction un somptueux coup d'envoi et des titres de gloire qu'elle aura quelque mal à perpétuer.

Curieusement, Staël se reconnaît plutôt, à travers Braque, en Cézanne qui, génialement, mais pour notre malheur, sonne le glas de l'art contemporain, manifestant la faillite d'un regard avide de paysages et de personnages malgré lui transformés en objets de pensée, prélude à l'épuisement du contenu qui, du cubisme à l'art conceptuel, n'a pas connu d'interruption depuis soixante-quinze ans. Confronté à la mauvaise conscience, au ressentiment, au dégoût croissant que le peintre du XXe siècle éprouve pour le vécu, Staël toutefois est un lyrique, bourrelé de sensations jamais plus éclatantes que dans ce qu'il appelle « Compositions » des années 1946-1948, les hachures frémissantes, les grands traits impatients qui se croisent dans un centre non déterminable et racontent une histoire mieux que n'importe quelle image.

En contraste avec ces organisations nerveuses, les constructions des années 1950-1953, grands à-plats rectangulaires ou carrés, évoquent des murailles, signes de consistance et de sécurité. Soudain, de ces formes qu'on ne peut reconnaître encore, naissent des objets qui se présentent de plus en plus lisiblement à notre identification. Comme si cet avènement procédait d'une nouvelle effusion, la gamme des couleurs s'épanouit. Dans les toiles précédentes elle demeure restreinte aux tons neutres ou sombres, gris, bruns, beiges. Maintenant c'est à des verts, des jaunes, des rouges que communément Staël recourt, ne rechignant pas, sous l'influence de Matisse, aux valeurs criantes. Et la figuration, irrépressiblement, émane, sous les éclairages stridents, des gros traits, des grandes touches, des matières épaisses. Des bateaux se dessinent, la mer découvre un horizon par la superposition des plans que Staël, au plus aigu de sa période abstraite, n'avait jamais abandonnés, au contraire de Poliakoff point tenté par la perspective.

Je revois en partie cette rétrospective en 1981 au Grand Palais, plus ému qu'en 1956 par les compositions abstraites de 1947 et 1948 et décontenancé par les toiles figuratives de la dernière période. Les ciels, les mers, les bouteilles s'abolissent en tentant de ressusciter. Peut-être Staël en eut-il conscience et, déloyal à son temps sans oser l'affronter résolument, préféra-t-il disparaître en pleine gloire. Dans le n'importe quoi, dans le vide qui s'est creusé depuis sa mort, il faudrait des conquistadores pour réhabiliter la plénitude, des explosifs pour chasser les mirages et, pour raviver la pesanteur des choses, un démiurge imprimant son estampille dans l'espace déserté par le sens.

1957. *Les* Mythologies *de Roland Barthes* [1].

J'aime que, du piédestal où l'anthropologie les élève, Barthes descende les mythes dans la rue. A Lévi-Strauss ils dévoilent la quintessence d'un patrimoine mental universel. Véritables colosses, ils nous sont restitués en une fresque à leur dimension, livres magistraux où, sans égard à leur éminence, ils sont décortiqués, fragment par fragment, sous nos yeux. Propos d'une possessivité exorbitante, on leur fait rendre gorge, cracher le morceau sur le monde, la pensée, l'économie, la famille ou le désir, étaler, dans une indiscrétion gênante, l'intimité la plus jalouse du vécu social. Des forces incoercibles qui s'y tapissent, des frénésies qui y fermentent, un tableau impassible nous est dressé. Les pratiques et les représentations mises à nu se normalisent et s'ordonnent à mesure que nous les confisquons par nos doctrines. S'avise-t-on de jeter là ce savoir, de s'abandonner au plaisir dont ils rayonnent, d'éclater de rire quand la sublime voix d'Orphée déchaîne la rage des sirènes ou qu'elles crèvent de dépit pour n'avoir pas su attirer Ulysse dans leur repaire, on risque de s'attirer les foudres ou, pis, le mépris des pédagogues.

1. Paris. Le Seuil, coll. « Pierres vives ».

Barthes, donc, se démarque de ces exégèses respectables, de 1954 à 1956, par les essais qu'il consacre à la quotidienneté. Dans les faits divers, les articles de journaux, les films, les divertissements, il ausculte les accents de l'imaginaire bourgeois, arrachant au « naturel » une réalité, la « modernité » selon Baudelaire, dont le sort est de se piéger elle-même, de s'ouvrir sur des parages où les boussoles se dérèglent.

Voyez le catch en vogue dans les années cinquante. Les protagonistes s'y comportent comme dans la comédie italienne, assignés, par leurs accoutrements et leurs attitudes, à des rôles institués. Thauvin, brute épaisse, immonde créature, flasque et obèse, désigne le traître ignoble ; Rumières, grand blond au corps mou et aux cheveux rebelles, la passivité troublante ; Mazaud, petit coq arrogant, la vanité bouffonne ; Orsano, zazou féminisé dans une robe de chambre bleu et rose, la salope vindicative. Tous les dés sont pipés, la fonction du catcheur n'étant pas de gagner mais d'accomplir les gestes qu'on attend de lui. Et comme il n'y a pas de surprise, il n'y a ni sport ni combat, seulement spectacle grandiose à l'enseigne des figures de proue du destin (Douleur, Défaite, Justice) :

> Il s'agit donc d'une véritable Comédie Humaine où les nuances les plus sociales de la passion (fatuité, bon droit, cruauté raffinée, sens du « paiement ») rencontrent toujours par bonheur le signe le plus clair qui puisse les recueillir, les exprimer et les porter triomphalement jusqu'aux confins de la salle. On comprend qu'à ce degré il n'importe plus que la passion soit authentique ou non. Ce que le public réclame, c'est l'image de la passion, pas la passion elle-même. Il n'y a pas plus un problème de vérité au catch qu'au théâtre [...]. Cet évidement de l'intériorité au profit de ses formes extérieures, cet épuisement du contenu par la forme, c'est le principe même de l'art classique triomphant. Le catch est une

pantomime immédiate infiniment plus efficace que la pantomime théâtrale car le geste du catcheur n'a besoin d'aucune fabulation, d'aucun décor, en un mot d'aucun transfert pour paraître vrai[1].

Du bifteck-frites à la croisière du sang bleu, des saponides et des détergents à Bichon chez les Nègres, du visage de Garbo à l'iconographie de l'abbé Pierre et à tant d'autres textes inspirés, on ne sait plus bien de quoi, du rêve collectif ou des sortilèges de l'auteur, procèdent ces histoires. Hélas ! Barthes ne s'en trouve pas conforté pour autant. A peine vient-il de les libérer qu'il commence à battre en retraite. La bonne nouvelle structuraliste lui enseigne que tout langage est un système formel, son contenu sans plus d'importance que les trompettes, dont parle saint Paul, qui retentissent dans le néant. Et, de la mythologie où il s'était plongé généreusement, il émerge pour en démonter doctoralement la mécanique. Le mot « lait » n'a pas le même sens dans cette proposition : « J'ai acheté du lait ce matin » et dans celle-ci : « Ce matin, à Calcutta, la Croix-Rouge a distribué du lait aux enfants. » Dans le premier cas, c'est du nutriment qu'il est question ; dans le second, il est invoqué pour rendre compte d'autre chose : la misère de l'Inde, la charité de l'Occident. Bref, le produit d'un stimulant dévergondage est, par Barthes, à la fin de son livre vigoureusement repris en main, transplanté dans un domaine de vérité.

Quant à moi, je m'obstine à préserver au mythe sa différence, à le soustraire, coûte que coûte, au réductionnisme et à l'impérialisme des sémiologues. Il est initiatique. On y pénètre au prix d'épreuves redoutables, visant à affranchir l'adepte de la sottise ambiante

1. R. Barthes, *op. cit.*, p. 15.

138

et des modèles d'intelligibilité en faveur. Il est opaque aux foules prisonnières des évidences flagrantes — combats truqués, rôles distribués, physiques caractérisés —, à un public qui joue le jeu sans distances, instrument de la fiction dont l'affidé seul est le maître. Le mythe est ésotérique requérant une complicité très spéciale, une solidarité active, une incessante surenchère des mythologues. Oligarchique mais, d'aucune façon, élitaire. Les gens simples y sont souvent moins allergiques que les érudits. Il émane d'une situation anodine avec la même incongruité que d'un chef-d'œuvre. Son déchiffrement ne relève pas du décodage qui l'instituerait en grammaire. Rien, absolument rien qui contraigne un lecteur à entrer dans les arcanes de *A la recherche du temps perdu* quand arrivent, au bal du prince de Guermantes, les deux fils de Mme de Surgis, l'aîné prudent, le cadet stupide, tous deux également beaux, dissemblables incarnations de la perfection de leur mère, Victurnien en reproduisant le teint et la stature, Arnulphe le regard « comme Mars et Vénus n'étaient que la Force et la Beauté de Jupiter [1] ». Même, j'ai des raisons de craindre que ce récit ne retienne que l'attention sentencieuse des professeurs, oblitérant le non-dit, la désopilante fascination de Charlus. Mais là où l'esprit de sérieux ne perçoit que banalité, l'esprit mythique trouve sujet à délectation.

Car le mythe est festif. Il n'est ni édifiant ni utile, il ne sert point à connaître, par quoi il pousse à bout à la fois les discoureurs et les technologues. Le vent d'hiver, en figeant les élans de l'imaginaire, a développé une énergétique compensatrice, des parodies de volonté, des caricatures de pouvoir. Celui-ci est la pierre de

---

1. Proust, *Sodome et Gomorrhe*, Paris, Gallimard, « Bibl. de la Pléiade », t. II, p. 686

touche de la civilisation contemporaine : tout y conflue, tout en procède. Tandis que, faute de nerfs, il s'écroule dans la réalité de toute part, il se réfugie dans le sinistre ou le vaudeville. Les tyranneaux envahissent les bureaux et les usines. Le langage n'échappe pas à cette prétention de domination à laquelle le mythe, langage qui nie le langage, se dérobe incessamment, narguant ses proies comme le monstre aux yeux verts de Shakespeare. Esquives retorses, esquives perverses, odieuses aux témoins impuissants. Ils voudraient le contrôler, il leur échappe comme une anguille, d'autant plus vicieux qu'il ne naît pas d'un effort. Passant par le langage commun, il insinue le mystère dans la lumière. En celle-ci se trame le complot liguant d'irréductibles acteurs. De son indépendance hautaine, le mythologue tire une jubilation insolente. Son hégémonie résiste à tous les assauts. Il les brise dans l'œuf en les tournant en dérision. A désosser les discours de l'humanité sans écriture nous avons perdu toute candeur, ils nous obnubilent par leur rigueur. Nous marchons à reculons dans l'évolution qui nous a appris ce qu'Artaud appelle l'anarchie, l'effritement progressif des « logiques » dont s'enveloppent les Indiens d'Amérique ou les Mélanésiens pour pallier leur condition précaire.

Ce n'est pas, rassurez-vous, que le mythe s'égare dans l'empiricité. Il est eidétique, visant des significations fondamentales. Professeur de philosophie, il y a trente ans, j'entrecoupais ma classe d'exercices peu conventionnels dont mes collègues, bientôt alertés, me faisaient grief à l'égal de l'administration. Je collais à mes élèves des prénoms, souvent, pas nécessairement, éloignés des leurs, adéquats à leurs corps, à leurs comportements, à leurs présences. Ils assumaient l'exercice avec humour, y collaborant même, concluant de la réciprocité de nos intuitions que, pour accéder aux essences, la théâtralité est une voie étroite mais souveraine.

Aussi bien le mythe est le discours de subversion par excellence, un empêcheur de danser en rond, révélant des vérités par des procédés inavouables. C'est pourquoi il est persécuté par le langage commun, parfois victime d'une chasse aux sorcières. On n'aime pas les flamboiements dans les temps d'écriture blanche. Celle-ci, pour manifester son autorité, n'hésite pas à faire des exemples soumettant à un traitement de choc Bouvard et Pécuchet, Mme Verdurin, Bardamu et jusqu'à Pantagruel qu'elle stérilise inexorablement.

Convaincu qu'un mythologue est à notre conjoncture hivernale ce qu'est le dandy à l'âge du machinisme naissant, j'ai fondé une association d'insurgés contre l'anesthésie régnante. Ils s'engagent par contrat à naviguer sur un bateau errant. Rassembleur d'angoisses, défi à l'esprit de sécurité dont l'actuelle civilisation fait sa panacée et son blason, ce *Radeau de la Méduse* rajeuni vend ses places à prix d'or. Peu d'impétrants dans l'intellocratie parisienne. Ses locomotives n'apprécient guère l'inattendu. On ne conçoit pas les champions de la dérive s'embarquant sur cette nef des fous : point de port, point de Lyotard.

Je m'y hasarde avec des frères, créateurs, hommes de talent, Constantin Byzantios, grand peintre, et des dissidents de toute obédience, habitués par démesure à transgresser les règlements. Sur mon radeau voisinent des tempéraments hétérogènes, parfois hostiles, mais semblablement habités d'incandescence, Denis Huisman et Paul Chantrel, Louis-Henri de Lignières et Gérard Vacher, Robert Aron-Brunetière et Yves Petit de Voize, Laurent Dispot et Jack Lang, car les titres et les honneurs sont ici laissés au vestiaire. Une seule femme : Françoise Verny admise pour son outrance dans cette communauté intempestive.

La sélection des candidats étant d'une sévérité intraitable, il lui fallait disposer d'une assise. J'ai créé un établissement original, intermédiaire entre la banque et le comptoir, la *Compagnie universelle du Radeau de la Méduse*, imitée de celle que Lesseps, à Suez, greffa sur son canal pour en gérer au mieux les intérêts. La mienne, à sa suite, émet des actions au porteur. J'ai vu des curieux, des inquiets, des amateurs de naufrages en acheter par milliers, ainsi Jean Duvignaud, auquel j'adresse par la même occasion un sourire de sympathie, qui les a revendues aussitôt, faute de rébellion suffisante. Dans le mythe de mon grand départ, il est là cependant, sur la jetée, venu affectueusement nous dire un au revoir.

*Mai-juin 1958. Retour du général de Gaulle
au pouvoir.*

La stabilité des sociétés ne tient ni aux équilibres de structure ni aux harmonies idéologiques. Ce n'en sont que les causes apparentes. Elle procède d'une régulation difficile des flux irréductibles du devenir, de celui qui s'écoule en profondeur et d'un autre qui déferle dans les événements. C'est le même à différents moments de sa durée. La pudibonderie victorienne ébruite vers 1850 ce que la bourgeoisie en 1750 chuchote par la voix de quelques médecins. Dans ce courant ininterrompu on conçoit qu'il y ait une passe difficile lorsque le présent qui s'achève est talonné par celui qui s'entreprend. En sorte que la nouveauté n'est jamais où l'on croit. L'histoire qui affleure est déjà périmée. Celle qui invente le futur parle encore indistinctement aux sensibilités qu'elle ébranle.

En 1958, l'état réel et l'état manifeste de la France sont en parfaite disconvenance. Le débat politique, la situation brûlante jurent avec les mouvements esquissés et même déjà patents dans le for intérieur du pays. La contradiction ne se joue pas seulement entre le vécu collectif et les pesanteurs sociologiques effectives mais, dans ce vécu lui-même, entre ses couches superficielles et ses tensions internes. Vers 1952-1953, une prospérité s'éveille, inconnue depuis la première décennie du

Second Empire. L'existence des Français est bouleversée : par le plan Marshall — la manne américaine injectée à partir de 1949 dans les usines européennes, notre part du gâteau s'élevant à deux milliards et huit cents millions de dollars —; par la démonstration du vieil adage libéral que la richesse conspire avec le désir ; par la révocation du cliché marxiste que la jouissance survient des privilèges ; par le brusque éveil d'une société paysanne, conservatrice et avare, à la séduction des objets qu'on consomme, c'est-à-dire qu'on acquiert et abandonne incessamment. Cependant cette histoire en éruption est aux prises avec des matériaux archaïques. Dans la traînée du second conflit mondial, le colonialisme s'avère en France un catalyseur d'amertumes et une planche de salut. S'étant voué corps et âme à Pétain puis rabattu sans vergogne sur de Gaulle au nom d'une patrie onirique, on trouve dans le drame qui se noue en 1945 en Indochine une occasion inespérée de se défouler et de se dédouaner à bon compte. A ces lointains domaines on s'agrippe comme aux garants d'un honneur fragile. Et il est d'autant moins question de se laisser aller à la mollesse que la métropole, en son quotidien, ne se ressent pas des combats. La splendeur des symboles y compense les pertes humaines dont, en majorité, des soldats de métier font les frais.

A cette revendication impatiente, les circonstances n'arrêtent pas d'infliger des épreuves. Au Viêt-nam, après la guerre d'usure, c'est la précipitation des désastres. En mai 1954, la capitulation de Diên Biên Phu pousse Mendès France au pouvoir, succès de l'histoire en marche sur la septicémie de l'histoire stagnante. Mais l'infection reprend de plus belle avec le soulèvement des Algériens. Tandis que l'humiliation, sans discontinuer, s'abat depuis 1940 sur la France,

144

l'Algérie, territoire exemplaire, Corse et Afrique du Sud confondues, témoigne éminemment de la supériorité physique, intellectuelle et morale du colonisateur sur les populations soumises à son obéissance. Espace inviolable d'une souveraineté partout battue en brèche, elle rapproche les pieds-noirs soucieux de leurs intérêts et les métropolitains qui se reconnaissent dans son image glorieuse. L'épiderme des nations ressemble à celui des animaux, il ne souffre pas les brûlures qui exposent les organes vitaux. Ceux des Français sont mis à nu en 1956 par le déploiement de la rébellion. Plus question de laisser Mendès France qui a bradé l'Indochine, la Tunisie, le Maroc, poursuivre impunément ses entreprises de liquidation. Il est chassé. Les observateurs étrangers savent que la Quatrième République, minée par un cancer, est condamnée à brève échéance. N'est-elle pas née infirme, hybride de la Troisième République, décédée dans l'infamie en 1940, et d'un acte de restitution du général de Gaulle, père aussitôt sacrifié au souvenir d'une mère indigne. Régime bâtard secoué par des mutations explosives que sa nature débile n'est pas en mesure d'encaisser, régime timoré, en danger de mort sitôt que les Français d'Algérie brandissent l'épouvantail de la honte. De 1957 à 1958, c'est, dans un décor de tragédie, la valse des ministères. C'est la duplicité de la S.F.I.O. partagée entre un colonialisme forcené et la crainte des délires droitiers. Ce sont les intrigues, à mi-chemin du militantisme et du complot, des gaullistes musclés, pour rappeler le Général aux affaires. En même temps les finances se délabrent. Tout est mûr pour la croissance mais tout est compromis. Le commerce extérieur est gravement déficitaire. La Banque de France a croqué ses réserves. Les caisses sont vides.

En Algérie, au premier semestre de 1958, les affaires

n'arrêtent pas de se détériorer. Le contingent y est envoyé tout entier. Les officiers, souvent anciens d'Indochine, se targuent d'interpréter à leur usage les théories de Giap et Hô Chi Minh sur la guerre révolutionnaire. Idéologie simpliste appariée à la torture. A Paris, la tendance est de conserver cette magnifique province coûte que coûte. Les projets successivement mitonnés par Soustelle et par Lacoste, sous couvert d'accorder aux autochtones la citoyenneté française, maintiennent notre hégémonie. Afin de couper court jusqu'à la possibilité d'un compromis, les militaires activistes déroutent l'avion de Ben Bella, retour du Maroc, et l'emprisonnent à Alger. Face à l'insurrection galopante, l'engagement national semble aux pieds-noirs hésitant. Ils exigent une action massive et une résolution inflexible. Le temps leur est maintenant compté. En 1957, à Alger, la subversion s'installe en plein jour. Jugulée par Massu, elle manque à chaque instant de se rallumer. Le 26 avril, une foule de petits « Blancs » excités par des officiers réclame la formation à Paris d'un gouvernement de salut public, vieille lune de 93 chroniquement usurpée par l'extrême droite trublionne. Quand Coty, le 9 mai, charge Pflimlin de résoudre la crise, les quatre généraux les plus haut placés d'Algérie avertissent le président de la République qu'ils ne répondent plus de rien si ne se manifeste à brève échéance la volonté de conserver les trois départements sous la loi française. Ils ne croient pas si bien dire. Le 13 mai, Alger est aux mains des factieux, le gouvernement général occupé, un Comité de salut public instauré.

Le même jour, Pflimlin est investi par l'Assemblée nationale. Les communistes se décident pour l'abstention. Le 15 mai, à Alger, le général Salan, à la fin d'un discours, s'écrie : « Vive de Gaulle ! » Quelques heures

plus tard, celui-ci, à Paris, communique à la presse :
« Je me tiens prêt à assumer les pouvoirs de la
République. » Amorce d'une troublante accointance
du Général avec la sédition. En est-il ? N'en est-il pas ?

A partir du 15 mai, chaque après-midi je rencontre à
Saint-Germain-des-Prés Roger Stéphane. C'est un personnage très parisien qui se signale par une légende
d'héroïsme à la Libération, une dévotion juvénile pour
Malraux, une intimité avec Lucie Faure et l'ostentation
peu ordinaire, à l'époque, de sa vie privée. Un ami,
Jean-Jacques Rinieri, séduisant normalien-philosophe,
ayant péri dans un accident de voiture, il reçoit, en leur
appartement, avenue de La Motte-Picquet, les condo-
léances de ce qui se fait de plus chic en matière de
culture et de monde, François Mauriac en tête, comme
Chateaubriand de l'aristocratie romaine à la mort de
Pauline de Beaumont. Il n'est pas sans talent, écrit un
Portrait de l'aventurier où il me révèle le colonel Rossel
et, féru de politique, fonde en 1950 avec Claude
Bourdet et Jacques Lebar *L'Observateur,* qu'il quitte
en 1959 dans la mouvance de la guerre d'Algérie. De
gauche mais gaulliste, et ne s'en cachant pas, pendant
ces heures terribles ressassant inlassablement sa foi
dans le Général et son désarroi, car il n'est pas, déclare-
t-il, d'Homme si indépendant qu'il paraisse, qui ne
serve d'otage à une junte dont il accepte les services.

Le 17 mai, Soustelle court à Alger se mettre à la
disposition des mutins. On parle d'une opération de
l'armée et de la police à Paris. Le 20, au lendemain
d'une conférence de presse, bonhomme et chafouine,
du général de Gaulle, Guy Mollet lui adresse son
ralliement. Pinay se rend à Colombey le 22. Le 24, la
Corse, faisant sécession, se donne toute à Alger. Du 24
au 29, c'est la guerre civile larvée. Des ministres, les
ordres ne sont plus exécutés. Rentrant chaque soir à

Neuilly, je passe par l'Etoile où j'entends, de leurs cars disposés sur la place, les C.R.S., chargés de défendre la loi, scander : « Algérie française ! » Je reconnais l'accent si particulier du fascisme que j'ai découvert, enfant puis adolescent, entre 1934 et 1945, dans les manifestations des Jeunesses patriotes et de la Milice. Sous le nom de code « Résurrection », une opération combinée des paras de Miquel à Toulouse et des blindés de Gribius à Rambouillet est prévue pour la nuit du 26 au 27 mai. Elle est différée à l'annonce, le soir du 26, d'un entretien de Pflimlin avec de Gaulle dont ne ressort qu'un communiqué du Général, le 27, en fin de matinée : « J'ai entamé hier le processus régulier nécessaire à l'établissement d'un gouvernement républicain », chaque terme prenant de court la manœuvre tramée.

Commence alors le travail du deuil des parents et amis de la Quatrième République, défilés, rassemblements, rituels pour s'habituer à l'inéluctable. Grève de la C.G.T. le 27 et, le 28, grandiose manifestation populaire de la Nation à la République. Les intellectuels sont là, frappés de stupeur, plus particulièrement les communistes. Comment se peut-il que la classe ouvrière capitule ainsi devant des insurgés ? J'aperçois Jacques Le Goff, l'air pénétré, qui lui est propre, de la solennité des circonstances. Je ne le croise plus guère dans les mouvements de rue par la suite. Le cœur à gauche, il n'est plus à même de le distraire suffisamment des opérations où il engage sa carrière.

A partir du 28 mai, les jeux sont faits, on procède à la liquidation du contentieux. Dans la nuit du 28 au 29, de Gaulle rencontre les présidents des deux Assemblées ; au soir du 29, le parti socialiste, malgré ses convulsions intestines, invite à voter pour de Gaulle que Coty, le 3 juin, désigne officiellement président du Conseil.

1959. *Johnny Halliday.*

Le 30 décembre 1959, sur la scène du Marcadet-Palace, pour l'enregistrement public d'une émission de radio, « Paris-Cocktail », Colette Renard étant l'invitée du soir, on voit un garçon de dix-sept ans, Johnny Halliday, grand, blond, bien fait, d'un assez mauvais genre, se contorsionner et descendre, en chantant, à se rouler par terre.

Le 20 septembre 1960, à l'Alhambra, il apparaît en lever de rideau d'un spectacle Devos, proférant des mots inintelligibles.

En 1961, il est vedette à part entière, glorieuse instantanément.

Depuis 1958, le rock and roll frétille à Paris et en province qui ne s'en sont guère aperçus. Aux Etats-Unis, vers 1950, il surgit, déflagration blanche du jazz noir, passant insensiblement, en moins de cinq ans, de la rumeur de Bill Haley au vacarme d'Elvis Presley. Cinq ans encore, et il s'impose en France, empêtrée dans le guêpier algérien et remise en selle par le général de Gaulle, en plein boom économique et traversée par des fureurs contraires, soumise à la dictature des marchandises, des images révoquant le réel, et des mots relayant les choses.

Les sociétés aussi ont leurs névroses, dont Freud révèle la fonction hygiénique. Penseriez-vous qu'impunément la civilisation d'Occident substitue le vide aux preuves du monde, aux rivières, aux montagnes, aux pleurs et aux rires, aux têtes des passants dans la rue ? Le rien qui suit le meurtre du sens engendre une angoisse insoutenable. A la conjurer tant bien que mal des pathologies antagonistes s'emploient.

D'une part, l'hystérie, le tourbillon des apparences entraînant sur leur passage les convictions, les idéologies, les concepts, le sol ferme du sujet ; la fuite indéfinie dans la simulation ; l'exorbitante jouissance du corps ; l'éclatement de la durée en pulsations discontinues et évanescentes ; la course aux objets, proies factices abandonnées au hasard des convoitises ; mais surtout la complaisance à la servitude, le fantasme impérieux de l'autorité et de la répression. Aux petits clercs exaltés de Vincennes qui se pendent à ses basques pour le prier d'être des leurs, Lacan répond froidement et, pour une fois, je salue ce sorcier comme un sage : « Vous cherchez un maître ; il vaut mieux pour vous de trouver ma bonace », voulant indiquer qu'en leur quête de dominateur, ils n'étaient pas trop mal tombés sur un libéral de son genre.

Les « rocky » — la « variété » est un indicateur anthropologique privilégié — manifestent caricaturalement les symptômes du mal : conversions somatiques, exhibitionnisme prononcé, goût du dressage — voyez les C.R.S., dans les shows de Halliday et consorts, cassant du « fan » à qui mieux mieux !

Mais simultanément, contre la représentation de l'abîme, les Français trouvent un mécanisme dissuasif plus rentable, abdiquant le goût de vivre au nom de la conservation de la vie, se lançant dans une entreprise d'assistance universelle, s'assurant le droit à la nourriture et à la santé, au travail et même au chômage, au soleil et aux loisirs, au corps et à la sexualité. De la maîtrise interminablement poursuivie par l'hystérie, la névrose obsessionnelle fournit la recette expéditive. Au vertige de la consommation, au débridement des paroles et à l'anarchie des désirs, elle substitue la dictature des discours dont les indécisions s'agencent dans les systèmes, dont les creux occupent des fonctions. Telle société, telle pensée. La culture renvoie à des codes unifiés la cuisine des Indiens d'Amérique et leurs pratiques matrimoniales, les pastiches de Proust et les silences de Mallarmé, la folie, les œuvres d'art et jusqu'au matérialisme dialectique.

De la fin du XIXe siècle à la guerre de 1914, une onde de choc ébranle l'Europe centrale. Face à l'uniformité et à la moutonnerie en expansion, la monarchie austro-hongroise languit d'un pluralisme et d'un style patricien décadents. Les mouvements esthétiques qui, entre Prague et Vienne, anticipent sur son écroulement, se mettent au ton du non-sens, témoignant à charge dans le procès qui condamne à terme l'art et la littérature à mort, scandant cette tragédie, à la façon du chœur antique, par un discours radical : voyez Rilke et Trakl, Broch et Musil, Kafka.

Après la Première Guerre mondiale, dans l'« Empire du Milieu », écrasé, éclaté mais toujours en flèche, des mathématiciens, des épistémologues, des linguistes partent en expédition contre les illusions du sujet. A Vienne, Wittgenstein, Campe, Franck et quelques autres défèrent à la syntaxe logique de la langue les conditions de la vérité. A Prague, Jakobson, Troubetzkoy et leurs séides formulent, en phonologie, les lois instauratrices de la linguistique structurale. En France où, entre 1920 et 1940, par le mallarméisme et le surréalisme conjugués, s'enfle le grondement anti-psychologique, parviennent peu d'échos de ce chambardement. Vers 1950, le formalisme, dans le sillage des récentes prescriptions de l'écriture et de la musique, s'insinue en milieu parisien.

Les chasseurs du vécu, à l'affût depuis des décennies, désormais le traquent avec un acharnement suspect. La nostalgie s'y débride. On ne hait que ce que l'on aime. A l'abri des systèmes, ce désir honteux n'est pas désamorcé pour autant. A s'acheter une conduite, il s'applique. Il se châtre. La conclusion de *Mythologies* est comme l'hymne de Barthes à la pénitence.

Ainsi, dans les années soixante, sous l'égide de la mauvaise foi, la culture française flambant neuve pend officiellement sa crémaillère. Le terrain est déblayé, l'atmosphère purifiée des pestilences empiriques. Depuis 1950, illustré par sa thèse sur *Les Structures élémentaires de la parenté*, Lévi-Strauss mène une lutte farouche contre les méthodes fonctionnalistes et impressionnistes en ethnologie. Son combat croise celui des rédempteurs du roman, de la critique, de la musique qui poursuivent des opposants fantômes et réclament à cor et à cri des armes contre leurs agissements nocifs. A partir de 1957, issue de la base, une tension monte dans Paris. Des groupes de néophytes de plus en plus ardents rêvent d'en finir avec des ennemis imaginaires. A l'instigation des étudiants, des conférences se succèdent à un rythme accéléré dans les facultés, consacrant l'institutionnalité de l'entreprise. Devant des salles combles des orateurs clament la victoire des modernes comme s'il s'agissait d'une grande cause. Je me souviens de Daniel Defert, presque lycéen, courant, illuminé, écouter une harangue de Robbe-Grillet. Barthes, tout juste initié à Saussure par Alphonse Julliand, élève de Martinet, n'est pas d'un tempérament à manquer ce coche. Il se dépense sans compter, se ralliant, frémissant, à la révolution.

Dans ce branle-bas général, l'Université décide d'entamer une procédure d'apaisement. Le 5 janvier 1960, Lévi-Strauss prononce sa leçon inaugurale au Collège de France.

Coup d'envoi de la quatrième carrière d'un établissement créé par François Ier en vue de parer à l'anémie sorbonnarde. Budé, Calvin, Erasme lui assurent un éclat bientôt terni sous les Bourbons par la concurrence inédite du « clan » parisien. Pour en affronter les groupes de pression — l'Académie, les chapelles, les salons où successivement les précieuses et les philosophes règnent —, il n'est pas équipé en conséquence. Mais, au XIXe siècle, les clercs, redressant la tête, l'érigent en duché-pairie. A son portillon, les plus ambitieux se bousculent. C'est, sous la Monarchie de Juillet, un rendez-vous de célébrités ou de compétences : Philarète Chasles, Edgar Quinet, Mickiewicz et, grâce à Renan et à Michelet, le premier collage de la littérature avec l'enseignement. Côté biologie, l'originalité y fuse, de Magendie à Claude Bernard qui compense les dégâts occasionnés par le Second Empire dans la section des humanités. Après cinquante ans d'assoupissement, le Collège traverse pendant l'entre-deux-guerres une troisième séquence de splendeur. Ce qui se fait de plus insolite dans les sciences physiques, médicales et humaines y conflue, Febvre, Focillon, Halbwachs, Mauss, Perrin, Joliot, Langevin et Leriche. J'allais oublier Valéry parlant à des auditoires clairsemés et Bergson attirant en foule les dames du XVIe arrondissement. Période close en 1953 avec l'élection de Merleau-Ponty, mort prématurément un an après l'arrivée de Lévi-Strauss.

Celui-ci inaugure la phase actuelle. Par sa connivence avec l'idéologie de la prétendue « modernité » littéraire, il effectue la synthèse, au sommet, de la cléricature et de l'art. Pendant deux décennies, dont l'une affectée à la maturation de six ouvrages centraux, il chante la geste des systèmes que, plus tard, devant des assemblées haletantes, Foucault et Barthes célébreront à leur tour. Il en expose la validité universelle car, dans ses cours d'anthropologie, ce n'est pas de savoir technique qu'il est question mais, bel et bien, du fonctionnement de l'esprit humain.

Parfois il semble lui attribuer des traits kantiens, une façon d'unité a priori des catégories rendant possible la représentation du monde. Mais la pensée sauvage est insoumise à nos rigueurs. Elle a les siennes, impératives. Sa logique est plus grisante que la nôtre. Voyez le jaguar apportant le feu aux hommes, surgissant dans *Le Cru et le Cuit* comme le bienfaisant passeur de la nature à la culture. De son cadavre brûlé émane le tabac dont la fumée engendre les cochons qui donnent la viande, laquelle, pour être mangée, requiert l'intervention du jaguar, source du tabac et cela recommence. Allégresse du cercle vicieux, bondissement des contradictions se déployant, s'ajustant, se nouant sous le contrôle d'un appareil formel.

Ainsi la combinatoire leibnizienne fournit-elle une clef de l'intelligence primitive surmontant dans un élan intégrateur les embûches de la différence. De la profusion des possibles, elle extrait juste de quoi construire ses fondements. Par exemple, en matière de parenté : un père, une mère, un enfant et l'oncle maternel, celui-ci tenant son rôle de la culture qui sacrifie l'inceste à l'échange et l'endogamie à l'intervention exogène du frère de la femme. De cet « atome » basal procèdent, par le jeu de transformations de plus en plus complexes, les formules multiformes de la famille.

Le mythe est le champ électif de ces métamorphoses. Sans perdre un pouce de sa cohérence il est baladeur, buissonnant, réticulaire. Il casse les ségrégations et les enclaves. Son secret est la dissymétrie des lieux et des langages. Elle lui délivre un passe-partout, le droit de se jeter dans les expéditions aventureuses et lointaines. Pour élucider un mythe bororo il faut recourir, de l'Amazonie à l'Alaska, à cent quatre-vingt-sept termes de comparaison. La tâche incombe à cette géographie planétaire, recollant les éléments d'un puzzle, de dire l'unité de la culture froide, source des énergies que l'histoire en chaleur, la nôtre, a évaporées peu à peu. *L'Homme nu* dévoile, par l'identité des mythologies californiennes et amazoniennes, le décentrage des signes et l'aptitude de certains schèmes à recoudre des discours déchirés. Ainsi le four-à-terre, dont Leibniz aurait fait un géométral, l'espace à la fois théorique et opératoire de toutes les convergences, le croisement nécessaire des essences dispersées.

A la fin de ce livre-apothéose, Lévi-Strauss ressemble à un musicien architecte, superposant les parties en une fugue si monumentale que celle qui ouvre la messe de Bach en *si* mineur a l'air, en comparaison, d'un exercice étriqué. De cette exubérance des agencements, de ce délire des analogies, le ressort paraît éclatant : une démangeaison esthétique se défoulant et se maîtrisant tout ensemble par une frénésie d'artifices ; le jaillissement, le risque créateurs se mimant et se dérobant en un tourbillon de certitudes. Parodie du Gai Savoir, le texte qui exténue la vie, qui la glace, qui pasteurise se laisse aller au romanesque ou au théâtral comme si, sa peine accomplie, il s'accordait dans les titres un droit furtif à l'escapade : « Secrets de familles », « Jeu d'échecs », « Scènes de la vie privée », « Scènes de la vie de province », « Remontée aux sources », « L'Aube des mythes ». Jusque dans leur carcan ceux-ci se plient à la fantaisie verbale du décrypteur. J'aime cette Fille-Folle-de-Miel ou cette Grenouille femelle, vieille maîtresse, amoureuse et navrante, du bel héros Haburi. Accès de liberté, soubresauts de tendresse, constante délicatesse d'écriture. Professeur, Lévi-Strauss sert de gage à ses confrères, substituant le chercheur en sciences humaines à l'artiste et au littérateur démodés. Et à ceux-ci, dépris d'eux-mêmes, il indique le chemin à suivre, le bon choix entre le suc des signifiants et la vacance des signifiés.

Quelques mois après ce couronnement triomphal, Barthes, plus discrètement mais non sans panache, entre à la sixième section de l'Ecole Pratique des Hautes Etudes. Dans cette autre maison en marge, il livre, avec quelques collègues déterminés, le combat pour ce qu'il nomme la modernité, vocable désincarné.

Mars 1960. Naissance de Tel quel.

Le « clan » littéraire parisien, regroupant les ressortissants disparates d'une orgueilleuse communauté d'écrivains, est clivé, par une singularité atavique, en miniformations, chapelles, cénacles, tendances qui s'expriment éminemment par des revues.

Depuis la création, presque concomitante, des *Temps modernes* et de *Critique*, on en voit beaucoup surgir et disparaître. Certaines se taillent une audience : *Les Lettres nouvelles*, du téméraire et subtil Maurice Nadeau ; *Arguments*, de Morin, Duvignaud, Axelos.

Mais, en 1960, quand Lévi-Strauss prononce sa leçon d'ouverture au Collège de France, quand tout retentit des noms de Troubetzkoy et de Jakobson, quand le « Domaine musical » de Boulez fait des malheurs, quand partout, des facultés au Café de Flore, la nouveauté s'impatiente, nul périodique de prestige pour l'instituer dans ses droits. *Critique*, sous la direction de Bataille, est, malgré Leiris et Blanchot, trop libéral, trop complaisant aux anciens. Les initiateurs frappent à la porte, ils réclament un pouvoir discrétionnaire.

Au printemps 1960, des jeunes gens entreprennent de le leur offrir, fondant *Tel quel* dont le nom indique la couleur : des signes hors lesquels il n'y a rien à chercher que la décision d'imposer, coûte que coûte, leur ordre régénérateur :

> Ce qu'il faut dire aujourd'hui, c'est que l'écriture n'est plus concevable sans une claire prévision de ses pouvoirs, un sang-froid à la mesure du chaos où elle s'éveille, une détermination qui mettra la poésie à la plus haute place de l'esprit. Tout le reste ne sera pas littérature [1].

Ils sont huit dans le comité inaugural : Boisrouvray, Coudol, dépêché par Cayrol, Jean-Edern Hallier, pigiste à *Arts,* Renaud Matignon, grande bringue faux jetonne qui rend son tablier au numéro 2, Jean Thibeaudeau, de l'écurie de Minuit, œil de Lindon, Michel Maxence, Jean-René Huguenin, du fourgon d'Hallier et Philippe Sollers, à vingt et un ans, auteur en 1957 d'une nouvelle, en 1959 d'*Une curieuse solitude*, dans la meilleure tradition du roman psychologique, lui valant les compliments appuyés de Mauriac et d'Aragon et le mettant en selle.

Sur laquelle, six mois plus tard, il fonce à la conquête de l'espace culturel parisien, reniant son passé par une perception aiguë des circonstances, cynique, n'ayant foi qu'en son intérêt, insensible aux valeurs, dispensé de sentiments et coiffé de modes, toujours prêt à les remercier pour d'autres en sacrifiant sans pitié les niais qui lui font cortège.

Sans hypothèques, sans bagages, libre, fût-ce de s'égarer dans les représentations contradictoires. Avec des accents de candeur touchante, une virginité des opinions, un surprenant appétit de connaître et jusqu'à d'intimes convictions, tribut de l'indifférence qui

---

1. *Tel quel*, nº 1, Déclaration, p. 3.

l'amène, pour ne pas flotter à la dérive, à s'accrocher le matin à des dogmes jetés le soir aux orties.

Inconstance n'affectant pas son naturel professoral. Certes, comme Boisrouvray et Coudol, ses premiers complices, issu de l'E.S.S.E.C., établissement formateur de cadres, il semble destiné aux affaires. Mais le chemin est court en 1960 de la consommation sauvage aux discours bannissant le sens : ici et là des objets s'ébattent dans le simulacre. Ce qui distingue le simulacre de l'apparence, c'est qu'elle ne se donne que pour ce qu'elle est, tandis qu'il joue à la vérité qu'il bafoue ; c'est qu'elle n'affirme le vide qu'à défaut d'une plénitude qu'il parodie dans une orgie de l'évanescence. Ainsi l'universitaire contemporain se donne-t-il les moyens de la pensée pour la mettre en vacance. Ainsi lui faut-il apprendre et encore apprendre à parler de rien. A cette école pathétique, l'apprentissage de Sollers est une longue épreuve, presque un calvaire. Acharné à l'étude, il débouche sur n'importe quoi. Il y a de l'autodidacte chez ce zélé comme en maints petits clercs qui, faute d'imposer des bornes à leur appétit de savoir, sont acculés à s'instruire eux-mêmes, s'embrouillant dans les références.

Etonnez-vous que, renonçant à la fleur de l'âge aux profits qui lui tendent la main pour le service de la culture, il en réclame le gouvernement ? Sa lucidité, son énergie, la fortune foudroyante de *Tel quel* indiquent à l'évidence qu'il est mandé par l'esprit du temps pour l'exercer par la brutalité si nécessaire selon une vieille habitude française :

> Le but des travaux de l'Académie était rendu en termes fort expressifs par les premiers académiciens au cardinal avant les lettres patentes ; ils disaient que les fonctions de l'Académie seraient de nettoyer la langue

des ordures contractées dans la bouche du peuple ou dans la foule du palais ou dans les impuretés de la chicane ou par les mauvais usages de courtisans ignorants ou par l'abus de ceux qui la corrompent en l'écrivant[1].

Terreur des salons philosophiques au XVIIIᵉ siècle, de la Jeune France en 1830, des naturalistes en 1880. Même scénario, mêmes figures : captation de la souveraineté symbolique par une coterie, proscription ou évincement des rebelles. Après la Première Guerre mondiale, avec les surréalistes, la furie monte d'un cran : injures, menaces, voies de fait et le dessein totalitaire d'unifier à Paris les domaines dispersés de l'activité intellectuelle et artistique. Jacobinisme d'emprunt car le terrorisme culturel ne relève pas, en France, de la puissance publique. Celle-ci lui prête-t-elle la main — sous Louis XIII par exemple —, il n'en est pas l'instrument, il fonctionne en autarcie à l'instar du « clan », son support. En 1960 les frères séparés de l'idéologie en expansion — *nouveau roman*, anthropologie structurale, musique sérielle, psychanalyse lacanienne, critique textuelle — se cherchent une expression concertante, un lieu d'accueil, une police privée prête à les défendre à l'occasion. Sollers est l'homme de cette synthèse autocratique. A *Tel quel* il imprime bientôt un accent militant. La modernité n'est-elle pas armée de pied en cap et légitimée à ras bords ? Elle a son prophète : Sade ; son parrain : Mallarmé ; son tuteur : Saussure ; ses promoteurs : Artaud, Bataille, Blanchot, Klossowski ; ses chefs : Lévi-Strauss, Robbe-Grillet et bientôt Foucault. Elle a son dogme : la théorie ; ses pièces à conviction : les signifiants, commodes, malléables, sans dedans, francs comme

1. Maréchal de Richelieu, *Mémoires*, t. II.

161

l'or, ne promettant pas plus qu'ils ne présentent. Elle a sa science, la sémiologie, qui traite ces éléments comme des pions. Enfin, elle a son repoussoir, la psychologie, une vermine que nos chevaliers s'apprêtent à exterminer sans faiblesse, héros d'une guerre gagnée d'avance.

Sollers, avec deux des siens, Coudol et Boisrouvray, vient des jésuites. Notre époque a rendez-vous avec leur Compagnie. Alors qu'il n'est bruit que de leur discrédit romain, on dirait qu'elles sont faites l'une pour l'autre, qu'une élective communion les rassemble. Ce n'est point un hasard que Baltasar Gracián soudain rencontre la faveur, que Roland Barthes, ami indéfectible de *Tel quel*, s'abîme dans saint Ignace de Loyola.

Parce que la liberté de sa volonté est infinie, l'homme se doit de régler par le menu une vie menacée des péchés les plus effrayants. Il lui faut l'accommoder au quotidien, en prévoir les vicissitudes. Ainsi maîtrisée, toute situation est délectable. A s'enfoncer en elle, à en adopter les apparences, le jésuite s'efforce à la gloire de Dieu. Le monde est son outil, son oratoire, son sanctuaire. Et le nôtre a le privilège d'être assorti à son salut tracé dans les signes et tributaire des codes. Voyez la jubilation sémiotique de Michel de Certeau, théologien soixante-huitard, historien à l'heure des *Annales*, psychanalyste « vincennois », épistémologue des systèmes, en congé, à l'en croire, de sa « Province », toujours par monts et par vaux, courant de l'université de La Jola en Californie à l'Ecole des Hautes Etudes en sciences sociales, plus jésuite que nature, prenant le suivisme pour une ascèse, la parole dominante pour le Verbe et nos gourous pour les réflecteurs de l'éternelle clarté : « Même le savoir, écrit Gracián, doit être à la mode et, s'il est mal en cour, il faut savoir être ignorant. Le mode de parler et le goût changent avec le temps : l'on ne doit pas parler à l'ancienne et l'on doit aimer à la moderne [...] [1]»

Successivement assuré par les Pères et ses professeurs de l'Ecole supérieure de commerce de la vertu des nouveautés, Sollers lance donc *Tel quel* à raison de quatre numéros par an, façon de se faire entendre en se faisant désirer. Au Seuil auquel un heureux contrat le lie, lui laissant carte blanche en lui offrant le gîte et le couvert, on mise sur cette jeune pousse pour l'épanouissement commun. Au départ Flamand — avant-guerre bijoutier à Angoulême — et son ami Bardet n'ont pas de ligne éditoriale. Mais, dans les années soixante, grâce à *Don Camillo* qui assoit financièrement la fragile entreprise, incités aux audaces par Cayrol et par Wahl, abandonnant à Estang et Bastide le secteur traditionnel, se gardant sur leur gauche par des collections engagées et sur leurs arrières par une encyclopédie miniature rentable, ils se ruent à la pointe du progrès. Dans ce climat favorable, le 1er mars 1960, naît *Tel quel*. En tête « La Figue sèche » de Francis Ponge, le plus grand poète français vivant dont cette revue a le mérite de convertir la vogue clandestine en réputation notoire. Et des textes de Claude Simon, Jean Lagrolet, Boisrouvray, Philippe Sollers, Virginia Woolf, Jacques Coudol, Jean-René Huguenin, Jean-Édern Hallier, Jean Thibeaudeau, Renaud Matignon. Pour clore, coda fracassante, un *poème* de Francis Ponge. En intermède, trente-deux réponses à une enquête : « Pensez-vous avoir un don d'écrivain ? » En queue, des notes, entendez comme au collège, attribuées à des livres récents par les membres de la rédaction spontanément mués en examinateurs[2]. La

1. *L'Homme de Cour*, nº 120, trad. Amelot de la Houssaie, Champ libre.
2. Réminiscence surréaliste : Breton affectionnait ce jeu.

palme à *Dans le labyrinthe* de Robbe-Grillet, coté 18 par Sollers et Hallier, battant d'un point *Le Livre à venir* de Blanchot, selon les mêmes.

Avec Eluard en vedette, le numéro 2 baisse d'un cran, en dépit de belles contributions de T. S. Eliot et de Jean Laude. En octobre, dans le numéro 3, Artaud, posthume, s'installe par le truchement de l'envahissante Paule Thévenin, exécutrice de ses hautes œuvres. Ajoutez Musil et Trakl dans un accompagnement mêlé : Ollier, Boisrouvray, Hallier, Michel de M'Uzan, Jean-Loup Dabadie, Claude Durand.

Huguenin tire sa révérence par incompatibilité d'humeur. Dans le numéro 5, en 1961, contre les forcenés du changement, la littérature semble obtenir un moratoire. Bataille y publie un texte, hommage à une revue concurrente entendu dans le « clan ». Avec le numéro 6, été 1961, c'est l'apothéose : Hölderlin, Heidegger, Pound et derechef Ponge. A l'automne, Barthes, si soucieux, dans les navigations parisiennes, de ne pas s'embarquer sans biscuits, fait avec Genette, son enfant de chœur, une entrée solennelle. C'est la sémiotique, c'est la « scientificité » qui colonise *Tel quel*, ce sont les clercs qui y viennent occuper le terrain. Faye, l'un des leaders les plus activistes des langages glacés — quoiqu'il me fréquente alors avec amitié et parfois semble se divertir de nos conversations ensoleillées —, s'introduit dans la revue au printemps 1962 et vite dans son comité. Ce qui n'empêche pas les principaux du « clan » de se presser au portillon : Nathalie Sarraute et Butor.

Accrochés au présent, les jeunes gens de *Tel quel* ont le souci prioritaire de s'en approprier les phares. En 1961, auréolé de son *Histoire de la folie,* Foucault brille d'un éclat qui ne va pas cesser d'irradier. Dans un univers craintif où la sécurité tient lieu d'existence, son propos n'a-t-il pas de quoi satisfaire, si attentif à l'incartade, alibi de nos désirs somnolents, récupérée dans les discours où tout s'aménage. Consulté, couvé par Sollers, Foucault pourtant se tait, appliquant une méthode qui lui est familière dont Bossuet, peut-être, lui a donné la recette dans un sermon aux Visitandines de Meaux :

> Mes filles, gardez toujours le silence : de prudence dans la conversation, de patience dans la contestation.

Il ne se prononce qu'en hiver 1964, numéro 17, par la reproduction peu compromettante des débats qu'il préside, en septembre 1963, à Cerisy, sur la littérature nouvelle.

On est dans une période charnière. *Tel quel* s'entrouvre encore épisodiquement à des expériences originales : en été 1965, à un essai sur le corps dans *Les Lettres persanes,* de Roger Kempf. A qui, quelques mois plus tard, un article sur les romans de Marivaux est refusé sans explication. Depuis 1963, lentement et subrepticement, l'atmosphère se tend. L'arrivée de Pleynet, Baudry et Denis Roche atteste l'essor d'une tendance dure et pure. Elle triomphe en 1965, sous l'influence de Jean-Pierre Faye, par une reddition inconditionnelle au formalisme et, en politique, au parti de la classe ouvrière. C'est la période « russe » de *Tel quel* qui commence. C'est l'épiphanie de Derrida qui, pour l'exécution de ce programme radical, est promu conseiller spécial à la place de Foucault, y joignant d'incessantes et prolixes interventions : ainsi, en 1968, « La Pharmacie de Platon ».

Durant cette phase de raidissement, deux événements, de remarquable portée, se succèdent.

En 1965, numéro 24, *Tel quel* est, pour la première fois, sous-titré :

Linguistique | *Psychanalyse* | *Littérature*

manifestant sa finalité théorique et la stricte sujétion du genre baptisé littéraire aux sciences du langage.

En 1967, Julia Kristeva pénètre dans l'entourage et dans l'intimité de Sollers, cristallisant les ambitions linguistiques, épistémologiques et idéologiques de la revue transformée en groupe mixte de recherche et d'action.

Fin de la lune de miel avec Faye. Le torchon brûle en 1967. En 1968, la guerre est déclarée. En mai, après la dérisoire occupation par Butor de l'hôtel de Massa, siège de la Société des gens de lettres, j'assiste à la confrontation de *Tel quel* avec Faye et les siens, j'observe Sollers, superbe, narquois, le vent en poupe, toisant Faye amoureux de son rival et outré de douleur. Bientôt la conflagration sombre dans la hideur. Les hommes se vengent, dit Jean-Jacques Rousseau, à mesure qu'ils s'estiment. A son acharnement à défier Sollers, Faye découvre le pointu de sa passion. Revue et collection concurrentes au Seuil [1], arrachées au finish à Flamand, bien décidé à les laisser choir à la première occasion par calcul commercial et de parisianité. Polémiques rageuses auxquelles *Tel quel* répond avec une mauvaise foi et une habileté déconcertantes :

> [...] Cela nous amène à conclure que M. Faye cherche à produire un effet précis : celui du murmure. Il faut absolument à ses yeux que l'on chuchote un peu partout que, si nous nous disons marxistes-léninistes, nous sommes en réalité « nazis » et/ou « staliniens » exacte-

1. *Change*, à partir de 1972 publié chez Robert Laffont.

ment comme la presse social-démocrate allemande parlait couramment, avant la venue (qu'elle a favorisée) d'Hitler au pouvoir, de « nazis-communistes » (cf. Gilbert Badia, *Histoire de l'Allemagne contemporaine*, Editions sociales, 1962). M. Faye n'insinue-t-il pas, là où il pense que cela peut *troubler*, que *Tel quel* aurait été autrefois Algérie française, « de droite », ce qui est *rigoureusement faux* ? Et d'ailleurs, que serait venu faire un homme de gauche aussi « responsable » que lui dans notre comité de rédaction où il s'est trouvé assez bien, semble-t-il, en notre compagnie, pendant plus de quatre ans[1] ?

Faye est sans doute mal placé pour dénoncer ce qu'il a adoré mais il l'est au mieux pour rapprocher le communisme du nazisme — voyez son bel ouvrage *Langages totalitaires*[2] —, pendant que *Tel quel* opère un virage sensationnel du marxisme à la russe au marxisme à la chinoise. Tout se passe en moins de six mois. Septembre 68, on est au septième ciel soviétique. Le numéro 35, présenté par Julia Kristeva, est entièrement dédié à la sémiologie contemporaine en U.R.S.S. : contributions de Viatcheslav Bs. Ivanov — « Structures d'un poème de Khlebnikov » —, de A. I. Syrkin et B. N. Toporov — « La Triade et la Tétrade » —, de E. S. Semeka — « Schémas typologiques et Modèles du monde à quatre et huit termes » —, etc. Début 69, dans la foulée de la Gauche prolétarienne, on tourne au maoïsme échevelé. Sollers, c'est plus fort que lui, ne résiste pas à l'attraction des idoles, ce qui est en flèche lui est bon. Jusqu'au reflux de 1971 et à la dissolution de la G.P.[3], il ne se prévaut que de la Chine, publiant dans son numéro 40 des poèmes du

---

1. *Tel quel*, n° 40, hiver 1971, p. 104.
2. Paris, Hermann, 1972.
3. Abréviation de « Gauche prolétarienne ».

Grand Timonier entre un essai de Georges Bataille et une « explication » d'Antonin Artaud par l'impayable Paule Thévenin. Car la théorie demeure le port où, quoi qu'il arrive, se réconfortent et se ravitaillent les « telqueliens ». A compter du numéro 43, automne 1970, la revue est sous-titrée :

Littérature | *Science* | *Philosophie* | *Politique*

couvrant le champ illimité des pratiques et des savoirs, rayonnant comme une étoile sur des publications satellites (*Musique en jeu*, octobre 1970, *Peinture*, *Cahiers théoriques*, mai 1971), complices (*Art-Press*, *Les Cahiers du cinéma*), régnant sur un empire où, à l'instar de celui de Charles Quint, la lumière ne cesse pas de briller. Dans les années soixante-dix, l'Amérique est gagnée. Yale s'agite, l'« avant-garde » du vénérable département de français tourmente le distingué chairman, Victor Brombert, fidèle à une critique thématique souriante.

Le maoïsme à son tour en faillite, Sollers et les siens découvrent deux manières d'opérer leur deuil :

1° En sublimant la Chine par l'érudition (Joseph Needham : « Le Temps et l'Homme oriental » ; Ion Banu : « Philosophie sociale, Magie et Langage graphique dans le Hong-Fan ») sans concession au parti communiste français (Maria-Antonietta Macciocchi : « Réponse à *La Nouvelle Critique* : De la Nouvelle Critique ou Des racines de la sinophobie occidentale » ; « Le Dogmatisme à la rescousse du révisionnisme » ; « Le révisionnisme sinophobe »).

2° Par une psychanalyse intensive. C'est l'époque de l'irruption du lacanisme à *Tel quel*. Tout y conspire : Lacan proche : littérateur, savant, philosophe, auteur

168

du Seuil ; Lacan lointain : apolitique, projet d'un transfert fécond.

Simultanément, à la collection, depuis quelques années jumelée à la revue, des personnalités en vedette — Barthes, Boulez, Derrida — confient leurs livres. Sollers, Kristeva, Pleynet rôdent les cinq continents. En 1973 un modeste étudiant d'Aix-en-Provence m'assure qu'il reçoit chaque trimestre *Tel quel* comme une invitation au bonheur.

En 1975 et 1976, la parution chez Grasset de *Job* de Némo, de *L'Ange* de Jambet et Lardreau, l'émergence dans les basses couches du « clan » d'un renouveau catholique suscitent dans la léthargie générale un semblant d'ébullition. C'est le départ de la cinquième période, chrétienne et réactionnaire, de *Tel quel*. Et l'amorce de sa déchéance. Jusqu'alors doctrinaire et doctrinale, la revue donne l'illusion de la rigueur. Mais, à présent que la pensée, prise par les glaces, ne s'en dégage épisodiquement que pour revêtir les aspects sales et déliquescents de la neige fondue, *Tel quel* retombe dans le chaos dont sa « Déclaration » de 1960 avait prétendu nous extraire, disparaissant du catalogue du Seuil en 1982 pour resurgir, la même année, sous l'appellation de *L'Infini*, aux Editions Denoël.

Printemps 1960. « Page-Magazine »
de Paris-Presse.

Dans l'histoire des sociétés, il arrive que tout, concurremment, resplendisse : aux Pays-Bas, au XVIIe siècle, l'art, la puissance publique, la richesse privée. Le plus souvent, les prospérités sont discordantes. Le Siècle d'Or espagnol ne se dit ni du commerce périclitant ni du prestige national amoindri mais d'une peinture et d'une littérature au zénith.

En France, la guerre d'Algérie n'en finit pas. Douze morts au métro Charonne à la fin d'une manifestation de rue. Du côté de la culture, le vent d'hiver souffle en tempête. L'économie se fiche de ces circonstances contraires, elle est grisée. Issus du développement des entreprises, les cadres, nouveau groupe social, tiennent le haut du pavé. Ils naissent sous le Front populaire d'une idéologie du travail. Entre la gauche ouvrière et la ploutocratie capitaliste, des ingénieurs, généralement venus du catholicisme social, se dotent d'une spécificité fondée sur le rendement plutôt que sur la rente[1]. Depuis le XVIIIe siècle, le mérite s'inscrit, substitut de l'honneur, dans la définition française du pouvoir. Une fraction de la noblesse exténuée d'Ancien Régime, par un ultime sursaut, ajuste ses énergies

1. Cf. Luc Boltanski, *Les Cadres*, Paris, Editions de Minuit, 1982.

à celles de la bourgeoisie en poupe[1]. De son labeur profitable, celle-ci tire, au XIXᵉ, l'argument de sa candidature à la gloire. Dans la seconde moitié du XXᵉ siècle, le rêve saint-simonien d'oligarchie des producteurs est prêt de s'effectuer.

Petit nombre croissant à vue d'œil jusqu'à déborder, après le retour du général de Gaulle, tous les barrages symboliques. Entre le polytechnicien et le diplômé d'H.E.C., voire l'ancien élève des modestes écoles de négoce ou de gestion qui prolifèrent, l'écart se réduit. Ils se côtoient dans les banques, dans les affaires, dans les usines, ni propriétaires inaccessibles ni ouvriers anonymes, séparés par les degrés de la maîtrise, unis dans le sentiment d'une responsabilité effective.

Dotés d'une autorité inédite, ils se cherchent une signalétique pertinente. Les groupes sociaux en promotion s'inspirent généralement de ceux qu'ils ont éliminés par la violence ou remplacés par voie de succession naturelle. A la bourgeoisie vieillie et désabusée par deux conflits, l'effritement du capital et le nivellement des conditions, les cadres empruntent les canons hérités par elle-même de l'aristocratie : la toilette qui distingue, la nourriture réjouissante, les intérieurs confortables, les loisirs régénérateurs. Chaque saison de l'histoire invente ses marques sélectives, petits meubles, encoignures, guéridons, bonheurs-du-jour où les seigneurs, vers 1780, glissent leur préciosité décadente ; plantes, coussins, tapis, lustres et rideaux dans le décor de 1880. A présent que la consommation est saisie par le vertige, que la surabondance des objets les condamne à une mort rapide, le fin du fin est l'ostenta-

---

1. Cf. Guy Chaussinand-Nogaret, *La Noblesse au XVIIIᵉ siècle*, Paris, Hachette, 1976.

tion de l'insignifiance. A quoi répondent les gadgets, inutiles compagnons du quotidien.

A instruire les nouveaux chalands des moyens d'assouvir leurs désirs s'applique la « Page-Magazine » de *Paris-Presse*. Habile initiative de Christian Millau pour redresser le journal qui se ressent, dans le groupe Hachette, du voisinage de *France-Soir* sous la direction magistrale de Lazareff. Chaque semaine, Henri Gault commente, dans un style inusité depuis les itinéraires gourmands de Grimod de La Reynière, l'actualité gastronomique de Paris, envoyant les mangeurs dans des restaurants obscurs autant qu'à la mode. Des échotiers branchés prennent leurs thèmes sur les chapeliers, les coiffeurs pour dames, les tailleurs pour hommes ou les marchands de boutons qui vous dépannent quand il en manque un à votre blazer.

Ajoutez aux cadres ainsi émoustillés par ces images du bien-être les représentants plus traditionnels du corps social que les circonstances disposent allégrement en faveur de nos conducteurs, médecins, avocats, négociants, premiers bénéficiaires de l'expansion. A la récente et à l'ancienne composante, la salariée et la libérale, de la classe moyenne, à ces acheteurs qui ne lésinent ni sur la voiture ni sur les vacances, à cet ensemble encore informel mais opératoire, *Paris-Presse* adresse un discours prophétique : songez que sur les plages de la Côte d'Azur il est encore possible de s'étendre, vers 1960, sans empiéter sur le territoire du voisin, que la télévision est un luxe et la résidence secondaire presque un rêve. En 1962, sur la lancée de leur « Page-Magazine », Gault et Millau associés rédigent un *Guide Julliard de Paris* vendu à 200 000 exemplaires. A la façon du *Michelin*, ils l'aménagent chaque année. En 1969, ils éditent une revue mensuelle qu'ils complètent et rehaussent, à partir de 1972, par un guide annuel de la France aux tirages hors de pair.

J'engage pourtant les historiens qui prétendront un jour trouver dans ces triomphes des preuves irrécusables sur les goûts et les habitudes des Français à la fin du XXe siècle à faire, le plus attentivement possible, le partage entre les représentations et les pratiques collectives. De la nourriture qui constitue la part maîtresse, en tout cas la plus commentée, du « Gault et Millau », ne serait-on pas tenté de croire qu'elle connaît à notre époque une fortune miraculeuse, retrouvant, après cinquante années d'assoupissement, les fastes et les fureurs de la grande bouffe du XIXe siècle ? Aux deux compères toute la presse, en effet, emboîte le pas, elle s'agite, elle se déchaîne. *Le Monde* accorde, pour ne pas rester en rade, à son collaborateur en la matière une ample chronique, le vendredi. La gastronomie jouit d'une faveur d'autant plus générale que la tendance égalitaire rend possible, sinon vraisemblable, sa diffusion dans les troquets dits populaires. Or, au moment où cette mythologie s'épanouit, la France dit à la gastronomie bonsoir. Au sommet de l'échelle sociale elle est en déconfiture, un peu moins à sa base où l'on vient à peine de la découvrir. L'essor foudroyant de l'industrie agro-alimentaire, l'éducation intensive des poules pondeuses, le succès des premiers « hamburgers » dans les drugstores vingt ans avant le boom des restaurants McDonald's, la présentation, en cadence de l'éclosion des « grandes surfaces », des mets sous cellophane sacrifiant la sensualité à l'hygiène, l'introduction, puis le triomphe, dans les années soixante-dix, des produits surgelés, le privilège de la « cuisine » — espace rationalisé, conditionné, aménagé pour les yeux — sur la cuisine de plus en plus banalisée que l'on y mange en regardant la télévision, l'assignation de la salle à manger à des usages somptuaires, la dépréciation de la chère face au désir d'évasion, de coquetterie et de temps libre, traduisent le renversement des valeurs traditionnelles. Si bien qu'à l'égard de l'alimentation le langage remplit dès 1960 la fonction qu'il prend l'habitude d'exercer à la place des choses. Aux gourmands les chroniques tiennent effectivement lieu de bombance. Et lorsque, dans les restaurants, à la réalité ils les confrontent, ce sont elles encore qu'ils savourent en choisissant généralement les menus qu'elles recommandent. Ce qui n'empêche pas la table française de vivre, entre 1960 et 1980, un renouveau de splendeur. Mais il s'agit là d'un combat d'arrière-garde. La mythologie de la « nouvelle cuisine » élaborée et diffusée dans les années soixante-dix par Gault et Millau ne change rien à l'affaire. L'allégement des sauces, la miniaturisation des portions, la pureté des fournitures, l'appel aux vieux exemples par-dessus les recettes dévaluées du XIXe siècle attisent faiblement un feu en train de s'éteindre. La cuisine prétendue nouvelle, d'un œil inspecte les anciens qu'elle s'applique à ressusciter, de l'autre les sportifs, les médecins, les écologistes dont l'idéologie condamne les gastronomes.

Printemps 1960. A bout de souffle
de Jean-Luc Godard.

La nouveauté pique le cinéma en même temps que la littérature. En 1957, les journalistes la portent sur les fonts baptismaux. Dans *Le Monde,* Emile Henriot, sous le label du « nouveau roman », regroupe des auteurs incompatibles : Butor, Robbe-Grillet, Simon, Sarraute, Duras, dont le commun dénominateur est une maison d'édition. Dans *L'Express,* Françoise Giroud entame sa grande enquête sur la « nouvelle vague » cinématographique.

Elle surgit en France du discours, si captatif qu'il impose sa tutelle à tout ce qui ailleurs s'en distingue. Depuis Baudelaire — mais c'est Diderot, un siècle plus tôt, qui déclenche ce processus parasitaire —, quel écrivain, plus précisément quel poète consent au silence sur la peinture ou la sculpture ? Rien donc d'étonnant, au pays du verbe cupide, à ce qu'il ne se restreigne plus à s'approprier après coup d'autres signes. Jean-Luc Godard s'en explique avec autant de naïveté que de conviction. Ce Lausannois a tendance à confondre, sur un mode parisien, le commentaire sur les arts avec les arts eux-mêmes :

— Vous êtes venu au cinéma par la critique, que lui devez-vous ?

175

— Nous nous considérions tous, aux *Cahiers*, comme de futurs metteurs en scène. Fréquenter les cinémas et la Cinémathèque, c'était déjà penser cinéma et penser au cinéma. Ecrire, c'était déjà faire du cinéma, car, entre écrire et tourner, il y a une différence quantitative, non qualitative [...]

En tant que critique, je me considérais déjà comme cinéaste. Aujourd'hui je me considère toujours comme critique et [...] je le sens plus encore qu'avant. Au lieu de faire une critique je fais un film, quitte à y introduire la dernière critique. Je me considère comme un essayiste. Je fais des essais en forme de romans et des romans en forme d'essais : simplement je les filme au lieu de les écrire. Si le cinéma devait disparaître, je me ferais une raison, je passerais à la télévision ; et si la télévision devait disparaître, je reviendrais au papier et aux crayons. Pour moi la continuité est très grande entre toutes les façons de s'exprimer[1].

Chabrol est plus nuancé sur la communication des genres :

Faire de la critique, cela fait partie de l'aventure individuelle, mais, par rapport à la création, cela correspond quand même à une abdication[2].

Il est vrai qu'il y a moins d'idéologie chez ce sensuel, ce mangeur qui, au petit matin, dans le vif d'un tournage, s'inquiète du bistrot où, à midi, il ira déjeuner. Ce qui ne l'empêche pas, à ses débuts, d'aller avec Claude de Givray et d'autres copains trois fois par jour à la Cinémathèque, d'écrire avec Rohmer un livre sur Hitchcock, de participer d'un mouvement qui ne sépare pas le savoir de la pratique et l'écriture du vécu.

Reste que la « nouvelle vague » enveloppe artificiel-

1. *Les Cahiers du cinéma*, décembre 1962, p. 21.
2. *Ibid.*, p. 3.

lement des tempéraments hétéroclites et le plus souvent irréductibles, qu'elle relève de la rhétorique journalistique et du scoop publicitaire. Quoi de commun entre *Nuit et Brouillard* d'Alain Resnais et *Les Mauvaises Rencontres* d'Alexandre Astruc, 1955, *Et Dieu créa la femme* de Roger Vadim, 1956, *Les Mistons* de François Truffaut sur un scénario de Maurice Pons et *Ascenseur pour l'échafaud* de Louis Malle, 1957 ? Puis, quand la vague tourne au raz de marée, entre *Hiroshima mon amour* de Resnais, *Les Amants* de Malle, *Le Beau Serge* et *Les Cousins* de Chabrol, *Les Quatre Cents Coups,* premier long métrage de Truffaut, 1959 ?

La sociabilité culturelle française est incorrigible. Elle confond le copinage et les affinités esthétiques. Je n'en vois pas de Vadim avec Malle, d'Astruc avec Resnais. Davantage de Chabrol avec Truffaut. Mais, du *Beau Serge* à *Hiroshima mon amour*, la distance est infranchissable. Le naturel désespère Resnais, le senti lui soulève le cœur. Il se ressaisit dans l'onirique, un discours sur le rêve que lui communiquent Cayrol, Duras ou Robbe-Grillet. Qu'y puis-je ? De Resnais, homme de culture, grand lecteur, professionnel accompli, monteur et photographe émérite nous apportant en 1945 le premier cliché français de Heidegger, les œuvres généralement m'assomment. Même, en 1961, j'ai détesté carrément *L'Année dernière à Marienbad*, rare à Paris à le clamer au grand scandale des bienpensants, des déférents, des référentiels, et même de Bernard Pingaud esprit libre, venant sous la bannière des Cent vingt et un d'entrer à la rédaction des *Temps modernes* où, par un article exalté, il défoule la manie qui, en quelques semaines, lui fait revoir le film à cinq reprises.

Quand j'ai la révélation de *A bout de souffle*, j'avoue

que j'y perds le mien. Nourri de symbolisme à la Resnais et des ficelles de Malle, j'enregistre chez Godard des paroles, des corps, des regards, des rythmes, des plans, des cadrages rendant, de l'époque, les vertiges. Face au théâtre et au roman, le mythe, au cinéma, est à la portion congrue, accroché au réel par les contraintes nouées de l'action et du langage. C'est pourquoi, en 1960, je me délecte de cette prise de vue sur l'insignifiance qui la nie en la prodiguant. Ce scénario fluet — un photographe mi-cynique mi-paumé, sans domicile, tue un flic et drague une fille qui l'héberge dans son studio de Montparnasse avant de le dénoncer pour avoir la paix —, cette manière d'improvisation incessante, cette liberté de ton me désintoxiquent des discours pseudo-poétiques submergeant les images d'*Hiroshima*. Hygiène efficace dans les films suivants de Godard, au moins jusqu'à *Masculin-Féminin* dont je raffole un moment — comment est-il possible ? —, en passant, il est vrai, par-dessus *Pierrot le Fou* que je rejette aussitôt pour son bavardage insipide : Belmondo récitant dans sa baignoire des passages d'Elie Faure et de Foucault dont *Les Mots et les Choses* font recette. Mais, trompé par les séductions du quotidien, j'endosse dans l'ensemble des façons qui, vingt ans après, ne résistent pas une seconde à mon impatience, je me rengorge de l'inconsistance et de l'ennui qui, en dépit des prouesses techniques, traversent ces productions de part en part, à l'exception peut-être de *A bout de souffle*, étincelle où le style relève du presque rien.

Avril 1960. Critique de la Raison dialectique
de Sartre [1].

A l'ère de la modernité à tout crin, la grandeur de
Sartre est de s'être résolument voué à l'anachronisme.
Tandis que tout agresse le sujet, il le loge au cœur de sa
doctrine, point seulement sous l'égide de Descartes
dans la rassurante intuition du « Je pense » mais à
l'enseigne du vécu dont rien ne saurait affecter la
dignité ni restreindre la transcendance : l'opacité dont
la psychanalyse l'enveloppe ne relève que de lui-même,
se fuyant dans la mauvaise foi. Et quand cet assaut, à la
fin des années cinquante, tire son énergie d'une
« machine à terreur » (selon une expression de Laurent
Dispot [2]), Sartre, héroïquement, persévère. Sur le sol
des existants, du sens, du débat concret de l'homme
avec le monde, il refuse de décrocher. Voyez comme il
va solliciter en 1960 chez Marx lui-même la caution du
senti :

> Maximilien Rubel, dans son excellent livre, cite ce
> texte si curieux (si scandaleux pour nos marxistes
> contemporains) : « Cette étrange combinaison d'Italie et
> d'Irlande, d'un monde de volupté et d'un monde de
> souffrance, se trouve anticipée dans les vieilles traditions

1. Paris, Gallimard.
2. *La Machine à terreur*, Paris, Grasset, 1978.

religieuses de l'Hindoustan, dans cette religion de l'exubérance sensuelle et de l'ascétisme féroce... » [...] Derrière ces mots, bien sûr, nous retrouvons les vrais concepts et la méthode : la structure sociale et l'aspect géographique ; voilà ce qui rappelle l'Italie, la colonisation anglaise ; voilà ce qui rappelle l'Irlande, etc. N'importe, il donne une *réalité* à ces mots de volupté, de souffrance, d'exubérance sensuelle et d'ascétisme féroce. Mieux encore, il montre la situation actuelle de l'Hindoustan « anticipée » (avant les Anglais) par ses vieilles traditions religieuses. Que l'Hindoustan soit tel ou autrement, peu nous importe : ce qui compte ici, c'est le coup d'œil synthétique qui *rend la vie* aux objets[1].

Or cet intempestif ne respectant pas les usages, rendant à Gide un hommage courageux, célébrant Giacometti en plein boom de l'abstraction, se dépensant pour Georges Michel, horloger autodidacte de Belleville et dramaturge non identifié par le « clan », est enclin aux complaisances ou aux démissions face au marxisme et au structuralisme dont il est le souffre-douleur.

La confrontation de Sartre et des communistes est une tragédie si affreuse qu'on hésite à en décrire les péripéties, à en dresser le bilan comme on ferait d'un commerce ordinaire. On dirait que les contradictions sont nouées au départ. Le matérialisme a raison. Le destin des hommes se scelle dans la pénurie primitive. L'Etre n'est pas réductible au Savoir. L'histoire est donc constituante et la révolution inévitable. Pourtant les marxistes sont dans l'erreur. Il n'y a pas de dialectique dogmatique qui résiste à la dialectique critique ; pas de système que n'ébranle la réalité vivante ; pas de totalisation formelle et sans visage.

1. *Critique de la Raison dialectique*, op. cit., p. 27. Les italiques sont de Sartre.

Pendant vingt ans, c'est une succession de crises dont Sartre est la victime ordinaire : un chacal, une bête hideuse marchant à quatre pattes, d'après Fadeev au Congrès mondial de la paix à Wroclaw en 1948 ; une vermine, selon les idéologues du parti français. Ce sont les rêveries dérisoires, l'utopie d'une troisième force progressiste apportant aux hommes la liberté concrète sans passer par la terreur. C'est un flirt perpétuel, sans espoir, avec le P.C.F., les épanchements toujours renaissants et toujours repoussés, les accommodements honteux au despotisme, voire à l'assassinat méthodique : dans *Les Mandarins*, Dubreuilh, protagoniste de Simone de Beauvoir et porte-parole de Sartre, se refuse, sur la population concentrationnaire, à publier des chiffres qui nuiraient aux Soviétiques et favoriseraient la droite au prochain référendum. Ce sont des allées et venues pitoyables, des accès de fureur aussitôt refrénés par la règle stricte et douloureuse du compagnonnage. Les émois de 56 — rapport Khrouchtchev et chars russes à Budapest — sont digérés aussitôt. En 1962, dans l'hommage à Merleau-Ponty publié par *Les Temps modernes*, et repris dans le tome IV de *Situations*, Sartre déclare encore, se référant à Henri Martin, marin de gauche récemment condamné, et à l'arrestation illégale de Duclos, couvert par l'immunité parlementaire, après la manifestation communiste de 1952 contre l'arrivée à Paris de Ridgway, commandant en chef de l'O.T.A.N. :

> Ces enfantillages sordides me soulèvent le cœur : il en était de plus ignobles mais pas de plus révélateurs. Les derniers liens furent brisés, ma vision fut transformée ; un anticommuniste est un chien, je ne sors pas de là, je n'en sortirai plus jamais [1].

1. Paris. Gallimard, p. 248.

Cette conviction, cette fidélité intraitable a des accents protestants. Elle m'évoque la flamme de Catherine de Bourbon, sœur de Henri IV, quand il la voulut convertir pour la marier au duc de Bar, en guise de réconciliation avec les Lorrains et d'heureux épilogue aux guerres de religion : « J'ai reçu de ma mère, la feue reine de Navarre, la foi des Huguenots et point ne m'en déferai. »

La *Critique de la Raison dialectique* est rédigée au fond de la vague, après les événements de 1956. Pour sauver, du marxisme, ce qui échappe à l'erreur ou à l'opprobre, elle échafaude les conditions de possibilité de l'évolution humaine dans le vieil arsenal existentiel retapé à la lumière des récentes luttes de classes et de la résistance, partout éclose, à l'impérialisme capitaliste de l'Occident. Légitimer les révolutions, ragaillardir la médiation par le raccord de l'intériorité, qui n'est pas celle de l'idée mais du sujet, à la totalité, qui n'est pas celle de la nature indifférenciée mais de l'homme en action, c'est la priorité des priorités. D'où, au long de centaines et de centaines de pages, la justification à tout prix du marxisme contre lui-même, ses dévoiements, ses pétitions de principe et ses oukases doctrinaires. Exemples : la dialectique de la nature prétendant retrouver le mouvement de l'histoire des hommes dans une mythique histoire des phénomènes naturels ; la distorsion de la théorie et de la pratique, tantôt débouchant sur un pragmatisme naïf, tantôt sur un idéalisme obtus :

Le métro de Budapest était réel dans la tête de Rakosi. Si le sous-sol de Budapest ne permettait pas de le construire, c'est que ce sous-sol était contre-révolutionnaire[1].

Donc, qu'on se le dise. Pas d'objet matériel hors de la communication humaine. Pas de « praxis », sinon personnelle, libératrice de sens, dépassement et dévoilement de la matière. Inversement, pas de « praxis » qui ne s'engage dans un monde d'embûches et de coercitions et ne s'en trouve transformée et « passivisée » du même coup. Pas de travail, pas d'activité productive qui ne s'aliène dans le préfabriqué ; pas d'existence productive qui ne tourne au « praticoinerte » dans l'inertie du milieu.

L'histoire de l'histoire de la philosophie est dans les langes. Elle ne s'inquiète pas démesurément de la distance des concepts à l'expérience, tantôt astronomique chez les présocratiques ou chez Heidegger, tantôt exiguë : ainsi dans la *Phénoménologie* hégélienne décrivant l'Esprit par ses vicissitudes apparentes en même temps qu'elle le traque au plus profond et au plus secret de son essence.

Chez Sartre, sous le jargon parfois encombrant, moins pâte de l'écriture que vernis plaqué sur elle, l'inhérence du système à l' « éprouvé » est presque parfaite, ce dont je ne me plaindrais pas, si je n'y soupçonnais de l'artifice, la sujétion de la thèse au préjugé, la volonté d'absoudre coûte que coûte les camarades de combat par une nouvelle lecture du lien social. A la solidarité mécanique, à l'atomisme de la série — une file de voyageurs attendant l'autobus, un rassemblement quelconque —, l'unité intériorisée du groupe se substitue sous la pression des circonstances, du besoin, de la rareté. C'est alors qu'adviennent les

1. *Critique de la Raison dialectique*, p. 25.

grandes choses — explosions, insurrections, guerres d'indépendance ou civiles, en Algérie, à Cuba ou ailleurs —, jusqu'à tant qu'elles retombent dans la sérialité.

Dans les années soixante, Sartre — rendons-lui cette justice — ne manque pas d'air de réhabiliter l'histoire de la sorte. Blanchot ne cesse depuis 1940 de la proclamer caduque, assis au bord du fleuve qui arrose tous ses ouvrages, Styx aux eaux glacées. Heidegger n'a pas le deuil si allègre. Désolé, il la considère, gâteuse, amnésique, inattentive au foyer de son essor et au matin de son fleurissement. Il la suit à la trace, emportée dans des pérégrinations obnubilantes sur les voies balisées des rationalisations et des techniques, préférant les circuits touristiques de l'Etant aux chemins qui ne mènent qu'au site énigmatique où l'Etre, un jour lointain, s'est révélé, luxueux et rayonnant, à la pensée des Grecs en éveil.

Mais c'est surtout par le formalisme en train d'occuper la scène qu'elle est montrée du doigt, accusée d'abus de pouvoir, d'escamotage des systèmes synchroniques, à couvert d'une diachronie non scientifiquement contrôlable. A la connaissance exacte il faut du solide et du tangible, une congélation de ses éléments leur garantissant une stérilité parfaite en vue d'une consommation de longue durée. Ainsi nous les présente l'histoire froide imputée par Lévi-Strauss aux sociétés sans écriture face à l'anarchie mentale des peuples livrés au flux répugnant de l'histoire incandescente.

Si bien qu'en 1960 Sartre, déjà en butte à la fureur marxiste, ressent les premiers effets de la terreur sémiotique. Certes, les enjeux sont inégaux, politiques, moraux, majeurs d'un côté, intellectuels, subalternes de l'autre. Reste que le bât blesse aux *Temps modernes* où veille un preux aussi lié à Sartre sur le chapitre des engagements qu'à Lévi-Strauss sur celui des vérités. Jusqu'au-boutiste des dissymétries, militant de la bricole, Pouillon n'est guère à l'aise dans la *Critique de la Raison dialectique*. On le comprend. Non contente de mettre à jour des ensembles sociaux bizarroïdes et de les porter à la « fusion » — troublante intégration qui s'enfièvre avant de se liquéfier par la chaleur ! —, ne court-elle pas les causes perdues, s'abaissant à faire des risettes à ses ennemis : « signifiant » par-ci, « signifié » par-là et pis, « structures » empruntées à l'ethnologie sous un revêtement inadéquat à leurs propriétés fonctionnelles. Grossiers manèges, juste bons à renforcer la superbe du Grand Sachem qui, sur la fin de *La Pensée sauvage*, règle son compte à Sartre sans ménagement.

Septembre 1960. Manifeste des Cent vingt et un.

Le 7 juin 1958, de Gaulle crie : « Vive l'Algérie française ! » à Mostaganem, levant les illusions de ceux qui l'avaient cru, en mai, délégué par l'Histoire aux soins de rendre l'Algérie aux Algériens.

En décembre, Massu, dont les paras ont fait en 1957 les beaux jours de la Casbah, est nommé commandant du corps d'armée d'Alger.

En 1959, l'euphorie de la droite, le bon sens de Pinay, l'expansion de l'industrie lourde confluent, nonobstant les dépenses militaires, dans un redressement économique éclatant. Les caisses vides en 1958 sont remplies à ras bords.

En septembre 1959, changement de cap. Annoncée par les « godillots [1] » de main gauche, la longue marche gaullienne, entamée dans les souterrains du devenir, débouche à sa surface. Le droit des Algériens à l'autodétermination est affirmé tout d'un coup. A Tunis, des négociations s'emmanchent avec les représentants du G.P.R.A.

A Alger, les pieds-noirs, inquiets de la tournure des circonstances, descendent en masse, pour la quatrième fois, dans la rue. La première fut en 1955 pour

1. Partisans inconditionnels du général de Gaulle.

186

ovationner Soustelle. La deuxième en 1956 pour conspuer Guy Mollet. La troisième en 1958 afin d'appeler de Gaulle au secours. A le dissuader des reniements, ils s'affairent du 24 janvier au 1ᵉʳ février 1960 en construisant des barricades. Massu qui sympathise avec l'émeute est convoqué à Paris. Il reçoit le gouvernement de Metz.

Cependant l'expédition de la troupe en Algérie se prolonge, exaspérant les sensibilités anticolonialistes et antigaullistes minoritaires dans la nation. Les fidèles, « gauchistes », du Général, n'en veulent pas démordre : son action vise à l'émancipation des autochtones. Du côté de l'opposition les choix sont plus qu'incertains, des communistes coincés par la xénophobie de la classe ouvrière aux socialistes attachés à nos départements africains comme aux derniers remparts des droits de l'homme sur une planète en ébullition. La France n'adresse-t-elle pas aux pays qu'elle afflige le message de la Grande Révolution, transportant sur ses tanks les sigles édifiants de l'égalité et de la liberté ? Aussi bien les irréductibles se recrutent sur les marges, dans le christianisme social et le progressisme inclassable, dans les groupuscules anarchistes et chez les étudiants trotskistes.

En mai 1960, au congrès de l'U.N.E.F.[1], l'effervescence est extrême, la thèse de l'insoumission accréditée. A l'idée du risque encouru par ces jeunes, le sang de Blanchot ne fait qu'un tour. Et l'on voit cet invisible, ce gourou fantôme, ce fragile précieux, ce grand fédérateur de l'écriture et de la mort, se préoccuper de la désobéissance civile. En liaison étroite avec Mascolo, son antipode en littérature, son double dans la rébellion, il rédige durant l'été un long et philosophique

---

1. Union nationale des étudiants de France.

développement sur l'objection de conscience. Texte sulfureux qu'au mois d'août, à travers Paris, vidé d'une partie de ses habitants et du meilleur de ses talents, des affidés proposent inlassablement au paraphe des intellectuels.

De leur intervention dans l'affaire Dreyfus, ceux-ci tiennent le goût des appels à l'opinion. Ils s'expriment entre les deux conflits mondiaux régulièrement, surtout de 1933 à 1939, lorsque monte le péril totalitaire. Après 1945, au paroxysme de la guerre froide, le rythme des déclarations s'intensifie sans alourdir à proportion les listes de protestataires ni leur attirer, il faut dire, des désagréments majeurs. Mais voici que, par l'incitation des soldats à la désertion, ils n'hésitent plus à braver la loi et le sentiment populaire, mettant en danger parmi eux les agents de l'Etat soumis à l'obligation de réserve ou ses employés occasionnels, acteurs ou réalisateurs de radiotélévision par exemple.

Ainsi, en août 1960, les rabatteurs, Pouillon en tête, racolent, au prix de mille peines, cent vingt et une signatures de l'exhortation scandaleuse. Rassemblement éclectique de jeunes débutants et de vieux routiers, de célébrités et de réputations murmurantes, de peintres et d'historiens, de cinéastes et d'ethnologues, de dramaturges et d'auteurs d'essais, de médecins et de tapissiers. Il y a des équipes rédactionnelles au grand complet : aux *Temps modernes*, Sartre, Simone de Beauvoir, Jean Pouillon, Jacques-Laurent Bost, Claude Lanzmann, Marcel Péju, Elena de La Souchère, Renée Samuel ; aux *Lettres nouvelles,* Maurice Nadeau, Geneviève Serreau, Olivier de Magny. Il y a des écuries éditoriales — à Minuit, derrière Jérôme Lindon, Robbe-Grillet, Claude Simon, Marguerite Duras, Nathalie Sarraute — et des écrivains solitaires : Jean-François Revel et Jean-Louis Bory. Il y a un vétéran de l'anticonformisme, André Breton, et des champions universitaires de la décolonisation : André Mandouze et Pierre Vidal-Naquet. Il y a des héritiers d'Artaud — Roger Blin, Arthur Adamov, Alain Cuny — et des communistes glissés ici par effraction : Jean Baby, Henri Lefebvre, Edouard Pignon, Hélène Parmelin. Il y a des libertaires invétérés — Daniel Guérin — et un stendhalien : Claude Roy. Il y a des intrépides que ne dissuadent pas les drames de famille : Florence Malraux à qui son père refusa de parler pendant quinze ans.

Mais. plus passionnant encore, est l'étalage des absences. A Paris, en 1960, parmi les mensuels ou les hebdomadaires en vogue, plusieurs, résolument, sont ralliés à l'Algérie algérienne, *L'Express* en tête ici représenté par Serge Lafaurie à défaut de ses ténors. D'*Esprit*, fer de lance, depuis 1930, des bons combats, ne viennent qu'André Mandouze, déjà cité, et l'intraitable Beigbeder. Il est vrai que Jean-Marie Domenach est gaulliste, alors, jusqu'au bout des ongles, bien décidé à ne jamais offenser son héros. De *France-Observateur*, peu assuré, hors Stéphane, des intentions pacifistes du Général, ne figurent ni Bourdet, ni Galard, ni Martinet. Blanchot et Leiris, à titre personnel, portent la marque de *Critique* : vous ne trouvez ni Bataille ni ses collaborateurs immédiats.

Dans un second temps, aux pionniers, trente-six retardataires se joignent. Entre autres : Françoise Sagan et Catherine Sauvage, Paul Rebeyrolle et Michel Butor, Claude Ollier et Madeleine Rebérioux, François Châtelet et une délégation des *Cahiers du cinéma* : Doniol-Valcroze, Kast et Truffaut. Ne doit-on pas attribuer ces ajournements et quelques silences surprenants au désert estival de Paris ?

Quand il prend connaissance du document, Michel

Debré entre dans une rogne terrible, menaçant de mettre toute cette engeance en taule. Songez qu'il y reluque un proche parent, Laurent Schwarz, « Field Médaille » — prix Nobel de mathématiques — par-dessus le marché ! Les journaux — *Le Monde* de Beuve-Méry compris — ayant refusé jusqu'à l'hypothèse d'une insertion, le texte impie n'aurait jamais rencontré le public : le beau bruit du Premier ministre lui en ouvre la porte à deux battants.

Réactions internationales en faveur des conjurés. Soutien de Max Frisch et Heinrich Böll. Représailles. Les coupables — entendez les fonctionnaires — sont renvoyés devant leurs juridictions administratives respectives. Chez les clercs les choses se passent en douceur. Les conseils de discipline, par un réflexe corporatif, décidant purement et simplement de passer l'éponge, mes collègues Marc Barbut, Georges Condominas, Hubert Damisch, Jean-Pierre Vernant, à la sixième section de l'Ecole Pratique des Hautes Etudes, ou Jean-Jacques Mayoux, en Sorbonne, ne subissent aucun dommage. Victime expiatoire, Jehan Mayoux, inspecteur d'académie, éprouve des difficultés. A l'Assemblée nationale où ils occupent des positions enviées au compte rendu analytique, Jean Pouillon et Bernard Pingaud, véritables chevaux de Troie dans l'enceinte de la législature majoritaire, sont relevés de leurs fonctions. Leur cas est examiné sans indulgence et ils sont condamnés, le premier à quatre mois de suspension, le second à deux mois, sans préjudice de rémunération. Magnanime, le président Chaban-Delmas réduit ces sanctions de moitié. Il appartient à ce courant de droite qui m'étonne par son libéralisme impénitent. J'ai plus fréquemment côtoyé sur mes bords des justiciers confondant la mesquinerie avec la rigueur.

L'esprit des Cent vingt et un dorénavant souffle sur

la culture. Je connais des imposteurs en 1984 colportant encore dans Paris la légende de leur signature subversive. Depuis la fin de la Seconde Guerre mondiale, il ne s'est jamais aussi spontanément créé d'oligarchie si sublime, de si héroïque fraternité dissidente. Chez les intellectuels parisiens, on dit d'un tel ou d'un tel : « Il fait partie des Cent vingt et un » comme, en 1945, chez les gaullistes : « Il est Compagnon de la Libération. »

Depuis 1960, l'énergie pétitionnaire, grisée par ce succès formidable, a tendance à s'affoler. A mesure que s'affine le dépistage des injustices, personne n'accepte de rester muet. Si bien que, de certains noms obstinément exploités, la charge symbolique finit par s'appauvrir : vidés de leur substance à l'image des signes évanescents qui traversent notre environnement, ils voltigent, légers comme l'air, sans profondeur, sans épaisseur, sans impact, ne transmettant rien d'autre qu'un son indifférencié.

Sans doute, plusieurs des Cent vingt et un n'avaient-ils pas conscience des déboires qui les guettaient. Du moins, se sentaient-ils investis d'une mission. Y a-t-il des naïfs, à présent, pour croire qu'à demander le rétablissement des libertés polonaises, on remplit une tâche exemplaire ? Tout le monde donne son cœur à Solidarnosc, tout le monde exige l'évacuation par les Soviétiques de l'Afghanistan et la fin des régimes d'horreur en Uruguay et au Chili. Il y a moins d'attachement aux douleurs arabes, les Palestiniens, en particulier, n'étant pas un produit apprécié de consommation courante non plus, d'ailleurs, que les Juifs isolés qui les soutiennent courageusement. Mais, par principe, une cause constitue, selon un infâme vocabulaire à la mode, le créneau le plus propice à l'expression ordinaire du « clan », un soutien logistique des notoriétés les plus affirmées, un bon tremplin pour celles qui montent. Une exception, en 1974, lorsque des gynécologues transgressant le Code pénal, des hommes et des femmes narguant les tabous, crient dans la presse le droit à l'avortement réprimé. Quant au reste, le salut des dissidents, des opprimés, des martyrs, les proclamations stéréotypées, les théâtralisations de l'engagement n'y changent goutte, tournant parfois à la mascarade : voyage de Foucault, Signoret et consorts en 1982 à Varsovie pour témoigner devant l'univers de leur passion démocratique ; bénédiction accordée par Glucksmann, en 1977, sur le perron de l'Elysée à Sartre et à Raymond Aron réconciliés à l'enseigne des réfugiés du Viêt-nam, sous le septennat de Giscard d'Estaing...

Avril 1961. Putsch des généraux d'Algérie.

Dans la nuit du 21 au 22 avril 1961, sous les ordres de Denoix de Saint-Marc, le 1er Régiment étranger de parachutistes occupe la ville d'Alger.

Le 22 avril, au matin, les généraux d'armée Salan et Zeller, des troupes terrestres, Challe et Jouhaud, aviateurs, paraissent au balcon de l'hôtel du Gouvernement. Acclamés par la foule, ils annoncent la sécession de l'Algérie française bradée par de Gaulle et sa clique, l'institution d'un commandement militaire et de l'état de siège, la guerre sans merci contre les rebelles, l'arrestation immédiate et la mise en jugement devant la cour martiale des individus ayant participé directement à l'entreprise d'abandon de l'Algérie et du Sahara. Ils invitent au soulèvement la France profonde où des hommes de foi et d'énergie s'emploient à châtier les étudiants, écrivains et professeurs qui vendent la patrie aux fellaghas.

A Paris, on se le demande : viendront ? viendront pas ? Cela fait quinze ans que la mythologie des paras hante l'imagination populaire, quinze ans qu'on les redoute et qu'on les aime, toujours en première ligne dans les circonstances douloureuses, parfois appelés, surtout engagés, affectés à la Légion ou à des unités spécialisées, tous frères dans la fierté. De quoi exalter un peuple nourri d'élitisme au point de reconnaître à la noblesse, au XIXᵉ siècle, par la fiction, le monopole de l'honneur qu'elle a perdu : voyez le succès des *Trois Mousquetaires*.

Là-bas, effectivement, une opération se prépare. Les paras rêvent d'occuper à Paris la radio, la télévision, les ministères et de fusiller les traîtres. En France, dans la capitale ainsi qu'en province, l'O.A.S. se lèche les babines à la pensée de sa « Nuit des longs couteaux ».

L'opposition réagit par l'éloquence. L'après-midi du 22, le parti communiste publie une déclaration dans le style le plus ampoulé de la rhétorique sociale-jacobine, dénonçant les complots « ourdis et perpétrés » par des « officiers factieux ». Le 23 avril, à 20 heures, sur les médias, le général de Gaulle s'adresse à la nation, retrouvant ses accents favoris, rassembleurs et hautains :

> Ce pouvoir a une apparence : un quarteron de généraux en retraite. Il a une réalité : un groupe d'officiers, partisans, ambitieux et fanatiques. Ce groupe et ce quarteron possèdent un savoir-faire expéditif et limité. Mais ils ne voient et ne comprennent la nation et le monde que déformés à travers leur frénésie.

Plus fragile — à moins que sa mémoire ne l'inspire — Debré, Premier ministre, qui sait ce que l'illégalité et les menées insurrectionnelles signifient, perd son sang-froid. Pendant la nuit il adjure les citoyens de se lever en masse et de courir aux aéroports, à pied, à cheval ou en voiture, barrer la route aux mutins.

Entre ces deux allocutions, j'aperçois, protégeant l'Assemblée nationale, des chars de la gendarmerie.

Le 24 avril, au petit jour, parmi des « godillots » très

nombreux, Peretti, maire de Neuilly, Malraux, ministre des Affaires culturelles, Chaban-Delmas proposent leurs services au ministre de l'Intérieur.

Les intellectuels n'en mènent pas large. D'autant que les plus radicaux, aux *Temps modernes* ou à *Témoignage chrétien*, sont acculés à faire alliance objective avec les gaullistes contre la subversion. L'avis est qu'elle va tomber du ciel d'une heure à l'autre. Seul, à peu près, Constantin Byzantios qui joint à son talent de peintre une lucidité peu commune n'en croit goutte. Mais, de ce débarquement, je lui ai dit par la suite comme Pesquel-Duport à la princesse des Bormes, du défilé des Allemands sur les Champs-Elysées en août 1914, que s'il ne s'est pas produit, il a eu lieu quand même en principe [1].

En Algérie, les gens piaffent d'impatience, guettant la nouvelle de l'opération d'assainissement en métropole qui les rétablira dans leurs anciens droits lorsque le moindre boutiquier, le plus humble facteur pouvaient se croire des pachas. Une équipe cousue main est sur toutes les lèvres : Bidault, Soustelle, Max Lejeune ; peut-être, à l'Education nationale, pour la rendre à sa dignité bafouée, l'un des clercs fidèles à l'Algérie française : Girardet, Heurgon, Poirier ; et des hommes de terrain, des Lagaillarde, façon de bien montrer qu'entre Paris et l'O.A.S. il n'y a plus de décalage.

Cependant la situation n'évolue guère. Le contingent pendu à ses transistors, entendant, de Paris, la condamnation des félons, ne s'en ressent pas pour ferrailler contre les institutions légales. Surtout, l'aviation est tenue en main par Fourquet, un Compagnon qui se

---

1. Jean Cocteau, *Thomas l'Imposteur*, Paris, Gallimard, 1920.

ferait découper en tranches plutôt que de la laisser voler. Le 25, en France, on a l'impression qu'on tergiverse. Le soir, à Alger, les généraux abandonnent la partie.

3 mai 1961. Mort de Maurice Merleau-Ponty.

Après avoir fait sa gymnastique et s'être couché tranquillement, Merleau-Ponty meurt dans la nuit du 2 au 3 mai 1961 à l'âge de cinquante-trois ans.

Il y a des fins qui viennent à propos, façon pour l'histoire de secouer ses institutions. En 1953, élu au Collège de France, Merleau-Ponty est anachronique. Ce qui déprise le travail du devenir. Celui-ci n'a pas reçu l'imagination en apanage, il enveloppe des phases creuses, des platitudes intermittentes. La nouveauté est vaine sauf à se couler dans l'intemporel. En 1984, l'œuvre de Merleau-Ponty, reléguée parmi les vestiges d'une métaphysique subjectiviste et organiciste poussiéreuse, est résolument plus moderne que les effusions néo-scientistes qui, sous le costume new look du formalisme, empoisonnent notre époque.

En 1960, le vent d'hiver qui refroidit la culture française depuis dix ans tourne à la tempête permanente, gelant tout sur son passage et, par une désolante conséquence, la philosophie de Merleau-Ponty. C'est que le corps en est la cheville ouvrière, investi d'une responsabilité inédite, nœud du débat de l'existence avec le monde. Pour justifier ce statut insolite, il faut l'arracher au réductionnisme pesant chroniquement sur son fonctionnement. Le contrôle des vivants, leur soumission à la règle ordinaire est l'obsession du rationalisme occidental. Comme si la science s'était donné pour programme de briser l'orgueil de ces rebelles en les réintégrant dans le rang. D'abord sous l'égide des machines : au XVIIe siècle, l'école italienne de Borelli et de Baglivi les assimile à un jeu de cordes, de leviers, de poulies. Puis, à dater du XIXe siècle, au diapason de la méthode positive : de l'usage de la physique et de la chimie dans l'exploration des phénomènes vitaux le mécanisme infère la nature physico-chimique de la vie. Les bonds récents de la génétique renforcent cette conviction. L'hérédité est moléculaire puisque le gène se compose de macromolécules. Mais le gène est une abstraction. Le réel consiste dans *l'organisation* informée génétiquement. Conclut-on qu'un tout harmonieux résulte de la sommation des actions partielles, l'on retombe dans les métaphores du machinisme. Ou que l'objectivation progressive des processus complexes dessine le champ d'une objectivité théorique de la structure vivante : c'est en user avec la biologie, tel Kant avec la morale, et l'assigner à une tâche impossible.

Le démon scientiste ne se déclare jamais battu. Sa tactique est d'ouvrir plusieurs fronts, afin d'entamer sa proie par surprise. Au début du XXe siècle, le voici qui attribue à l'environnement le pouvoir d'induire la vie. Aux élucubrations du néo-lamarckisme français, à Vialleton, à Roule, à Houssay déclarant sans vergogne :

> Tout de même, [...], si je me mets en face d'un grand chêne, [...] je le reconnais entre toutes les choses, je le distingue. Sans doute, vous le distinguez mais lui n'est pas distinct. Sa verdure qui vous frappe n'existerait pas si le soleil, tout le printemps, ne l'avait pas éclairé [...] Un

chêne est un être de raison aussi fortement abstrait qu'un triangle [1] ;

à Pavlov, découvrant dans le conditionnement neurologique le secret du comportement ; à Watson qui en dissout l'unité en réflexes élémentaires, rattachant chaque réaction du vivant à chaque stimulus du milieu ambiant, Merleau-Ponty rétorque que le milieu n'est pas plus fixé que l'organisation. De Kurt Goldstein, neuropsychiatre, il reçoit la leçon antistoïcienne de l'indéfinie confrontation du vivant avec les circonstances. Menacent-elles, il a la ressource du repli en catastrophe, sacrifiant le risque à la sécurité, la jouissance du péril à la dissuasion de l'angoisse. Reste à en payer le prix : une expérience étriquée, l'horizon bouché. Définition de la névrose où Freud, au lieu d'un désordre, décèle la plus assurancielle des entreprises. Se battre, au contraire, c'est parier la vie contre la mort. Hegel y découvre le choix des seigneurs, Goldstein, plus modestement, un privilège de la santé. Quand la traduction paraît, en 1946, de *La Structure du comportement*, ce livre est condamné. La France vient de se donner sa première loi d'assistance universelle. La médecine et les soins, jusqu'alors dévolus aux nantis ou octroyés par charité, sont érigés en droits imprescriptibles de la nation. A cette protection d'autres vont succéder, plaçant peu à peu la société, à l'instar des organismes, sous le signe de l'immunité.

L'absurdité des civilisations techniciennes est de tuer la vie au nom de la vie. La biologie qui se dote empiriquement vers 1800 d'une identité la ratifie cinquante ans plus tard avec Pasteur greffant sur la preuve que le vivant naît du vivant une pratique révolution-

1. *Forces et Causes*. Paris, Flammarion, 1920, p. 34.

naire de l'asepsie, une révocation des germes, une mise hors d'état de nuire des principes de la vie. Parallèlement à cette stérilisation forcenée les pires massacres déciment l'humanité. Sans doute y a-t-il réciprocité de l'une aux autres : à l'effroi du néant répond l'hibernation, simulation magique pour le conjurer.

Au corps pasteurisé, Merleau oppose un corps animé, lui conférant la charge de porter par la lutte le vécu à l'existence. Non point qu'il rencontre des obstacles par fatalité, une coalition de forces hostiles auxquelles on ne sait quelle activité vitaliste à la mode de Bichat résisterait infailliblement afin d'édifier son domaine de spécificité. La dialectique de la vie et de la matière engendre une synthèse où le sujet, arrimé au corps, s'arrime aux choses, où son intentionnalité à lui se remplit de leur évidence. Avec Descartes dont Husserl demeure pénétré, Merleau, récusant la primauté de la conscience, n'hésite pas à rompre. Le sensible, c'est à la fois l'immersion du corps dans l'univers et le dévoilement de celui-ci par le foyer illuminant de la perception. Il y a de l'Heidegger dans ce rayonnement auquel les savoirs et les idéologies achoppent. Mais surtout il y a de l'intempestivité dans ce visible, par la « modernité » décapé, décanté, réduit chez Robbe-Grillet à une extériorité sans épaisseur, ici incarné, vibrant, frémissant, substituant les phénomènes qu'il habite aux simulacres qui l'engourdissent. Ontologie du perçu, nourri par la peinture qui décrypte le fondement sous l'apparence :

> C'est ce monde primordial que Cézanne a voulu peindre et voilà pourquoi ses tableaux donnent l'impression de la nature à son origine, tandis que les photographies des mêmes personnages suggèrent les travaux des hommes, leur commodité, leur présence imminente. Cézanne n'a jamais voulu « peindre comme une brute »

mais remettre l'intelligence, les idées, les sciences, la perspective, la tradition au contact du monde naturel qu'elles sont destinées à comprendre, confronter avec la nature, comme il dit, les sciences « qui sont sorties d'elles[1] ».

Mais la peinture ne mange pas de ce pain-là, inaccueillante à la contradiction du concept et du regard. De Cézanne, le drame, que Heidegger et Merleau-Ponty n'ont pas ressenti, est la défection de l'Etre livrant l'art à l'alternative du discours et de la torture. Déjà, impuissant à « rendre » tout ce qu'il contemple, Cézanne se réfugie partiellement dans le mental, déjà, par une suite inévitable, son tableau est inhumain :

> Nous vivons dans un milieu d'objets construits par les hommes, entre des ustensiles, dans des maisons, des rues, des villes [...] nous nous habituons à penser que tout cela [...] est inébranlable. La peinture de Cézanne met en suspens ces habitudes et révèle le fond de nature inhumaine sur lequel l'homme s'installe [...] : le paysage est sans vent, l'eau du lac d'Annecy sans mouvement, les objets gelés hésitants [...] C'est un monde sans familiarité, où l'on n'est pas bien, qui interdit toute effusion humaine. Si l'on va voir d'autres peintres en quittant le tableau de Cézanne une détente se produit, comme après un deuil les conversations renouées masquent cette nouveauté absolue et rendent leur solidité aux vivants[2].

A James Lord, prétendant que Cézanne, dans ses toiles, instille de l'émotion, Giacometti rétorque :

> Peut-être, mais il le fait en dépit de lui-même, alors que Le Nain le fait délibérément[3].

1. *Sens et Non-sens*, « Le Doute de Cézanne », Paris, Nagel, 1948, p. 23.
2. *Ibid.*, p. 28.
3. James Lord, *Un portrait de Giacometti*, Paris, Mazarine, 1980, p. 60.

Quand l'esprit du temps se convainc qu'il est lâché par un des siens, il tente de le ramener en douceur sur la bonne voie. En cas d'échec, il frappe dur. Merleau-Ponty commence par marcher au pas, courtisant le marxisme, que toute sa philosophie récuse, clignant de l'œil à Lacan qui l'accueille à son séminaire, recevant la dédicace de *La Pensée sauvage* de Lévi-Strauss, consacrant un livre aux signes triomphants. Mais, du tombeau des systèmes, le corps souverain resurgit, intarissable source de désirs, qu'il s'agisse du premier essor de la subjectivation ou de l'invention artistique et littéraire [1]. Grandiose obstination du vécu déconsidéré par les sémiologues. Contradictions débouchant sur une crise grave après 1955. A l'Ecole Normale supérieure, j'entends Merleau s'essouffler du côté de Saussure. Son malaise transpire à l'égard des récents mentors dont il n'ose faire fi, sans leur prêter la main. Ainsi qu'aux politiques, la faiblesse est pernicieuse aux créateurs. A prodiguer les concessions, Merleau-Ponty ne gagne rien qu'un châtiment exemplaire, une éviction posthume désolante. Ce marginal, cet esthète n'en est pas moins captif des institutions, tiraillé par des scrupules de clerc : « Le lien proprement universitaire couvre et retient son intuition, même éprouvé impatiemment, même élargi jusqu'à la lutte publique », écrit de cet ambigu, en guise d'éloge funèbre, le docteur Lacan, orfèvre en matière didactique et d'allégeance aux événements [2].

---

1. Cf. Bernard Sichère, *Merleau-Ponty*, Paris, Grasset, 1982, p. 93.
2. *Les Temps modernes*, nº 184-185, octobre 1961, p. 245.

Juillet 1961. Premier Festival
  du nouveau réalisme.

Jean-Paul Aron. — Le 27 octobre 1960, chez Yves Klein, rue Campagne-Première, à Paris, Hains et Villéglé, Tinguely et Arman, Spoerri et Martial Raysse jurent à leur bon gourou Pierre Restany de combattre sans relâche jusqu'à l'extermination physique de l'Abstraction informelle agonisante pour rendre leur dû à la civilisation et au folklore modernes. Neuf mois plus tard, à Nice, dont plusieurs sont originaires, avec le renfort de César, de Rotella, de Niki de Saint-Phalle, de Deschamps et Christo, ils accouchent d'une exposition provocante. N'est-ce pas un sensationnel retour de l'art au réel ?

Constantin Byzantios. — A une réalité assassinée, voulez-vous dire, après d'affreux sévices. Sous l'apparence la plus hypocritement figurative, ses sujets rétamés, mystifiés au nom de la liberté reconquise, réduits en objets, purs ornements, issus d'une opération sans risque puisqu'on en connaît la fin à l'avance. Entre César et ses poubelles, Arman et ses marteaux, Deschamps et ses chiffons, Tinguely et ses machines, Spoerri et ses camemberts, Martial Raysse et ses néons, pas de distance. L'artiste ou prétendu tel, non plus sculpteur ou peintre, mais organisateur de structures, ne vise plus qu'à la décoration. Parodique, nourrie d'ustensiles, dérision de la société d'abondance.

J.-P. A. — D'ustensiles plaqués sur des discours.

C. B. — De discours qui ensevelissent la vie.

J.-P. A. — La mise en cause du perçu ne commence-t-elle pas beaucoup plus tôt? Quand Cézanne, cent fois, fait poser Vollard, du portrait final n'assumant que le devant de la chemise; dans le calvaire de l'œil n'appréhendant le visible que pour constater sa fuite; dans la mutation du sujet qui ne définit plus les contenus mais l'essence du tableau, n'y a-t-il pas le signal, lancé par la peinture avant d'être théorisé par les docteurs, de la désertion du monde?

C. B. — Chez Cézanne la panique du regard, la lenteur de l'exécution reflètent le désarroi de la culture. Elle ne porte plus le peintre en avant.

J.-P. A. — La peinture est prophétique. Elle annonce la fin de l'histoire. Giacometti dit bien que l'œuvre de Cézanne est pour le xxᵉ siècle, en son entier, une bombe à retardement. Pathétique, elle révèle, dès 1880, l'héroïsme d'une représentation de la nature. Car ce n'est pas, comme on pourrait croire, l'œil contemporain qui ne parvient plus à voir, c'est l'esprit du temps, à la fin du xixᵉ siècle, qui l'interdit de regard :

> Une fois, rapporte James Lord, que Giacometti eut commencé à travailler, il ne tarda pas à dire :
> — Il faut tout détruire de nouveau.
> — C'était prévu [...]
> — Pas à ce point-là [...] Je me retrouve exactement où j'en étais en 1925. C'est absolument impossible de reproduire sur une toile ce que je vois [1].

1. *Un portrait de Giacometti*, Paris, Mazarine, 1980, p. 99.

La peinture meurt d'une faillite conjointe du réel et de l'imaginaire. A l'irrésistible sentiment, comme disait Hume, de l'existence des choses, correspondait l'incitation créatrice à les nier, à fabriquer avec la présence l'absence. Mais la substitution de l'image à la sensation achoppe dans l'espace affolé où le simulacre, à la fin du XIX⁰ siècle, déjà règne en tyran. Si Cézanne, à Aix-en-Provence, prend sans le savoir le deuil de l'art porté depuis vingt ans à Paris par Mallarmé, c'est qu'en s'efforçant douloureusement de capter la vérité sensible, il s'essouffle simultanément à en produire l'illusion.

C. B. — Reste que son martyre est instaurateur, que la tragédie qui se noue dans ses toiles n'en étouffe pas les fulgurances : les *Sainte Victoire* semblent l'éclatante revanche de sa perception. Début d'un processus, à travers le cubisme et les *Nymphéas*, aboutissant à l'abstraction.

J.-P. A. — Qui se trouve au départ d'une évolution menant jusqu'à nous. Une toile abstraite n'est pas une composition figurative à laquelle manqueraient les éléments descriptifs. Le rapport de la forme à la lumière y change du tout au tout. L'abstraction d'Estève n'est pas celle d'Uccello. Peindre une tête, c'est une gageure, une lutte inexpiable, l'aliénation et l'assimilation réciproques du sujet :

> Ça va au plus mal, dit Giacometti. Ça paraît impossible à faire. Et au fond ça ne serait pas plus facile si tu étais plus loin. Peu importe la distance entre le peintre et son modèle. Une tête est impossible à faire. Une main, ça serait beaucoup plus simple.
> — Pourquoi ? [...]

205

— Une main, c'est simplement une spatule en cinq cylindres [1].

La non-figuration relève de l'ère du sens et de la peinture. Mais elle amorce celle du rien et de l'anti-peinture.

C. B. — En effet, par le nouveau réalisme, déclaration de guerre à l'abstrait, on assiste à la première tentative, consciente et organisée, d'enterrer l'œuvre d'art. On saisit mieux, sous cet angle, la connivence d'Yves Klein avec des gens dont il est apparemment si lointain. En 1960, cela fait cinq ans qu'il nie la peinture par une technique dont il convient de signaler l'originalité. En réduisant l'expression plastique à la monochromie obtenue au brûleur artificiel sur des toiles ignifugées ; en moulant dans le plâtre le corps nu de ses amis ; en se servant de femmes enduites de bleu comme de pinceaux vivants, Klein, avec quinze ans d'avance, élève le mental à la dignité plastique.

J.-P. A. — Il déclarait qu'il ne faut jamais se salir les mains. Désaveu de Pollock, crasseux, dégoulinant après une séance de « dripping ». Cela rappelle Lévi-Strauss écœuré des « sauvages » qu'il consulte avec jubilation dans son fichier. Le verbe proprifie, il immunise, assurance universelle, clef de voûte de la pasteurisation tous azimuts, de la grande entreprise qui répand la mort à dessein de conserver la vie.

1. James Lord, *op. cit.*, p. 40.

Février 1962. Mobile *de Michel Butor.*

Dans les années quatre-vingt, la décadence de Butor ne tient pas au temps qui court. Celui-ci se montre pour une fois raisonnable. Il s'agit, bel et bien, de l'érosion d'une œuvre par son auteur, entendez par la plus exorbitante et la plus compromettante des vanités exerçant ses ravages sur l'économie de l'écriture. L'orgueil de Chateaubriand, non plus, ne connut pas de bornes. Sans doute son génie en souffrit-il les coups.

Du talent pourtant chez Butor. De l'érudition à revendre. Au début, de l'inspiration, un vécu appréhendant des essences confondues par une critique ignare et irresponsable avec les formes vides du sensible.

A proportion, hélas, des réseaux, des combinaisons, des agencements à n'en jamais finir, hommage à l'idéologie qui domine, une curiosité cupide, la mise en coupe réglée de la nature et de la culture, des fleuves, des montagnes, des océans, des arts et des littératures de toute origine, des rêves, des musiques, des peintures, des paysages et des monuments soumis aux ordonnances de sa démiurgie dévorante.

En 1954, à vingt-huit ans, il publie le roman d'une maison. *Passage de Milan* s'accomplit dans l'éclair. La durée est l'affaire de Butor. Il lui dédie toutes ses fictions. Les objets, les personnages ne servent au rythme que de support, ici à la circulation d'un appartement à l'autre, de chambre en chambre, entre des points quelconques. Les figurants qui essaiment, habitants ou visiteurs se croisant, s'agglomérant, se mêlant, simultanément conservent et abdiquent leur identité, se parlant à eux-mêmes lorsqu'on les croit en conversation, pointés et désaxés, déplacés et réinsérés dans un ensemble qui, à mesure qu'il se gonfle de progénitures plus nombreuses, se clôt de plus en plus hermétiquement.

Au bord du chef-d'œuvre : parce que le vent d'hiver commençant à la figer de toutes parts, la vie insolemment s'y étale, entendez la passion, le désir, la mélancolie :

> Crochets du mur orné d'auréoles de feuilles, portes de l'armoire, rendues par ses mains précieuses, accepterez-vous que je vous approche en son absence, gardiens de ses secrets, jardins de son enfance ? Chaque fleur est nourrie ici dans une langue que je ne connais pas. Comment pourrais-je lire dans leurs rapprochements et leurs figures ce que l'acquiescement perpétuel de Charlotte me cache, et son sourire [1] ?

Parce que, dans la profusion des monologues, le sujet s'en donne à cœur joie, sans rien céder aux états d'âme :

> Elle s'était assise sans qu'il lui ait rien dit. Il avait toujours eu cette chambre pour se réfugier, et voilà qu'elle l'avait envahie. Mes ongles sont cassés, épais et noirs de tabac, mais vous avez eu beau polir les vôtres, leur couleur maintenant est celle de l'ivoire sale, et si

---

1. *Passage de Milan*, Paris, Éditions de Minuit, p. 113.

mes mains de tâcheron ne peuvent même plus serrer ni prendre bien, les fines vôtres se sont vidées.

Et cette voix si dure ne sait-elle plus que se taire ? C'est auprès de ce peu de solidité qui me reste au milieu de mes cendres que vous voilà contrainte de chercher asile ? Reine déchue, mesurez le chemin que quelques arrogances de vos petits-enfants vous ont fait descendre [1].

Parce que le sens y rayonne d'un vêtement râpé ou d'une tranche de jambon, d'une danse disgracieuse ou d'un amer souvenir, de la frivolité d'une soirée ou des mesquineries de la maîtrise :

Quelle tyrannie, se disait-elle, montant les marches ; au fond, c'était ça l'esclavage. Ce soir, même ce soir, nous aurions pu monter aider, ça lui aurait fait voir d'autre monde, et puis la gaieté de tout cela l'aurait remonté [...] Bah, je l'aurais bien fait venir ; elle ne m'aurait pas refusé ; et elle aurait peut-être été enchantée si je le lui avais proposé. Cela aurait apporté à sa fête un petit côté sensationnel. Amédée dans son beau costume, vers cette heure-ci, qui serait apparu au milieu des jeunes filles en portant, comme il sait le faire, un plateau de rafraîchissements [...] Madame Vertigues m'aurait dit : « C'est que je ne voulais pas déranger monsieur Léonard ; j'ai déjà scrupule à vous prendre » [...] Le sultan n'aurait eu qu'à s'incliner, et le petit aurait profité de tout cela, au lieu qu'il ait à se morfondre en la cuisine à regarder la vague. Le vieux grigou, le vieux jaloux, il a bien su les faire venir ses beaux parleurs ; comme s'il n'avait pas pu changer son jour [2].

Au bord seulement du chef-d'œuvre, parce que s'y dévoilent toutes les machines dont Butor ne cesse durant trente ans, d'affubler la nouveauté, faute de se

1. *Ibid.*, p. 122-123.
2. *Ibid.*, p. 130-131.

laisser conduire par elle. Dans *Passage de Milan*, il fourbit les rhétoriques qui vont désormais habiter son discours. Géométries et mécanismes, pâles retombées des ivresses rousseliennes :

> [...] Des longues vitres glisse une lumière plate, aux rayons presque horizontaux, qui détache une moitié grise de chaque objet. Au-delà des toits, la lune éclaire les dernières fumées. Il ouvre un carreau, un peu de vent lui souffle dans les narines ; des fenêtres au-dessous la musique monte comme de la vigne vierge. Les douze carrés, en plein milieu, dont le fouet de la lune ne parvient pas à révéler les couleurs. Le grand carton sur la table. Les deux feuilles blanches qui sont restées dehors. [...] les treuils des Egyptiens, leurs ponts, leurs miroirs, et le conventionnel d'Antonin Creil rêve de grands parvis où brillent les appareils multipliés de l'électricité statique, mais chez Wlucky les machines apparaissent à peine, ce qu'il cherche, c'est éprouver les rapports humains les plus simples, et pour ce faire, il modifie les relations de parenté [1].

Combinatoires où grouillent des signes épars en mal d'unité. De la soirée chez les Vertigues au voyage en chemin de fer de *La Modification*, des chutes du Niagara à la basilique San Marco, des aéroports et des gares aux *Trente-trois Variations de Ludwig van Beethoven sur une valse de Diabelli*, c'est plus fort que Butor, il dépossède le texte à force d'informations.

Le drame de notre « modernité », c'est qu'elle n'est ni innocente ni subversive, que ses bouleversements ne procèdent pas d'un élan mais d'un programme. Perdant le souffle, nos écrivains gagnent en volonté. Ils poursuivent des fins, brandissant le changement comme une oriflamme. Du coup ils en deviennent les suiveurs.

---

1. *Ibid.*, p. 140 et 152.

Ainsi Butor de son rêve encyclopédique, poursuite d'une revanche, réparation d'un outrage, l'échec, en 1950, à l'agrégation de philosophie. Cette âpreté à juguler le divers culmine dans *Mobile*, poème anthropologique des Etats-Unis. Dans ce dédale Butor règne sans faille et sans raté, tirant les ficelles, déchiffrant les codes, colmatant les brèches. Son fil d'Ariane c'est l'ice-cream Howard Johnson, d'une chaîne de restaurants agglutinés aux autoroutes, aux trente parfums voluptueux. Subtile restitution du paradoxe américain : tant de lois disparates, de géographies incomparables, de nationalités irréductibles, tant de croyances et de prières, tant de cloisons, tant de coutumes, tant de produits, tant d'habitants, tant de fureurs ! Et, gommant ce pluriel, une langue dominante, une idéologie régulatrice, un urbanisme monotone, un comportement stéréotypé. Comme si un instinct assuranciel, le désir de persévérer dans l'être, l'angoisse de l'éclatement, le parti pris de sociabilité apposaient sur les différences le label d'une uniformité de convention. De cette coïncidence du même avec l'autre, le kaléidoscope de *Mobile* présente le tableau hallucinant. Dommage que la seconde nature de l'écrivain, sa manie de déconcerter par des constructions arbitraires et des typographies affectées, la confusion de la création qui fait du tapage avec celle qui révolutionne ne le conduisent sporadiquement aux jeux littéraires les plus vains ; que son imagination ne s'autoconsume par la folle tentation d'épuiser la réalité.

Un lien secret unit Bataille à la culture glaciaire, jetant leurs contradictions aux oubliettes. Elle se reconnaît en lui parce qu'il la dote d'une identité gratifiante, cassant l'image forgée au XIXe siècle du créateur proscrit qui, dès 1920 ayant retrouvé le monde, s'accroche hypocritement au mythe de sa désinsertion.

A celle-ci cependant des faits et des usages correspondent : en France, traditionnellement, l'homme de lettres n'exerce pas d'emploi dont il puisse s'enorgueillir — tant pis pour Huysmans, ou pour Mallarmé fonctionnaires —, étant entendu qu'à l'abri de l'écriture le journalisme, la critique d'art et jusqu'aux pratiques vénales qui en dérivent, le courtage ou le négoce des tableaux, ne tombent point sous le coup de cette interdiction. Une seule dérogation, depuis le XVIe siècle, en faveur de la diplomatie, par l'immanence de la littérature au destin national. Vers 1925, dans les débuts de Bataille, le médecin qui exerce encore sa pleine souveraineté symbolique ne peut la transférer dans le « clan ». Céline l'occulte par un pseudonyme afin d'en conquérir une autre dont les prestiges ne ressortissent qu'à son talent de romancier.

C'est qu'il n'est pas de profession désintéressée et que l'argent entretient avec la plume, pétrie d'aristocratie, une relation équivoque. Le capital est louable, pourvu qu'on n'en parle point : ni Flaubert ni Gide ne semblent empêtrés de leurs fortunes silencieuses. Et les affaires de Voltaire, Beaumarchais ou Rimbaud ne menacent pas leur respectabilité d'auteurs dès lors qu'elles se déroulent loin de Paris ou qu'elles s'y traitent en catimini.

J'ai souligné l'irréductibilité spéciale de l'enseignement à la condition d'écrivain. Ici le travailleur aggrave son cas : clerc salarié, il participe d'organisations officielles dont les modes d'existence mais surtout de rémunération s'opposent du tout au tout à ceux, privés et codés, de la caste littéraire.

Ainsi, tel le sage stoïcien, esclave ou empereur, le scribe français s'arrange-t-il avec une égale splendeur de la richesse ou de la misère. Mieux encore évoque-t-il le brahmane de l'Inde dont la pauvreté ou l'opulence n'affecte d'aucune manière l'incomparable privilège sacerdotal.

Les surréalistes qui bousculent tant d'habitudes restent fidèles à ces représentations archaïques. Ils vivent de leurs revenus, de mécénat, d'expédients, de gigolisme au besoin. Bataille, qui leur est proche, se refuse à ces combines. Mais ce n'est pas de son statut de bibliothécaire qu'il infère un type inédit de littérateur. Nodier, dont le salon regroupe, sous la Restauration, le fin du fin de l'avant-garde, est, après le comte de Saint-Simon, avant Mickiewicz et Heredia, administrateur de l'Arsenal. Le métier s'y dissimule derrière les livres. Plus audacieux, Bataille convie le « clan » à s'abandonner à la recherche en renonçant aux frivolités de l'imaginaire. Dans la sombre décennie 1930-1940, il dessine une sociabilité et une éthique intellectuelle incongrues, un paysage initiatique où les adeptes se recrutent jusque sur les bancs des lycées, où les barrières corporatistes sont remplacées par celles du savoir. Il montre la voie par son œuvre : le sacré y conspire avec la science, l'incartade avec la vérité et le paroxysme avec la rigueur.

Nouveau visage, nouveaux discours. La philosophie, mal-aimée de la culture française qui ne la manie depuis le XVIIIe siècle qu'avec maladresse ou réticence, y est intégrée de plein droit. Un précurseur : Sade, l'ange de Bataille et de Blanchot, de Leiris, de Klos-sowski. Dans *Juliette*, les *Cent vingt Journées*, *La Philosophie dans le boudoir*, elle traverse, elle habite, elle fomente la fiction, inaugurant la « théorie » dont Bataille est sans doute l'héritier le plus percutant, genre affolé, genre harcelé, promis à une exploitation éhon-tée et à un développement tératologique. Car il s'agit, sous couvert de spéculation, de son expropriation cavalière, de son ouverture anarchique à tout langage épuré du vécu. Bataille, puissamment et indifférem-ment, écrit sur Nietzsche, le désir, Manet, le don, Gilles de Rais, les rites propitiatoires, le désordre ou la profusion, sollicitant l'ethnologie, l'économie, l'his-toire, la pathologie mentale, de ses romans à ses essais comblant la distance, s'y livrant au même défi, à la même jouissance de l'interdit. Hélas, les disciples chétifs, les épigones n'ayant pas reçu sa vigueur en partage galvaudent son legs hégélien, débauchant l'Es-prit en figures saugrenues, ballet indécent, foire idéolo-gique dont les véritables penseurs ricanent :

> La philosophie, de nos jours, est consécration suprême. Philosophie des sciences ou philosophie de la vie ou philosophie de l'histoire ou philosophie de l'art, philosophie de la technique industrialisée ou de la pêche à la ligne, philosophie du langage ou de l'engagement, philosophie de la misère ou misère de la philosophie, devenir philosophique du monde comme devenir monde

de la philosophie, c'est toujours la philosophie qui remonte de partout en se proclamant pérennis, elle dont la fin est peut-être derrière nous. Pourquoi pas dès lors une philosophie chrétienne [...][1] ?

En 1946, directeur de *Critique,* Bataille est, avec Blanchot, le véritable inspirateur de la génération qui fait ses dents, moins populaire que Sartre mais plus accordé à l'air du temps, rassemblant systématiquement les écrivains et les professeurs et donnant son entière acception au terme « intellectuels » inventé à l'occasion de l'affaire Dreyfus.

Sa disparition en 1962 est un malheur pour les lettres. Libérés de son contrôle, les simulacres les infestent et toutes les tentations du vide qu'il eût condamnées au nom de ses simulacres à lui, les sacrifices dont la mort, cette imposture, constitue l'épreuve absolue. Surtout, il est remplacé à *Critique* par Piel son beau-frère avant que sa femme, Sylvia, bouleversante fille du quincaillier d'*Une partie de campagne,* ne lui préfère Lacan, lequel se trouve allié du coup à cet inspecteur général de l'économie nationale, excellent gestionnaire, dépourvu de jugement mais équipé en compensation d'un thermomètre ultrasensible qui l'avertit, au jour le jour, de l'exacte température des réputations et soumet la revue à la dictature des modes.

1 Jean Beaufret, *Dialogue avec Heidegger, Philosophie moderne,* Paris Editions de Minuit, 1973, p 26

1963. Raymond Roussel *de Michel Foucault*[1].

En 1961, chez Plon, dans la collection dirigée pa
Philippe Ariès à qui rien de surprenant n'est étranger,
paraît l'*Histoire de la folie*. Foucault y déploie les
contraires, le jour et la nuit, le dedans, le dehors, le
plein, le vide, ce qui s'intègre, ce qui dérange et leur
jeu torve dont la dialectique fait les frais : le positif
constituant le négatif en dépotoir, les parleurs brisant
les voix inconvenantes. L'*Histoire de la folie* ne raconte
pas la geste des idées sur la déraison, c'est l'archéologie
de la raison unifiée à l'âge classique en monarchie
impitoyable à ses dissidents.

La thèse de doctorat dont ce livre procède est
l'occasion d'une soutenance exemplaire. Canguilhem
connaît, cet après-midi-là, l'une des sensations fortes
d'une carrière bien remplie. Il reçoit Foucault à la
Sorbonne comme, dans les anciens prônes académiques, Virgile, au Parnasse, Dante en majesté ou,
comme en la Bibliothèque bleue de Troie, avec le
ravissement mélancolique d'un vieux baron armant
chevalier un gentilhomme intrépide.

J'ai dit qu'entre ces preux je fus témoin d'un échange
édifiant. Pour diffuser la voix des emmurés, il faudrait,

1. Paris, Gallimard.

lance Foucault, un talent de poète. « Mais vous l'avez, monsieur ! », s'esclaffe Canguilhem ulcéré d'une humilité si abusive. De ce « monsieur » que ne puis-je exprimer la couleur, l'effusion contenue par la dignité du moment !

Indécrottable complexe des clercs qu'on aurait cru dénoué lorsqu'ils sont en train de submerger la culture, en tout cas épargné à Foucault, authentique écrivain, dans une époque qui transforme les gens de lettres en suppôts des sciences humaines. Il eût donné alors, peut-être céderait-il [1] encore toute sa production — qui ne lui semble pas mineure — pour un recueil de René Char ou une demi-page de Hölderlin. Face aux artistes, les docteurs de cette trempe m'évoquent les grands bourgeois du XIXᵉ siècle, fascinés par l'aristocratie qu'ils ont jugulée. Aux yeux avides des universitaires les plus snobs, dans les années soixante certaines figures miroitent, prestigieuses et néanmoins récupérables, sous de faux airs des temps révolus où le créateur n'acquiesce pas aux basses besognes enseignantes. Ainsi Blanchot, Bataille, Leiris et Klossowski. Klossowski très chic, ambigu, à la bordure des savoirs et des fictions, des institutions et des chemins ne menant nulle part, dédaignant du « clan » la sociabilité futile, les parlotes de café, la convivialité corporative pour s'adonner à son travail ésotérique — séminaire de Kojève à l'Ecole Pratique des Hautes Etudes, Collège de sociologie, dès avant la Seconde Guerre mondiale —,au grand ton des fraternités astrales avec Nietzsche, avec Mallarmé, avec Sade son prochain, qui l'est aussi de Blanchot, de Bataille, de Barthes et de tous les esthètes de la cruauté ; Klossowski si prisé que Foucault, vers 1970, au comble de la faveur, n'arrête

1. Ce texte, à l'indicatif présent, fut écrit avant la mort de Michel Foucault.

217

pas de courir aux réunions du mystagogue, frère de Balthus par un surcroît de grâce, rue du Canivet, dans le VI⁰ arrondissement.

Précédemment, ce clerc avait plutôt tâté des musiciens, intimidé par les notes mais trouvant dans leurs nouveaux langages une façon de s'orienter facilement. Plus la peine de sentir, insupportable servitude, indécente ostentation de la subjectivité mise au rancart ; seulement capter les formes par la sensation brute à défaut de les analyser en expert. Merveille des signes agencés par le fabricant, enregistrés par l'effecteur, décryptés par le technicien, tous trois unis dans la religion du système. Barraqué, compositeur fort apprécié de ses pairs, acclimate Foucault aux « séries » répandant dans les années cinquante la terreur et le présente à deux principaux de cette branche, Boulez et Gilbert Amy, avant qu'ils ne se brouillent, chacun gardant de chaleureuses relations avec le penseur qui jamais n'abdiqua le droit d'exprimer sa préférence. D'année en année elle se déporta sur Boulez, hommage rendu au pouvoir que Foucault conspue dans ses ouvrages à mesure du respect qu'il en a.

En 1963, Foucault reste dans l'expectative de la célébrité presque atteinte et pas expérimentée tout à fait. Il en est toujours à se déplacer chaque semaine de Paris à Clermont-Ferrand, professeur de philosophie à la faculté des lettres de cette ville moyenne auprès de Roger Garaudy et de Michel Serres, après des années de balade en Suède, en Pologne à secouer la poussière des instituts français. Du moins à Varsovie séduit-il si fort Burin des Rosiers, ambassadeur de France, plus tard proche collaborateur du général de Gaulle, que le diplomate n'hésite pas à lui prêter main-forte en 1965 dans la course à la succession d'Aigrin, directeur des enseignements supérieurs.

N'en concluez pas que ce clerc porte l'aménité en bandoulière. C'est un personnage tout d'arêtes et de pointes, prêt à bondir et à griffer à chaque instant, dressé sur ses ergots, gonflé de ses mérites comme d'évidences, se donnant en exemple à l'univers à couvert d'une modestie feinte, intriguant sans paraître y toucher, poursuivant méthodiquement les cibles de sa concupiscence, jouant les vierges offensées avec ses rivaux en leur appliquant le châtiment, ne trompant quiconque, de l'ignorance. De l'auteur d'un livre controversé sur les horloges où, prétendait-on, il était pillé, Foucault déclare en 1983 au journal *Le Matin* :

> Quel nom dites-vous ? Attali. Qui est ce monsieur ? Il a écrit un livre ? Je ne savais pas [...]. Ces gens-là ne sont pas mon monde, mon domaine de travail. Moi, je donne des cours, toutes les semaines, dans un établissement public. Il est inévitable qu'ils circulent [...].

Hargneux, capricieux, trépignant tel un enfant s'il rencontre des conjonctures adverses, un journaliste sceptique, un éditeur récalcitrant, un chairman américain tant soit peu en retard sur un règlement d'honoraires, habillé de bon ton, ou clergyman ou bohème, parlant au trot, hachant la phrase, fort enclin au rire mais pas à des fins de réjouissance, seulement pour exclure ou pour réprimer, rire dominateur, rire transcendantal venant du Ciel, non d'Enfer, sa vraie patrie selon Baudelaire auquel je fais foi.

Car ce clerc qui, dans le cortège de Hegel, de Marx, de Nietzsche, des surréalistes, enterre Dieu au moins quatre fois, en eût été un ministre hors de pair. Ecclésiastique jusqu'au bout des ongles. Instruit par les jésuites à Poitiers, non loin de La Flèche où ils éduquèrent Descartes, peut-être eût-il à cette époque un instant manqué les trahir, attiré par ces messieurs de

Port-Royal, leur dégoût des cas de conscience et leur sentiment de la grammaire. Leur austérité aussi l'eût tenté. Sec, impavide, voyez-le à la Bibliothèque nationale où l'arbitraire d'un administrateur lui confère, quinze ans durant, un avantage inouï de tabouret réservé à demeure, sans attente ni restriction d'aucune nature, assorti de la communication ininterrompue des textes doctes.

Pourtant, chez les jansénistes, il n'eût pas fait long feu. Résolument il est du monde. A le contrôler dans son intrinsèque, ce dénonciateur des contrôles aspire avec violence. Inquisiteur-né, je l'imagine au xve siècle sur la place de la Seigneurie dans le rôle du moine fulminant des anathèmes et réclamant pour le Christ-Roi, contre les hérétiques, le gouvernement de Florence. Mais il ne se fût pas laissé brûler. Ce clerc est plus malin qu'un singe, en cheville permanente avec les événements.

Non point qu'il les aille épier dans leur germination silencieuse. Fouisseur professionnel, il ne l'est pas des histoires sans paroles, leur préférant les messages clairs glissant à mi-voix dans son oreille ravie des informations encore inconnues du grand nombre. Avec une coudée d'avance, il est dans les secrets du futur, quittant le communisme à la veille du rapport Khrouchtchev, prônant Lacan au seuil de sa vogue, gaulliste vers 1965 à l'approche des ultimes records de l'expansion, maoïste avant l'institution de la Gauche prolétarienne, en 1968 à sa descente d'avion, fou d'impatience, coupé de Paris, en Tunisie, depuis le début du mois de mai et décidé à compenser coûte que coûte le préjudice de son exil involontaire pendant le pointu de l'effervescence. Devinant dans l'université de Vincennes à peine sortie des limbes les promesses d'un vacarme théorique qui commence à couvrir les échos affaiblis de la parole vivante, il s'y installe incontinent.

Mais cet homme du monde n'aime pas l'homme. A en finir avec cet indiscret, il utilise la congélation. Le flux des impressions et des sentiments, des effusions, des émotions sitôt pris par les glaces, on peut commencer à s'occuper des choses sérieuses, considérer de quoi ce bloc est fait, sa mécanique, ses lignes de force, sa structure. Quand donc, pour le malheur de Raymond Roussel, Foucault jette sur cet écrivain son dévolu, il poursuit un triple but. De présenter dans une lumière éclatante l'hérédité surréaliste des « modernes ». De pénétrer la tête haute dans l'institution littéraire à laquelle il redoute à tort que ni l'*Histoire de la folie* ni la *Naissance de la clinique* ne constituent des titres d'accès suffisants. Surtout de se défouler sur la matière des formes pures qui hantent ses ouvrages sans qu'il soit commode de les y discerner. Dans l'aigu de la fièvre sémiotique, quand le temps fait figure d'intrus, ne voilà-t-il pas que cet étrange utilise la généalogie à dévoiler les signifiants ! Il est vrai qu'il la « synchronise », opérant sur la durée, tel le géologue, la découpant en couches stratifiées, déterminant ses séquences en grosses masses, champs de savoirs où il procède selon la règle phonologique des oppositions : l'identité et la différence, la rectitude et la déviance... Mais les sociétés ne se laissent pas ainsi traiter sans vergogne : pour restituer leur présent, il faudrait en maîtriser les non-dits dont Foucault n'est guère friand. Il faudrait reconnaître à l'histoire un sens que Foucault lui refuse en n'arrêtant pas de le solliciter sous le manteau :

> Brusquement, en quelques années, au milieu du XVIIIe siècle, surgit une peur. Peur qui se formule en termes médicaux mais qui est animée au fond par un mythe

moral. On s'effraie au fond d'un mal assez mystérieux qui se répandrait, dit-on, à partir des maisons d'internement et menacerait bientôt les villes. On parle des fièvres des prisons ; on invoque ces charrettes de condamnés [...] qui traversent les villes, laissant derrière eux un sillage de mal ; on prête au scorbut d'imaginaires contagions ; on prévoit que l'air vicié par le mal va corrompre les quartiers d'habitation. Et la grande image de l'horreur médiévale s'impose à nouveau, faisant naître, dans les métaphores de l'épouvante, une seconde panique. La maison d'internement n'est pas seulement la léproserie à l'écart des villes, elle est la lèpre elle-même à la face de la cité [1].

Avec Roussel c'est l'aubaine, le discours qui rend gorge, les brouillards du sujet dissipés. Tout se déroule dans l'espace lisse et mat des procédés. Plus de sous-entendu, ce faux-semblant des psychologues. Un texte n'a rien à cacher, il est blanc comme neige, pourvu qu'on le déshabille, qu'on le dissèque et qu'on le réassemble selon des moyens appropriés. Soit un Européen qui, après naufrage, tombé sous le joug d'un chef noir, envoie à son épouse, par pigeons interposés et grâce à une provision miraculeuse d'encre et de papier, une longue suite de missives pour raconter les sauvages combats et les soupers de chair humaine dont son despote est le détestable héros. Roussel, selon Foucault, exprime cela mieux et plus vite : « Les lettres du blanc sur les bandes du vieux pillard. » Le pillard, c'est Talou VI, empereur du Ponukele, roi du Drelchkoff. Maintenant, considérez cet autre langage : « Les lettres du blanc sur les bandes du vieux billard. » Elles nous renvoient « aux signes typographiques qu'on trouve sur les bords de la grande table couverte d'un drap vert un peu mité, lorsque, par un après-midi

1. *Histoire de la folie*, Plon, 1961, p. 429.

pluvieux, on veut distraire un groupe d'amis confinés dans une maison de campagne, en leur proposant un rébus; mais que, trop maladroit pour dessiner des figures assez évocatrices, on leur demande seulement de regrouper en mots cohérents des lettres dispersées tout au long du grand périmètre rectangulaire [1] ».

L'écart entre ces phrases est infime, croirait-on : un p, un petit p, un b, un misérable b. Une lettre immense, en vérité, s'ouvrant sur l'univers. Et Foucault de se référer aux linguistes du XVIIIe siècle qui mettent en vedette le pouvoir du vocable de déserter sa signification, de préserver sa figure visible en émigrant sur un autre support, en somme de changer de sens sous la même apparence. De cette diablerie, je me régale, quant à moi, autant que Dumarsais dans son traité des *Tropes* et sûrement que Foucault, mais j'en tire des conséquences différentes, m'escrimant à souligner les ressorts sataniques de l'humour qui piège ses contenus sans avoir l'air d'y toucher. Le formalisme n'a pas le goût de ces manières captieuses et Foucault n'expulse les signifiés qu'à l'éblouissante lumière des signifiants. Bornez-vous à les voir s'articuler, se transformer, à observer leurs jeux et constater comment un château féodal, ses créneaux, son donjon, ses *tours en billon*, est construit à partir d'un *tourbillon*. Roussel, en personne, dans *Comment j'ai écrit certains de mes livres*, confie à ses lecteurs, à ses exégètes, à ses fervents, la clef de ces sémiologies fantastiques, il en démonte les trucs : « Je fus conduit à prendre une phrase quelconque dont je tirais des images en la disloquant un peu comme s'il se fut agi d'en extraire des dessins de rébus. » Et ce n'est pas tout : l'œuvre

---

1. M. Foucault, *Raymond Roussel*, op. cit., p. 21.

entière, du moins celle où, selon Roussel, le « procédé » est systématiquement appliqué — *Impressions d'Afrique, Locus Solus, La Poussière de Soleils* et *L'Etoile au front...* — révèle l'adéquation bouleversante de la parole et des machines. Sur les rives du Tez, l'ingénieur Bedu a installé un invraisemblable appareillage qui se nourrit dans ses détails étalés sur dix pages des articles *Jacquard*, *Métier* et *Tisser* du dictionnaire Larousse du XIXe siècle. Après Rabelais et Flaubert, avant Céline, Roussel magnifie la bouffonnerie des savoirs et l'accent fabuleux des encyclopédies. Des aubes plongées dans la rivière, les palettes déclenchent, par un dispositif si compliqué que je renonce à vous le décrire, l'activité de broches multiples dont les canettes portent des soies de toutes les couleurs de l'arc-en-ciel. Le fil de l'eau fait naître le mouvement d'autres fils dont l'entrecroisement forme le tissu. Et, note Foucault :

> [...] ce jeu de fils est aussi un jeu de mots en lequel se manifeste, comme par référence à soi, le glissement de sens qui sert de fil directeur pour passer les phrases toutes faites du langage-fleuve à la toile serrée et imagée de l'œuvre. Autre innovation de cette machine : Roussel-Bedu a prêté à la spontanéité des navettes (marchant enfin « toutes seules » pour la première fois depuis Aristote) le travail que Jacquard avait confié aux arcades, aux tiges, aux cartons à trous : c'est que les navettes fonctionnent comme des mots inducteurs. Obéissant à un « programme caché », celle qui est désignée quitte, quand il faut, son alvéole, gagne une case réceptrice et rejoint son point de départ en laissant derrière elle sa duite transversale. Ainsi, dans le procédé, des mots prédestinés jaillissent [...] spontanément de leur phrase d'origine, traversant l'épaisseur du langage, se retrouvant de l'autre côté — d'où ils reviennent

dans l'autre *sens* — et, derrière eux, leur sillage coloré vient s'enrouler à son tour sur l'axe du récit [1].

L'automatisme qui a raison de la vie ; le mystère qui ne relève que du code ; le sens qui n'est plus rien qu'une direction ; la mort qui montre le bout du nez — n'est-ce pas elle « qui est là, servant de relais à mi-distance du fleuve et du tissu, du temps et de l'œuvre » ? —, le silence, empêcheur, dans le réel, de danser en rond, retrouvant son plein emploi par la littérature qui s'y abîme — « On a l'impression que tout est dit mais qu'au fond du langage quelque chose se tait. Les visages, les mouvements, les gestes, jusqu'aux personnes, aux habitudes secrètes, aux penchants du cœur, sont comme des signes muets sur fond de nuit [2] » —, tous les stéréotypes poussés par le vent d'hiver se donnent ici rendez-vous : c'est Blanchot, Lévi-Strauss et Lacan à Roussel attachés. Pas étonnant que Sollers, au courant des intérêts de Foucault, le convie au synode des « modernes » à *Tel quel*, lui dédiant, en 1962, une Décade à Cerisy-la-Salle à titre de gratitude et de considération.

Infortuné Roussel ! Bien qu'il s'offre lui-même à servir de guide, l'intelligibilité de son texte n'est nullement garantie par les grilles qu'il nous livre, ses rébus résistent à son décryptage. A vous et à moi de les incarner sous les auspices de la chronique des faits divers ou d'un snobisme parodique. Et, puisque *L'Etoile au front* appartient au groupe des écrits sortis tout émoulus du « procédé », je ne résiste pas à relater ma stupéfaction, en mars 1971, au parc de Choisy où, pour la première fois, depuis la création houleuse de

1. M. Foucault, *ibid.*, p. 82-83.
2. *Ibid.*, p. 146.

Les modernes.   8.

1924, la pièce dut à l'obstination de Jean Rougerie d'être monté[1].

Qui parle ? On ne sait. On pourrait intervertir les causeurs, modifier l'ordre et les séquences du discours. Seul demeurerait un réseau de formes proliférant dans une gigantesque machinerie. Blondin, l'équilibriste, nous renvoie aux agencements d'*Impressions d'Afrique* et de *Locus Solus*. M. Trézel ressemble comme un frère à Martial Cantarel, Versailles et Montmorency, fût-ce en version bourgeoise, sont domaines de prince, terres promises de contes de fées. Au début de l'acte I, Foucault a de quoi jubiler, ce ne sont que crypto-grammes, clefs, verrous, artifices comme celui qu'uti-lise la mère Inès pour rappeler son cœur à l'aide de *8* couchés au souvenir de Lope de Vega ; jeu de la lumière et de l'ombre, réglage paraissant pur effet de hasard, d'où fuse la prodigieuse confession. Mais, au milieu de la scène 3, rupture de ton, telle qu'au chapitre X d'*Impressions d'Afrique*. Par l'intermédiaire d'un pigeon, agent rousselien privilégié, machine volante mais empaillée, dégoûtante cache à mites, dessaisie de toute efficience, immolée à une fable d'amour, noble et tendre, slave de surcroît.

Depuis qu'il est devenu l'un de nos soucis priori-taires, le mythe est soumis à une exploitation intensive ; les monstres qu'il fabrique, où le même et l'autre s'enchevêtrent, sont débités comme des marchandises, aseptisés, banalisés. Ces méthodes s'appliquent tant bien que mal à l'imaginaire des sociétés sans devenir, point au nôtre. De nos comportements et de nos pensées, il contrarie la marche habituelle creusant, de lui à nous, une distance insolite, créant du sens que nous n'avons aucun moyen scientifique ou technique

1. Cf. *Les Cahiers du Chemin*, Paris, Gallimard, 15 octobre 1971.

d'exténuer. Dans *L'Etoile au front*, sous les mécaniques, les engrenages, les combinaisons, le langage parasite le langage pour y semer la confusion.

Par la bêtise. Chez Ionesco, trente ans après, celle-ci brise le texte, le laissant, chez Roussel, aller son chemin, impassible. Incidentes, parenthèses, retours en arrière, tout s'y emboîte. Les phrases sentencieusement s'ordonnent en cadence d'une curiosité brûlante et d'une érudition ostentatoire. Et puis, sans transition, on dégringole des cimes. Au pigeon de M. Trézel, Geneviève s'en prenant dans un accès d'humeur, Claude, son bien-aimé, la rabroue :

> — Au fait, tu ne sais rien de lui. Quand il s'est installé ici, on ne pouvait initier à une histoire d'amour la fillette que tu étais encore.

Geneviève, sans se décontenancer, lui réplique :

> — Mais une fiancée est presque une femme.

Claude ne se le fait pas dire deux fois. On repart vers d'autres altitudes :

> [...] et la lectrice de Lope de Vega put connaître l'idylle d'Ivan et de Nadia.
> — Une idylle russe,

piaille Geneviève, joyeuse.

Plus loin, c'est une pauvrette, tige des bonnes de *La Leçon* et de *La Cantatrice chauve*, que Roussel charge d'aplatir le discours. On vient d'entendre le récit des miracles du sapin de saint Exupère, du rite baptismal s'accomplissant selon des arrangements rigoureux :

tissus — obsessions textiles de Roussel, voyez la machinerie de Bedu —, déployés sur l'arbre entre quatre poteaux. La parole, figée dans les échantillons, brusquement s'épanche par le larmoiement de la servante :

> C'est de l'organdi, hélas ! Je fus baptisée par un temps sombre qui avait fait tendre au-dessus de l'arbre la plus pure des pièces de mousseline, la dernière. Ainsi ma part de chance fut-elle toujours faible dans le passé et ne sera jamais forte dans l'avenir.

Acte III, scène 3, Mme Joussac n'en finissant pas de conter la victoire de la Ligue sur les insectes hoquelots, ravageurs de la Nouvelle-Calédonie :

> ... Bientôt chaque membre eut le chapeau ou le buste orné d'un petit insigne monté en branche et un grand insigne suprême — bel étendard brodé à central sujet noir sur fond blanc, prêt à servir pour les solennités — fut déposé chez le président [...]

Claude, prudhommesque, de l'interrompre :

> — Comme le drapeau du régiment l'est chez le colonel.

C'est, de Ionesco, déjà M. Smith qui murmure. Ecoutez-le s'exprimant en clair :

> Un médecin consciencieux doit mourir avec le malade s'ils ne peuvent pas guérir ensemble. Le commandant d'un bateau périt avec le bateau dans les vagues, il ne lui survit pas [1].

Farcie de lieux communs, *L'Etoile au front* est réciproquement scandée par l'étonnement. Alliage

---

1. *La Cantatrice chauve*, scène 1, Paris, Gallimard, *Théâtre*, tome I, p. 23.

insolite du simple comme bonjour et de la quintessence, selon Michel Leiris, le récit de Roussel traite
l'anecdote comme le maillon d'une chaîne pour mieux
l'en faire surgir, exemplaire ou extraordinaire, couron-
nant l'énoncé dont elle paraît la modeste servante. A
peine Joussac en termine-t-il avec la coque de l'œuf
baisée par Milton en hommage à Maud de Pearly, qu'il
exhibe, triomphant, l'autographe de la musette en *sol*
de Rameau. Mais est-ce le musicien — aux compositeurs, Roussel, pianiste très doué, fait des grâces : dix
pages à Haendel dans *Impressions d'Afrique* —, est-ce
le genre, la musette à la consonance mi-vieillotte mi-
puérile ou le ton de *sol*, en sa précision harmonique,
qui est destiné à retenir l'attention ? On hésite sur la
préséance de ces messages, d'autant qu'ils sont happés
et dilués par une narration torrentielle. Au couvent de
Macaigne la sœur Tourière trouve — « en manœuvrant
le tour ? » questionne Geneviève — un nouveau-né
masculin, abandonné, sitôt mis en nourrice, non sans
que les saintes femmes aient assuré sa pension par un
ingénieux stratagème : une loterie concertée par les
châtelains du voisinage. Classée première, la partition
ne se dégage pas pour autant de la trame verbale, car
nous sommes simultanément bombardés d'informations, avertis que François, plus tard revendiqué par
Thérèse Clément comme son enfant, est le fils naturel
de Yolande de Passeneaud dont Thérèse est la domesti-
que dévouée ; que Yolande, femme de marin souvent
seule, éprise et grosse de Rameau, accouche dans
l'incognito d'un manoir provincial, emportant, entre
autres objets précieux, la musette, qu'elle lègue, gage
d'amour, anonymement au bébé. Quant à la musique,
elle ne s'affranchit réellement de l'inextricable éche-
veau des événements que dans la coda finale quand
Joussac, déclarant que toutes ces trouvailles lui sont

arrivées par hasard, communique à l'humble papier l'éclat incomparable de la révélation.

Des clichés aux sortilèges une intense circulation s'aménage. Sous leur vernis fabuleux les contes de Roussel amoncellent les conventions d'opéra-comique et les recettes de grand-guignol. A l'opposé de *Godot* et de *Fin de partie* où les paroles s'échangent comme des balles de tennis, rebondissant de plus en plus mollement pour venir expirer dans la béance du sens, les dialogues de *L'Etoile au front* apportent à la banalité un souffle régénérant. Roussel est de la lignée du dernier Flaubert. Héritiers de Bouvard et de Pécuchet, M. Trézel, Geneviève, Claude, les Joussac, repus de poncifs, nous entraînent dans leur abîme : la sottise se coule dans l'épopée, le vide se mue en éloquence.

Geneviève. — Oh ! La jolie tête d'enfant.

Mme Joussac. — C'est signé ?...

Lissandreau. — De Vagirard, un bel artiste, mort jeune, hélas !

Claude. — Et cet enfant ?

Lissandreau. — ... Est sa fille Marthe qui, très tôt orpheline de mère, fut l'héroïne d'un drame dont ce portrait tire beaucoup de tristesse.

Trézel. — Héroïne passive, sans doute... Ses yeux semblent si purs.

Lissandreau. — Sa bonne, Angèle Crégut, une belle fille, circonvint patiemment Vagirard qui ne laissait pas d'être fortuné [...] Angèle avait un autre amant plus ancien, Zacharie Nail, baryton de troisième ordre.

Geneviève. — ... Qui trouvait des engagements !

Lissandreau. — ... Comme choriste...

Du portrait de jeunes filles à la condition de chanteur falot, il semble qu'on tourne en rond dans le racontar mondain. C'est du roman à quatre sous, du Gyp, du

Delly. On avance toutefois à pas de géant car il sourd brusquement, ce baryton dans sa carrure grotesque, de l'accumulation de fadaises, comme le bruit, chez Leibniz, de petites perceptions dont on ne s'aperçoit pas.

L'accentuation n'est pas dévolue aux fragments de scène, elle court à travers la pièce indivise, s'appliquant aux objets hétéroclites, aux situations irréductibles, aux systèmes incomparables, jouant furieusement de la redondance, manière de ponctuer l'action par le retour de l'identique.

Vingt-trois idylles au moins. Huit histoires de veuvages, neuf ancillaires, huit d'histrions. Théâtre répétitif, théâtre saturé. L'odyssée du manuscrit de Racine [1] racontée par M. Trézel, acte I, scène 2, se déroule à huit niveaux :

1. Récit introductif de M. Trézel ; le manuscrit de Racine tenu par un fil, vecteur électif des mécaniques rousseliennes.

2. Roman du fil de fer sur lequel Blondin traverse le Niagara.

3. Rapport de Crapard, fouineur et bibliophile, hôte du banquet commémoratif de Blondin ; rapprochement de la prouesse du funambule et d'un exploit sous le règne de Septime Sévère.

4. Exposé de cet exploit dans une lettre de Racine à Mme de Mirval.

5. Chronique de Septime Sévère.

6. Historique des amours de Mateo, acrobate protégé de Septime Sévère, et de Lola.

7. Dialogue de Lola et de Mateo.

8. Récapitulation de Trézel qui annexe ces discours — roman du fil de fer, rapport du père Crapard, exposé

---

1. Les autographes du xviie siècle, à quelques rarissimes exceptions près (les *Pensées* de Pascal), sont introuvables.

de Racine —, et les noue physiquement dans l'exhibition du manuscrit glissé dans le bracelet de Blondin.

Théâtre saturé. Les locuteurs présents (Zeoug, Leidgé, Trézel, Claude, Geneviève) se joignent et s'identifient aux narrateurs invoqués (Racine, le père Crapard) et les uns et les autres à des héros imaginaires ou réels (Blondin, Septime Sévère, Lola, Mateo). Genre déboussolant qui mêle la littérature à quatre sous à l'érudition absconse. De ces entrecroisements, de ces télescopages, *L'Etoile au front* tire sa dérision. Celle-ci a des allures d'ange : c'est le malin qui l'habite, elle mystifie le savoir. Surtout, sous ses revêtements et ses masques, elle renvoie à une succession d'infamies : le sacrifice exigé par Çiva des deux orphelines hindoues ; le sadisme de Lola ; le massacre de Florisane ; le fratricide de la préfète ; l'abandon du petit François ; le meurtre du nouveau-né par Roldar ; la machination assassine de Silvorine ; la combinaison machiavélique d'Angèle Crégut ; sans compter les trahisons conjugales, les abominations d'espionnage, les morts en bas âge, les accidents effroyables qui jonchent la pièce en une fresque apocalyptique. Mais le satanisme, en cet énorme mélo, sévit moins dans les méfaits que dans la dualité des personnages, si bien élevés et si extrêmes, si lointains et si possessifs, complices des turpitudes les plus exécrables ou des amours les plus émouvantes. Le drame les exalte. Ils en veulent toujours plus, y projetant d'incoercibles ardeurs. Il s'agit du manuscrit de Ramus en persan :

Joussac. — Je vais me lancer sur la piste de ce joyau fabuleux. Où Ramus en fait-il état ?
Claude. — Dans sa *Veillée du solitaire*[1].

---

1. Inénarrable attribution à l'humaniste mathématicien et protestant du xvie siècle d'un titre de feuilleton du xixe comme, un peu plus haut, d'une étude sur saint Jules !

Joussac. — Dès demain je pars en campagne et vous recevrez un mot à chaque pas que je ferai en avant.

Comprenez-vous que me mette en émoi l'étouffement, par des sophistications d'école, de cette exhortation au plaisir. Certes, de celui-ci, il n'y a pas d'appellation contrôlée. Tout, à commencer par la douleur, lui est bon : l'idéologie, la religion, la philosophie, la science, la géométrie cartésienne dont Malebranche, une nuit, s'enivra, les équations de Lagrange qui arrachaient des larmes à mon maître Bachelard ! Ainsi j'accorde aux clercs le droit de savourer à loisir le « procédé » de Roussel au détriment de son humour, à condition qu'ils m'arrogent celui de préférer la réjouissance à la contrition, j'entends la fête et la liberté à l'exégèse. Un parti pris d'anesthésie hante les décorticages auxquels Foucault soumet les fièvres rousseliennes. Elles résistent, rassurez-vous, aux rafales du vent d'hiver, révélant inépuisablement le sens qui s'épanouit dans l'insensé, le monde qui s'illumine dans le délire et l'œuvre qui s'opère dans l'insurrection.

1963. Robbe-Grillet *de Bruce Morrissette*[1].

Paris, printemps 1961, à la terrasse des Deux Magots, Jean-Edern Hallier qui appartient encore à la revue *Tel quel,* lancée l'année d'avant, Hallier, déjà inquiétant, mi-transgresseur, par quoi il m'attire, mi-trublion, faiseur d'embrouilles et obsédé de grands emplois qu'il s'évertue à ne pas conquérir, apercevant sur le boulevard Saint-Germain Robbe-Grillet, tout gonflé de sa récente fortune littéraire, me dit : « C'est un petit-bourgeois. »

Remarque pertinente : car, de Robbe-Grillet, ce n'est ni la condition professionnelle ou économique qu'elle vise, encore moins l'esthétique dont j'ai noté déjà l'insignifiance mais l'idéologie, produit du groupe dominant.

En France, l'apothéose petite-bourgeoise ne date pas du XIXe siècle, ainsi qu'on croit généralement, pas même de sa dernière séquence quand la Troisième République investit les instituteurs d'une éminente fonction pédagogique et morale dans la nation. Elle nous est contemporaine. La paysannerie réduite vers 1960 à dix pour cent de la population globale, l'encadrement parcourant l'échelle sociale, un accent pro-

1. Paris, Editions de Minuit.

noncé vers le bas, les services en expansion, tout conflue — petits chefs, petits bureaucrates, petits techniciens, petits fonctionnaires —, dans une classe composite, aussi distante des petits patrons de la sans-culotterie de 93 que des employés poussiéreux de Balzac ou de Huysmans.

En partie délivrée de son « ressentiment » atavique, des souffrances de l'inconfort entre les nantis qui la fascinent et ses frères, les humbles, dont elle tend à se démarquer coûte que coûte, mais découvrant des insécurités à la taille de son essor : le tournis de la société technologique, le bombardement des images dans les rues, dans les vitrines, dans les réseaux de communication ; l'objet qui se dissout à mesure qu'il prolifère ; l'ignorance dans une civilisation du savoir.

La révolution intellectuelle qui éclate en France dans les années cinquante s'attaque à ces représentations délétères. Elle se trame dans les facultés et les écoles où déferlent les enfants du secteur tertiaire. En 1950, il y a moins de cent mille étudiants dans l'Université française. A la veille des « événements » de 1968 ils sont environ cinq cent mille. Près d'un million en 1980. Face à cette démographie galopante, ce qu'il est convenu d'appeler, depuis les réformes d'Edgar Faure, les U.E.R. de lettres et de sciences humaines ne constitue qu'un sous-ensemble. Mais, entre 1960 et 1970, c'est lui qui sert de support opérationnel au pouvoir symbolique en cours d'avènement. « Petits clercs » empressés à se couler dans le temps des professeurs et à en adopter les articles de foi : l'abandon des langages mous, impressionnistes et débilitants dits littéraires pour les langages durs de la sémiologie rétablissant les textes dans leur souveraineté bafouée ; la chasse au vécu, ennemi public n° 1, source des marasmes, des images paralysantes, des obsessions d'apocalypse que les discours scientifiques sont chargés de dissuader ; la promotion des systèmes où les signes volages qui envahissent le quotidien sont solidement pris en main ; la synchronisation évinçant l'histoire, haïssable messagère de la culture que les petits clercs n'ont pas reçue en apanage, séculairement liguée en France à la caste patricienne dont toujours furent exclus les docteurs.

De cette trépidation, Robbe-Grillet est l'un des premiers bénéficiaires. Sous la pression d'étudiants énervés, la Sorbonne réclame ses conférences. Des normaliens, des khâgneux y accourent, témoignant que l'« héritage » dont en 1964 Bourdieu et Passeron effectuent l'anachronique expertise, que le « fond » dont se nourrissent les privilégiés est en train de rafraîchir ses valeurs. Il délaisse les classiques empruntés aux jésuites d'Ancien Régime au profit d'une « modernité » leur déclarant la guerre.

A la fin des années cinquante, en ce climat de crise, Morrissette hante Paris. Je le rencontre au théâtre de la Huchette, consultant Nicolas Bataille sur les dessous du pastiche de Rimbaud[1], une « affaire » selon la meilleure stratégie académique américaine. Là-bas, en effet, les départements de langues étrangères se caractérisent par une carence générale d'imagination. On jette son dévolu sur un auteur, on écrit une thèse le plus fréquemment sans intérêt. On devient professeur assistant. A force de surpassements, conjurant les haines, déjouant les complots, publiant trois ou quatre articles dans les revues spécialisées ou communiquant à des congrès, on a quelques chances d'obtenir la « tenure », notre titularisation, assortie du titre de professeur associé. Aux Etats-Unis, pas de clercs fonctionnaires. Rien n'est assuré, il faut conquérir son territoire et le

1. Cf. *infra*, p. 54.

conserver par la férocité. Un autre livre, deux ou trois contributions à des ouvrages collectifs en faveur, c'est la course engagée vers les hauteurs, la charge et l'appellation de Full Professor. A son courage, à sa persévérance, à sa capacité d'écrire encore et toujours, celui-ci doit d'éventuelles et problématiques augmentations de salaire.

Or ce cursus habituel se trouve modifié dans les années soixante. Avant-guerre l'appareil d'enseignement américain est plutôt malingre. Une poignée d'institutions privées : à l'est, les anglo-saxonnes vénérables, Harvard, Yale, Princeton, Columbia, John's Hopkins et une douzaine de collèges huppés ; à l'ouest Stanford ; dans le Midwest Chicago. Et quelques grosses machines publiques : universités d'Etat réputées de Californie (Berkeley, Los Angeles, etc.), de New York (Cornell, Buffalo) et les « big ten » du Midwest, du Wisconsin (Madison), d'Illinois (Urbana), d'Indiana (Bloomington), du Michigan (Ann Arbor), etc. C'est presque fini. A partir de 1950, l'affluence des étudiants partout bouleverse le paysage des départements littéraires. Du renforcement des professeurs résulte l'éclosion des vedettes. Maintenant que le ton est à l'expansion, certains prétendent la conduire. C'est le moment que depuis des lustres ils attendent, non pas, comme en France, pour supplanter les écrivains mais pour rejoindre, à défaut des businessmen inaccessibles, les physiciens, les chimistes et les technologues dans la considération populaire.

Morrissette est de ces battants. D'abord attelé au XVIe siècle, il ne tarde pas à concevoir qu'il s'arrangerait mieux du nôtre. Ayant tâté avec succès de *La Chasse spirituelle*, il se lance dans une opération ingénieuse. Aux Etats-Unis, à cette époque, on ne connaît rien des recherches formelles françaises. Ni

Barthes ni le nouveau roman ne sont des sujets d'exploitation courante. Seul Lévi-Strauss, dans le cercle ésotérique des anthropologues, y jouit d'un grand crédit. Pourtant l'Amérique est la terre promise des discours sans contenu. Tout y consent. La tradition, à la fois pragmatiste et logique, des philosophes analytiques questionnant, depuis Peirce, les signifiants. Le goût invétéré des jeux de mots : en 1809, dans *Knickerbocker's History of New York*, Irving, précurseur du docteur Lacan, fait dériver Manhattan, sa ville natale, de « man's hat », chapeau d'homme, les femmes indiennes portant des coiffes de messieurs. L'influence des linguistiques fratricides de Jakobson et de Chomsky, unies dans l'adoration des structures. La hantise des débordements du sensible. La foi aveugle dans les techniques. Le dédain de l'histoire. La confusion de l'existence et du spectacle. Le prestige des systèmes. Et surtout l'ardente conviction qu'en la pensée, à l'instar des marchandises, la nouveauté est méritante, que ce n'est pas l'originalité mais fondamentalement le temps qui distingue ; que le présent infailliblement dévalue le passé.

Donc l'Amérique attend Robbe-Grillet et Morrissette l'annonce par des articles, des conférences, enfin par le livre publié aux Editions de Minuit qui lui vaut des propositions flatteuses et un engagement lucratif à Chicago. « Coup » trop percutant pour que d'autres tardent à le répéter. D'autant que des événements convergents viennent les inciter aux entreprises. En 1965, Edouard Morot-Sir, dévoué conseiller culturel de France, recommande à ses interlocuteurs ordinaires l'abonnement immédiat à *Tel quel*, le dernier cri de Paris. En 1967, René Girard qui exalte ses auditeurs de « John Hopkins » par sa mythologie de la violence et souffre à proportion de l'obscurité qui le pénalise à

Paris, invite à un colloque à Baltimore, afin de se gagner leur caution, Jacques Lacan et Jacques Derrida, Jean-Pierre Vernant, Edgar Morin et un compatriote émigré qu'il ménage, Roger Kempf.

L'initiative de Girard fait tache d'huile. La rumeur de Derrida va s'enflant. En tout lieu les départements prêtent l'oreille aux sirènes parisiennes. Todorov, Genette, Julia Kristeva débarquent pour y répandre la vérité. On assiste à de déchirantes conversions lexicales : à Madison, à Minneapolis, à Ann Arbor on n'écrit plus sur Flaubert, on le « lit ». Columbia, à l'instigation de Riffaterre, est enlevé. Bientôt c'est le tour de Yale, Yale fétiche, Yale pilote des études françaises sous la magistrale impulsion de Henri Peyre, Yale où, vers 1970, dans une comédie d' « Ecole », des clercs s'adonnent à une épistémologie et à une sémiologie insipides, Yale où Soshana Feldman, déléguée officieuse de *Tel quel,* confie à la « quatrième de couverture » de son maître ouvrage [1] qu'elle y « interpelle » Artaud et Foucault ! Déferlant sans obstacle, la modernité submerge l'Amérique d'est en ouest. D'actifs chairmen, pour circonvenir les étudiants et damer le pion à des collègues du voisinage, se ruinent à attirer, de Paris, des étoiles. De Buffalo à Berkeley qui, après 1970, sous la houlette de Bersani, s'est rendu, de New York University à Irvine, petit campus de l'université de Californie où Mme Hubert, naturellement plus adaptée au style de la *Revue d'histoire littéraire* qu'à celui de *Poétique,* vers 1975 fougueusement se donne à la mode, c'est un pont aérien qui relie la France théoricienne et les universités des Etats-Unis.

En 1984, un tiercé domine le marché. De bas en haut : Serres, Foucault, Derrida. Rien de plus singulier

1. *La Folie et le Texte littéraire,* Paris, Le Seuil, 1978.

que l'extrême réputation de ce clerc dans des milieux insuffisamment préparés, sauf leur respect, à le reconnaître. Je crains que les novices qui prononcent son nom avec gourmandise ne possèdent sur le bout du doigt Platon et Hegel, Husserl et Heidegger, préambules inévitables à sa lecture. Je doute que des esprits non rompus à l'ontologie puissent interroger son œuvre énigmatique. Quelques idées fortes, rapidement vulgarisées, comblent leur appétit. L'hégémonie du signifiant — brandi par les sophistes, choyé par les grammairiens jansénistes, musclé par Ferdinand de Saussure, blindé par les phonologistes de Prague, sacré par la sémiotique en France après 1950 — trouve avec Derrida son point sublime d'épanouissement. Plus de référent. Tout est langage. Rien ne le précède, rien ne le fonde. Pas de vécu qui, dans un silence illusoire, intentionnerait on ne sait quel monde. Pour redorer le blason terni du sens, pas d'écriture, aussi vacante que les signes verbaux antécédents, pas de signifés, relents d'un « chosisme » épuisé, pas de présences, scories d'une phénoménologie désuète.

Du signe, sous lequel il n'y a rien à quérir, aux simulacres tourbillonnant à la fois dans le champ du sensible et dans les énoncés discursifs, pas de distance s'il est vrai qu'il n'y a de méthodologie que de la feinte, que, pour cesser de tourner en rond — approuver la raison qui n'en a cure ou la critiquer par ses propres ressorts —, il faut employer la simulation à l'anéantir.

Truquage propre à toucher la sensibilité d'un peuple incertain sur ses débuts. En démontrant que rien, au grand jamais, ne s'inaugure ; que l'origine est comme la première au théâtre, reproduisant la répétition générale qui reproduit elle-même la dernière répétition hors public ; que le premier ne l'est que par le second, celui-ci en tirant une priorité de droit.

Vingt ans après la parution de l'ouvrage de Morrissette, la notoriété de Robbe-Grillet aux Etats-Unis, quoique inférieure à celle de Derrida, le dédommage de son discrédit en France. Pédagogue invétéré, il donne, une partie de l'année, des cours à New York et à Los Angeles.

Février 1983 : à la suite d'un colloque en Sorbonne engageant des intellectuels français et étrangers de grand renom à méditer sur la crise, Raymond Sokolov, du *Wall Street Journal,* écrit que c'est faire beaucoup de bruit inutile, la France étant désertée par la culture depuis trente ans : plus de créateurs, plus de talents. On comprend que je ne lui cherche pas querelle sur cette matière. Mais, en affectant d'exprimer une pensée américaine commune, il s'avère ou ignare ou menteur. Quand il épanche sa bile, le havre des chevaux de retour de la modernité française se trouve en son pays. Et si la plupart de nos clercs sont traduits à l'usage interne de la cléricature américaine, leurs noms, filtrant dans la presse, y rompent cependant le silence sur la France.

1963. Un dimanche après-midi
chez Françoise Geoffroy.

Ne concluez pas du règne des clercs à la faillite de la sociabilité élitiste dans le « clan ». Au moment où il se voue au savoir et à l'ennui, elle préserve ses traditions.

Au XIXe siècle déjà, l'institution culturelle est confrontée à des circonstances insolites. Dans l'ordre égalitaire — comprenez-le comme Stendhal, quand s'abolissent les différences —, c'est, sans distinctions, aristocrates déclassés et roturiers triomphants, qu'elle subit le désavantage du conformisme en vigueur. Et, à Chateaubriand, son messager intraitable, gentilhomme désinséré jusque parmi les barons, il appartient, repliant narcissiquement l'écriture sur elle-même, de prophétiser l'irréversible relégation des écrivains.

En bisbille avec la société dominante, le « clan » ne se saborde pas pour autant. Mais il fonctionne en circuit fermé. Ses colloques se déroulent à huis clos, ses demeures n'accueillent que des affidés. Des soirées, à l'Arsenal, chez Nodier, à celles, rue de Rome, chez Mallarmé, le style est semblable à cinquante ans de distance. Il arrive que le salon se transporte dans la salle à manger des restaurateurs : chez Magny, sous le Second Empire, qui régulièrement héberge Gavarni, les Goncourt, Sainte-Beuve, le jeune Zola dans une complicité frondeuse. Une exception, un anachronisme : la princesse Mathilde recevant Flaubert et jouant à la liberté d'attitude, tandis que les procureurs impériaux fourbissent l'acte d'accusation de *Madame Bovary* et des *Fleurs du Mal*.

Après la Première Guerre mondiale, c'en est fini, malgré les éclats et les coups de gueule, du conflit de l'art et de l'ordre. On chahute un peu Dali et Buñuel à la projection du *Chien andalou*. Mais, dans l'ensemble, les pionniers sont accrédités avec empressement, les scandales d'*Olympia* ou du *Sacre du printemps*[1] impensables.

Le XVIIIᵉ siècle est revenu, édulcoré. Beaux décors, toiles de maître, meubles signés, chère délicieuse, politesse exquise. Les hôtesses n'ont pas changé de condition, grandes dames, riches aristocrates ou bourgeoises. Mais l'idéologie a résilié son bail. Pas question de tramer la révolution. Le plaisir toujours renaissant est de se retrouver entre soi au milieu des autres. Les trublions professionnels y semblent doux comme des moutons. Vous y cherchez en vain des neveux de Rameau. Chez Winaretta Singer, princesse de Polignac, avenue Henri-Martin, entre Igor Stravinski et Paul Valéry, Erik Satie, l'insupportable, s'assagit.

Et, dans les années cinquante, la mondanité culturelle qu'on eût crue balayée par les tourmentes reprend son essor au rythme encore assez lent de la substitution des signifiants aux signifiés. Les attardés, Sartre en tête, chevaliers servants du sens, ne courent pas les réceptions ni Giacometti qui ne dialogue qu'à La Coupole ou à l'atelier. Le passé se survit, rue Duroc, chez Etienne de Beaumont. La fanfreluche y côtoie la musique et la danse. Aux environs de Paris, chez le

1. Encore ne faut-il pas conspué pour la musique mais pour l'indécence de la chorégraphie

préfet Dubois, la tonalité masculine aussi est prégnante, avec des accents prémonitoires de cléricature. L'Ecole Normale supérieure y délègue ses éphèbes : Jean-Jacques Rinieri, séduisant parménidien prématurément disparu, Lucien Sève, à présent directeur des Editions sociales et responsable influent du parti communiste français.

Je ne vous parle ni de Marie-Louise Bousquet ni d'Emilie Faure-Dujarric, leur public est trop composite, écrivains authentiques et falots mêlés sans que le panache tienne lieu de rigueur, je vous conduis chez Marie-Laure de Noailles où, dans le style 1925, des fêtes superbes rassemblent Jean Cocteau et des duchesses, des peintres de grand et de moindre mérite, le piano et la couture, Olivier de Magny, signataire du Manifeste des Cent vingt et un et de petits auteurs minables dont la vicomtesse s'est toquée.

C'est à deux pas de l'ancien hôtel de Polignac qu'officiellement la modernité salonnière prend racine. A propos du « Domaine musical », j'ai relaté les largesses de Mme Tézenas accueillant rue Octave-Feuillet, dans le XVIe arrondissement, ce qui se fait de plus novateur et de plus « in », Nicolas de Staël et René Char, Henri Michaux et Francis Ponge, Vieira da Silva et Pierre Boulez, Pierre-Jean Jouve et André Masson. La table ressortit à la plus exquise tradition seigneuriale. Tout y abonde et tout y culmine jusqu'aux bagatelles de petits fours.

Dans les parages croise Mme Germain. Propriétaire d'un théâtre, depuis 1959, rue Jussieu, habilement conseillée par Gilles Sandier, elle produit *Les Nègres* de Genet, *La Maison d'os* de Dubillard, *Biedermann et les incendiaires* de Max Frisch. N'hésitant pas à manœuvrer ses navires dans des eaux territoriales étrangères, elle assiste financièrement Pierre Boulez. Il en survient avec Mme Tézenas un froissement. De ses droits prioritaires, celle-ci peut se targuer à l'évidence dans le mécénat et l'accueil. L'hospitalité luxueuse de Lucie Germain ne présente pas les mêmes grâces, bien que la fine fleur du « clan » la courtise.

Face à de telles magnificences, les « dimanches » de Françoise Geoffroy ne brillent guère. Vous n'êtes pas à l'orchestre mais au parterre. Les options n'y sont point tranchées. L'humanisme penaud y frôle le formalisme en vogue. De ce divers, les amitiés d'adolescence, les camaraderies khâgneuses et les promotions normaliennes constituent le lien incertain. Deguy, Faye, Abirached, Fernandez figurent parmi les fidèles.

Byzantios, un jour, m'y entraîne. Je suis accueilli avec méfiance. Personne ne m'ignore mais on ne sait pas qui je suis. Ai-je vraiment une adresse, une identité, un logis ? A l'instant du départ, j'assiste à un échange surprenant. Deguy, prenant Byzantios à part, l'air revendicatif, lui demande : « Avec qui êtes-vous ? » Se sentant suspecté, le peintre, qui entend bien qu'il ne s'agit pas d'attachement mais d'accointance, bredouille, en guise de réponse, qu'il récuse toute intégration. Parti inintelligible à Deguy qu'un réel talent n'a jamais affranchi des servitudes. Heideggerien à ses débuts, quand c'est convenable, structuraliste, quand c'est la règle, de toutes les chapelles, pourvu qu'elles règnent, de toutes les revues, de tous les comités qui légifèrent, à *Tel quel*, en 1960, à *Critique*, à l'ombre de Piel, chez Gallimard, à *Poétique*, sous la coupe de Genette. La solitude l'afflige, la marginalité lui répugne, l'indépendance le terrorise. Victimes promises à la dérisoire dictature de Paris, méditez la leçon, redressez-vous, encore un effort !

1963. Dîner avec Roland Barthes.

Je ne suis pas l'ami de Barthes, tout juste, dans les années soixante, l'épisodique compagnon de repas à huit heures qui lui laissent, après dix, le plein emploi de sa soirée. Il n'est pas illustre encore mais dans l'étroit no man's land séparant la réputation de la célébrité. Elu en 1961 directeur d'études à la sixième section de l'Ecole Pratique des Hautes Etudes, il s'y trouve comblé. A son séminaire très couru il s'applique et l'on voit ce journaliste, ce chroniqueur, cet écrivain doué s'inscrire comme en son lieu naturel parmi les professeurs, ses collègues, dans un grand établissement d'enseignement.

En avril 1963, je dîne avec lui aux « Charpentiers » rue Mabillon où, trois ans plus tôt, je réunis Eugène et Rodica Ionesco, Michel Deguy et son épouse, Dico Byzantios et la sienne autour de Jean Starobinski. Tandis que je m'adresse à ce clerc, c'est avec Deguy, alors passant pour influent dans le « clan », qu'en silence, par les connivences du regard, il converse.

J'ai, avec Barthes, plus de chance. Sans égard à ses préoccupations présentes — jusqu'au cou il est enfoncé dans son *Système de la mode* —, je l'entraîne chez Mme Verdurin quand Charlus, incongrument, par tous est salué comme maître de maison :

Ce qui perdit M. de Charlus, ce fut la mauvaise éducation — si fréquente dans le monde — des personnes qu'il avait invitées et qui commençaient à arriver. Venues à la fois par amitié pour M. de Charlus et avec la curiosité de pénétrer dans un endroit pareil, chaque duchesse allait droit au baron comme si c'était lui qui avait reçu, me disant jusqu'à un pas des Verdurin qui entendaient tout : « Montrez-moi où est la mère Verdurin ; croyez-vous que ce soit indispensable que je me fasse présenter ? J'espère au moins qu'elle ne fera pas mettre mon nom dans le journal demain, il y aurait de quoi me brouiller avec tous les miens. Comment, c'est cette femme à cheveux blancs ? mais elle n'a pas trop mauvaise façon. » Entendant parler de Mlle Vinteuil d'ailleurs absente, plus d'un disait : « Ah ! la fille de la Sonate. Montrez-moi-la[1] ! »

Au départ, Charlus en rajoute, poussant jusqu'à la muflerie le sans-gêne, prenant l'hôtel des Verdurin pour le sien, leur réception pour son œuvre et leur concert pour son succès :

M. de Charlus recommença au moment où, la musique finie, ses invités prirent congé de lui, la même erreur qu'à leur arrivée. Il ne leur demanda pas d'aller vers la Patronne, de l'associer, elle et son mari, à une reconnaissance qu'on lui témoignait. Ce fut un long défilé mais un défilé devant le baron seul, et non sans qu'il s'en rendît compte, car ainsi qu'il me le dit quelques minutes après : « La forme même de la manifestation artistique a revêtu un côté " sacristie " assez amusant. » On prolongeait les remerciements par des propos différents qui permettaient de rester un instant de plus auprès du baron, pendant que ceux qui ne l'avaient pas encore félicité de la réussite de *sa* fête, stagnaient, piétinaient. (Plus d'un mari avait envie de s'en aller, mais sa femme, snob, bien que duchesse, protestait : « Non, non, quand nous

1. Proust, *La Prisonnière*, Gallimard, « Bibl. de la Pléiade », t. III, p. 245.

devrions attendre une heure, il ne faut pas partir sans avoir remercié Palamède qui s'est donné tant de peine. Il n'y a que lui qui puisse à l'heure actuelle donner des fêtes pareilles. » Personne n'eût plus pensé à se faire présenter à Mme Verdurin qu'à l'ouvreuse d'un théâtre où une grande dame a, pour un soir, amené toute l'aristocratie [1].)

« Revoyons-nous prochainement. Vous me parlerez encore de Proust. » Comme Barthes le connaît par cœur, je n'ai rien à lui en révéler, sinon par l'enthousiasme qu'il a en ce printemps 1963 désappris, ligoté par les réseaux d'alliance, les revues littéraires dominantes, l'idéologie prêchée par Lévi-Strauss du haut de sa chaire au Collège de France ou par le docteur Lacan de sa tribune à Sainte-Anne.

Puritain, Barthes se trouve pourtant déchiré au départ. Féru de Blanchot, il l'est aussi de faits divers, de presse féminine, de quotidienneté. Il annonce la fin des gens de lettres et le messie en Robbe-Grillet. Mais dans *Mythologies* et *Michelet par lui-même*, il tâte de la gratuité. En 1963, elle continue à le hanter, me le témoignant à moi qui m'y suis pendant deux heures, devant lui, abandonné. Il attend de ses triomphes, par la macération et l'ennui, la licence de s'émanciper. A peine a-t-il publié *S/Z* et *Sade, Fourier, Loyola* qu'il entame sa troisième manière, eudémoniste, succédant à la seconde, théoricienne, qui prétend balayer les ambiguïtés de la première, mi-thématique, mi-marxiste, mallarméenne et impressionniste, un peu historique, déjà synchronique. Pitoyable revendication d'une indépendance impossible. On ne secoue pas ses chaînes quand on s'est, délibérément, mis dans les fers. On ne se coupe pas de *Tel quel*, quand ses chefs servent si bien

1. Proust, *ibid.*, p. 266-267.

vos intérêts. Pour se faire pardonner des audaces furtives on s'enflamme :

Dans *Cobra*, de Severo Sarduy (traduit par Sollers et l'auteur) [...] [1]

[...] Robbe-Grillet est déjà dans Flaubert, Sollers dans Rabelais, tout Nicolas de Staël dans deux centimètres carrés de Cézanne [2].

Enfin, le texte peut, s'il en a envie, s'attaquer aux structures canoniques de la langue elle-même (Sollers) [3].

L'écrivain est quelqu'un qui joue avec le corps de sa mère (je renvoie à Pleynet sur Lautréamont et sur Matisse) [4].

Prenons aussi cette proposition de Julia Kristeva dans son envers : tout énoncé achevé court le risque d'être idéologique [...] [5].

Bien que la théorie du texte ait nommément désigné la signifiance (au sens que Julia Kristeva a donné à ce mot) comme lieu de la jouissance, bien qu'elle ait affirmé la valeur à la fois érotique et critique de la pratique textuelle, ses propositions sont souvent oubliées, refoulées, étouffées [...] [6].

On ne change pas de cap à loisir quand on est poussé par le vent d'hiver. On ne modifie pas une image estampillée par les clercs. Cette « hédonologie » est une cote mal taillée entre le rigorisme qu'elle croit liquider et le sensualisme qu'elle veut rajeunir. Sous

1. *Le Plaisir du texte,* Paris, Le Seuil, coll. « Tel quel », p. 17.
2. *Ibid.,* p. 35.
3. *Ibid.,* p. 51.
4. *Ibid.,* p. 60
5. *Ibid.,* p. 80-81.
6. *Ibid.,* p. 101.

des traits olé olé, c'est de discours toujours qu'elle se gave, de codes, de paradigmes, d'idio- et de sociolectes, tous présents au hasard des aphorismes où Barthes, en filigrane, les remercie de leurs loyaux services en les incitant à une semi-retraite dorée. De sorte qu'il nous force à une tâche ardue : déchiffrer un contrepoint dont les parties audibles sont étouffées par le non-dit, cette chose bizarre qui résiste à l'analyse des signes. Suite à dix années de terreur littéraire, *Le Plaisir du texte* répond à un besoin d'apaisement, il adoucit des mœurs cruelles, tel l'Amour, suite au déchaînement des ombres, recevant, gracieux, Orphée dans les Champs Elysées.

Je voudrais connaître son adresse, à ce plaisir ressuscité. Barthes assure qu'il conforte, qu'il emplit. Les épicuriens déjà y logeaient la sagesse du monde, le principe d'équilibre de l'ordre et du désir, du coup le soumettant à une juridiction draconienne, l'exténuant sous les prescriptions. Serait-ce pour rebuter l'exégète d'Ignace ou de Rancé ? L'austérité est son confort à lui, la contrition sa plénitude. On vogue dans l'ambivalence, Spinoza l'avait marqué :

> La sensation de plaisir est une joie qui, en tant qu'elle est rapportée au corps, consiste en ce qu'une ou quelques-unes de ses parties sont affectées plus que les autres et la puissance de ce sentiment peut être si grande qu'il l'emporte sur les autres actions du corps, qu'il lui demeure obstinément attaché et, par conséquent, empêche que le corps ne soit affecté d'un très grand nombre de façons et, par conséquent, ce sentiment peut être mauvais. D'autre part, la douleur qui est au contraire une tristesse ne peut, si on la considère en elle-même seulement, être bonne. Mais comme sa force et son accroissement sont définis par la puissance d'une cause extérieure comparée à la nôtre, nous pouvons donc concevoir des degrés et des manières d'être infinis

dans les forces de ce sentiment et par conséquent le concevoir tel qu'il puisse empêcher que la sensation de plaisir ne soit excessive et, dans cette mesure, faire qu'elle rende le corps moins apte, et par suite, elle sera bonne dans cette mesure [1].

A la dernière page du *Plaisir du texte*, je ne suis pas plus avancé : de l' « hédonolecte », je cherche toujours la définition. En chemin, Barthes s'égare dans les arguties, il s'empêtre dans les propos d'école :

> Le plaisir est d'ici, la jouissance ne l'est pas [...] Je renvoie à Lacan (« Ce à quoi il faut se tenir, c'est que la jouissance est interdite à qui parle, comme tel, ou encore qu'elle ne puisse être dite qu'entre les lignes [...] ») et à Leclaire (« [...] Celui qui dit, par son dit, s'interdit la jouissance ou, corrélativement, celui qui jouit fait toute lettre — et tout dit possible — s'évanouir dans l'absolu de l'annulation qu'il célèbre [2] »).

Ineffable, la jouissance n'en est pas moins, à l'instar du plaisir, équivoque, accueillante à la macération autant qu'aux douceurs. Songez à l'extase de Rousseau, fessé, cul nu, par Mlle Lambercier ; au ravissement de Sacher Masoch, sauvagement corrigé par la comtesse Zénobie. Sur le terrain glacé des discours, on n'en sort point, on ne sait partager la délectation et la peine. Tournant autour du pot, n'osant officiellement réhabiliter le vécu, appliqué surtout à la description complaisante de ses perplexités théoriciennes, Barthes en est réduit à des exercices rhétoriques spécieux sur l'agrément en littérature. Cloué à la lettre des textes comme au foyer captivant de sa pénitence, il ne se risque pas dans leurs interstices et dans leurs vides où se

1. *Ethique*, Quatrième partie, Proposition XLIII, démonstration.
2. *Le Plaisir du texte*, p. 36-37.

jouent les vraies affaires, où les fêtes de l'écriture et de la lecture se produisent :

On se dispose. On s'arrange [1].

La marquise, son frère, le chevalier, Eugénie — la jeune victime, la martyre, la sainte —, le sodomite Dolmancé s'organisent pour l'amour. Face aux attributs d'Augustin, Dolmancé, apeuré, déclare forfait. Le système vacille. Nous errons dans le sous-entendu, ce gouffre où les formalismes sombrent. Cassante, Mme de Sainte-Ange exhorte le gâcheur à ne pas faire « l'étroit ». Il obtempère : l'ordonnance se restaure. Mais l'on jubile dans l'intermède, la géniale lacune des combinaisons. De même, chez Roussel, lorsque dans les machineries et les montages les niaiseries se déchaînent. De Saint-Simon, ce ne sont pas les fureurs qui font rire, mais l'inexplicite, l'informulé, les plaintes sourdes d'une caste décadente contre les ravages de l'histoire. Partout, l'efficace, la splendeur, la violence du verbe se déploient sur son silence.

Vers la fin de sa vie, à l'apogée d'une carrière menée de main de maître, parvenu à un règne absolu, à une notoriété qu'il ne viendrait à l'idée de quiconque de mettre en question, Barthes, dans ses cours du samedi matin, au Collège de France — devant des assistances si nombreuses qu'il lui faut, chaque semaine, veiller à retenir une place pour Claude Maupomé —, en prend avec l'air du temps plus à son aise, il s'emballe, il s'amuse, au bord de la liberté. Mais il hésite à la rendre à ses livres. Par des détours « textuels », l'aphorisme, le fragment, il l'esquive. L'écrivain contemporain est impropre au dépassement. Programmé par les institu-

1. Sade. *La Philosophie dans le boudoir.*

252

tions et les médias, il se doit, sauf à abdiquer ses privilèges, de correspondre, une fois pour toutes, à son stéréotype. Entre l'ambition et la solitude, peut-être Barthes, en mourant, a-t-il préféré fuir le choix.

*5 janvier 1964. Séminaire de Lacan
à l'Ecole Normale supérieure.*

Le 5 janvier 1964, Lacan, en un splendide appareil, ouvre son séminaire, rue d'Ulm, à l'Ecole Normale supérieure. L'ami Lévi-Strauss est là au premier rang, s'étant démené comme un diable.

Pour arracher à Braudel, président de la sixième section de l'Ecole Pratique des Hautes Etudes, rétif à ce qui touche au sexe de près ou de loin, l'attribution, habituellement sans problème, d'un poste de chargé de conférences au docteur.

Pour lui favoriser l'accueil de l'Ecole Normale où Althusser l'appelle ardemment — ne va-t-il pas le confronter à Marx dans un article de *La Nouvelle Critique* —, mais dont le directeur Flacelière n'est pas gagné à la rhétorique de l'inconscient.

Le docteur, en avril, aura soixante-trois ans. Il est entré, il y a un peu plus d'une décennie, dans sa vie publique si l'on ose user à son intention des partitions habituellement dévolues à la biographie du Christ. Sitôt consommée, la scission de 1953 dans la communauté psychanalytique française lui confère un rôle auquel il n'avait depuis vingt ans cessé d'aspirer sans y atteindre, nonobstant une activité intellectuelle frémissante, des articles et des conférences en nombre, la fréquentation de ce qui se trouve de plus élégant dans le « clan » et un séminaire à Sainte-Anne.

Enseignement d'un style hospitalier conventionnel : présentation de cas, commentaire, mais détonnant par sa fureur spéculative et, après 1953, appâtant, en sus des spécialistes, des clercs, des littérateurs, des artistes.

L'impact du déplacement à l'Ecole Normale est immense. En ce haut lieu, ce creuset marginal et intégrateur des élites pensantes, dans la salle Dussane, la plus prestigieuse, s'ordonne chaque semaine, le mercredi, ainsi qu'à Sainte-Anne, un cérémonial qu'il convient de ne manquer sous aucun prétexte sauf à dédider de compter pour rien. Y assistent des femmes en fourrure, Sollers avec sa bande, Ricœur et Alain Cuny, Guattari et Glucksmann, des architectes, des poètes. Pour tenter d'y prendre part, il s'agit d'arriver au moins une heure à l'avance. Envol de la déférence, d'une ruée plus tard banalisée dans un déploiement tous terrains, au Collège de France, aux Hautes Etudes, à Vincennes, chez Foucault, Barthes ou Deleuze.

C'est que Lacan répond pleinement à la demande, lui qui proteste qu'il y va du désir de n'être jamais satisfait. C'est qu'à l'idéologie du docteur absolument tout consent, que la société le chouchoute, le Grand Autre, où il s'est targué de n'être désespérément que lui-même, provocant, hors-la-loi, semblable à ces guerriers dilapidateurs dont Bataille lui fait miroiter l'énergie barbare et subversive. Indifférent aux matières d'histoire, Lacan ne peut ou ne veut distinguer l'interdit des anthropologues, émanation stable et universelle de l'ordre établi, des instances mouvantes de l'esprit du temps désignant circonstanciellement ses messagers et ses valeurs, marquant de sa griffe les sensibilités dominantes, liguant les auditeurs aux locuteurs par des codes. De cette collusion le lacanisme profite jusqu'au paradoxe.

Car la vogue de la psychanalyse, à l'heure de l'antipsychiatrie sauvage, déconcerte et, réciproquement, l'éradication des données causales, sociales, pragmatiques qui semblent inhérentes à son exercice, bénéficiant ailleurs, aux Etats-Unis par exemple, d'une considération privilégiée.

Les Américains, malhabiles aux jeux introspectifs mais soucieux d'adaptation, chargent spontanément des médecins qualifiés de remettre leur moi sur ses rails comme les otologistes de restaurer leur tympan ou les ostéologues leur colonne vertébrale. En France, au contraire, où l'imprégnation patricienne de la culture favorise traditionnellement une phénoménologie luxueuse des sentiments — voyez du XVIe au XXe siècle le prestige des « moralistes » —, l'intériorité devient, après la Seconde Guerre mondiale, la bête noire. Pénétrée, depuis Hiroshima, du destin suicidaire des civilisations techniciennes, notre société terrifiée répudie la souffrance, la maladie, la mort dans un délire assuranciel. Mais la panique, insidieuse, resurgit en cauchemars. A lever cette hypothèse délétère, le docteur Lacan se voue avec passion, désamorçant et endormant le vécu par un discours théorique implacable.

Cela commence en tapinois, dès les années trente, avec ce que André Green, joliment, appelle une « dioptrique de l'aliénation ». A ses ouailles, aux Hautes Etudes, Kojève annonce que la conscience naît du désir qui n'est que désir d'autrui. Lacan exploite sur-le-champ ce filon dans l'*Encyclopédie* Larousse [1]. Devant son image spéculaire, le jeune enfant a des réactions jubilatoires. Première plongée dans l'imaginaire. Première identification dont Hegel conduit les séquences. Perception de soi comme d'un autre. Distinction de l'image et de la réalité de soi. Reconnaissance de soi dans l'autre.

Mais cette identité est incomplète. Elle ne s'exprime effectivement qu'en se transférant du corps sur le nom, par le langage qui nous précède et nous succède, outil de notre insertion dans le monde humain.

Ici intervient Lévi-Strauss, revenu des Etats-Unis en 1945, offrant à Lacan un second objet d'exaltation : la linguistique structurale de Jakobson. A cette source, le docteur va puiser pendant vingt-cinq ans en conformité à la conjoncture.

Parfois, à son discours, des voix solitaires se mêlent encore : Merleau-Ponty, surtout Heidegger, audible dans le « Manifeste de Rome », juste après la rupture de 1953, qui institue Lacan pilote du retour à Freud :

> Empédocle se précipitant dans l'Etna laisse à jamais présent dans la mémoire des hommes cet acte symbolique de son être-pour-la-mort.

Retour à Freud ? Ou à l'être qui dirait ce que ne dit pas l'étant par la facticité des bavardages, des ratiocinations et des techniques assourdissantes, si on pouvait l'ouïr du foyer lointain dont son murmure émane, révélateur ? Rêve lacanien d'un Sujet déshumanisé et « débarré », délivré de la chaîne — au sens propre — des signifiants, étouffoirs d'une parole poétique dévoi-

---

1. « Le Stade du miroir », 1936.

lée par Mallarmé ? Mais l'ontologie est un mirage, le sujet conserve sa barre humaine et le langage commun qui la lui imprime demeure la règle à laquelle sur le tard le docteur, contrit, offre sa reddition :

> S'il arrive que je m'en aille, [...] c'est afin d'être Autre enfin. On peut se contenter d'être Autre comme tout le monde après une vie passée à vouloir l'être malgré la loi[1].

Après avoir reçu à Mantes-la-Jolie Heidegger avec grâce en septembre 1955 et rendu en 1961 un hommage posthume à Merleau-Ponty, il octroie aux mots ordinaires le gouvernement de la psyché à l'exception d'un domaine dont ils s'appliquent en permanence à colmater les brèches sous peine d'y laisser germer le crime et la psychose. En cette zone chroniquement insurgée gîte le réel. Une infection. Des hachures, des suspensions, une ponctuation sans texte, des forces éruptives, relent du *Ça* freudien, mouvement anarchique, susceptible, s'il n'est pas endigué, de provoquer l'éclatement de la machine[2]. En rupture avec les analystes classiques — par « réalité » entendant le sol ferme, le social, le culturel — Lacan monte en marche dans le train fou qui l'a progressivement déchue de ses droits. A la fin du XIXe siècle, ne se montre-t-elle pas soudain hostile au regard ? A Cézanne, s'évertuant à la séduire, la « Sainte-Victoire » ne semble-t-elle pas, méchante, crier : « Va-t'en ! » ?

Mais, solidement agrégé à son époque, le docteur y dispose de « structures » pour reprendre en main ce chaos. Sauvetage amorcé grâce à l'imaginaire, à l'œu-

---

1. *Séminaire*, 15 janvier 1980.
2. Cf. *Ecrits*, « Réponse au Commentaire de Jean Hyppolite... », Paris, Le Seuil, p. 388.

vre dès le berceau quand nous nous plaisons à notre spectacle dans le miroir. La figure s'y esquisse du désir et des fantasmes soulageant la jouissance refoulée par celui qui parle. Dans ses représentations substitutives l'imaginaire n'est pas si loin des schèmes kantiens opérant entre le désordre du sensible et les purs concepts de l'entendement une indispensable transition ; il enveloppe le moi d'une gaine protectrice lui permettant d'échapper à la dissolution.

Avec le symbolique nous arrivons au port mais à quel prix ! Toutes les pesanteurs conjuguées, la loi civile, la loi de nature, toutes les contraintes subies par l'intercession de la langue, héritées et héritables, édifiées et édifiantes : de l'inconscient, fonctionnant comme un jeu de vocables ; du sujet, syntaxe réduite à la répétition des signifiants ; du désir qui l'est du discours de l'autre ; du sexe, non point pénis, flasque et misérable organe régi par les hormones, mais verbe triomphant, emblème dressé, phallus coalisant les marques du pouvoir, la divinité, la tribu, la norme.

En 1969, Lacan, au sommet de la faveur — quarante mille exemplaires vendus en 66 de son livre *Ecrits* —, est expulsé de l'Ecole Normale par Flacelière. Sollers et Lebel ont beau occuper son bureau, le directeur est intraitable. Aigri par les convulsions de 68, peut-être trouve-t-il un air de transgression au docteur qui la vilipende en tous lieux, serinant aux révoltés de Vincennes les fatalités de la maîtrise. Toujours flanqué de Gloria, sa gouvernante — « le vieux style », écrirait Beckett — préposée aux enregistrements, il émigre à la Faculté de droit du Panthéon où l'ivresse à présent s'exaspère. Aux analystes, aux analysants, aux petits clercs en foule, aux comédiens et écrivains décuplés, aux dames et demoiselles surexcitées se joignent les maoïstes, les antipsychiatres, les féministes recherchant dans ce culte hebdomadaire une façon de se prémunir contre eux-mêmes. Et, vers 1972, le dernier palier de son édifice théorique s'ébauche, le docteur se déprenant de la sémiologie trop descriptive pour demander appui aux « mathèmes », seuls capables de répondre à sa quête éperdue d'abstraction.

A ne pas confondre avec les graphes, de longue date connus et utilisés par lui, à la fois pour exprimer les rapports des éléments du système — l'aliénation du sujet dans l'identification de l'idéal du moi (I.A.), l'image anticipée (i.a.) et la constitution (m) du moi, le livre du trésor des signifiants (A), le point d'achèvement de la signification (s (A)) —, et pour exposer à coup de cercles, de droites et de courbes, de lignes interrompues et fléchées, les effets de devancement et de rétroaction de la mécanique mentale [1]. Ces modèles sont structuraux et ne rendent pas compte de ce qui pose problème à Lacan vieillissant : le principe de ce divers, la définition de l'indivisible dans une topologie où il n'existe plus de qualifications — plus d'envers ou d'endroit, de dedans, de dehors —, mais seulement un grand trou d'où elles fusent, telles les galaxies de l'explosion primitive. Béance et brutale érection inspirant au docteur sa doctrine des nœuds — verges en argot, vous aviez compris —, plus précisément de ceux qu'on nomme borroméens, ronds indéfectiblement liés de façon que la libération de l'un entraîne automatiquement celle des autres. Ultime résurgence des chaînes dont il n'arrive pas à dégager sa doctrine. Mais appel à la liberté qu'il découvre dans les ruptures, dissolvant en 1980 l'Ecole freudienne, renvoyant des centaines d'affidés à une solitude pathétique et provoquant la débâcle

1. Cf. in *Ecrits*, « Subversion du sujet et Dialectique du désir dans l'inconscient freudien », conférence de Royaumont, 1960.

de la psychanalyse française qu'il n'avait portée au pinacle que pour se donner, avant de déguerpir, la satisfaction de l'annihiler. Ainsi, par un retournement dérisoire, emprunte-t-il le biais méprisé du vécu pour la convaincre de ce qu'il s'est, durant cinquante ans, escrimé à lui expliquer : que le désir ne poursuit nul objet, irrésistible et condamné à l'illusion, métonymique, allant, dans son mouvement impétueux, du signifiant au signifiant et jamais au signifié. Admirable prise de vue sur les cibles évanescentes de nos impatiences, entraînées dans la course à l'abîme des marchandises. Mieux qu'aucun des gourous auxquels la rumeur l'assimile, Lacan transmet la leçon du moment.

Du simulacre ou, ce qui revient au même, du vide rayonnant sur les panneaux publicitaires qui érigent l'absence de la chose en attrait. De l'incommunicabilité, à l'âge de la communication envahissante. De la sexualité, selon Lacan, impossible, exclusive de l'autre, horizon d'une convoitise cherchant quelqu'un d'autre dans l'autre. De la stérilité répandue par la dictature des professeurs. A leur théoricité indécrottable le docteur sacrifie deux fois l'essentiel, sa pratique psychanalytique subalterne et son œuvre, retombée tardive d'une pédagogie vibrante. Il en rêve dès l'origine, guignant la chaire, qui lui échappe, de son patron, Georges Gatian de Clérambault, à la Faculté de médecine de Paris, puis s'y abandonnant avec délices à travers ses cours annuels ou ses exposés de formation dans les diverses associations de psychanalyse, Société parisienne, Société française, Ecole et Cause freudiennes. Tout devrait l'éloigner des magisters : médecin-clinicien d'envergure, grand bourgeois, épris de linge fin et de restaurants de luxe ; écrivain hanté par les surréalistes et par Mallarmé, suprêmement cultivé, tôt fasciné par le « clan » littéraire il y a un demi-siècle fermé aux clercs. A dater de 1950, tout l'en rapproche : les intérêts de sa gloire et le champ de sa parole.

Par un seul trait, de taille, le docteur, à l'histoire qui l'enveloppe, fait faux bond. De Freud, il adopte les manières initiatiques. Souvenez-vous des « Sept Anneaux », attache occulte d'une microfraternité de sages et souche d'une mythologie du secret. Mais, lors même qu'il s'affirme dissident, Lacan comble des vœux. Les rituels nous manquent comme, aux bourgeois du XIXe siècle, les manières des aristocrates qu'ils supplantent. Par l'ésotérisme le docteur glisse de la science à la secte et de la vérité au mystère. Le titre par lui élu de « Séminaire » pour désigner son enseignement l'enrobe d'une religiosité qu'épanouissent les épreuves de « passage » à la dignité d'analyste et la liturgie des communautés auxquelles il préside. Il semble que l'aura qui l'entoure compense, face à une société du rendement, la faillite des médecins abattus d'un seul coup de leur piédestal. Au début du XXe siècle, ils sont souverains, simultanément experts omni-compétents — biologistes et psychologues, hygiénistes et sociologues, physiciens et chimistes —, notaires — consultés sur les successions et les alliances —, prêtres — veillant à la vertu des familles. Après 1945, ils se banalisent, assignés par le progrès social au soin du plus grand nombre et se professionnalisent, se spécialisant à proportion de l'essor technologique. Pis, ils se vulgari-sent, dépossédés par les médias de leurs connaissances spécifiques. A ce prestateur de service, le psychana-lyste, jalousement, s'oppose, préservant la propriété de son domaine, élitaire, sacrifiant les succès thérapeuti-ques à la magnificence des savoirs.

Gardien d'un temple dont il a entrouvert les battants pour y prêcher son évangile qui exalte tant il est attendu par le présent, héraut d'une modernité qui n'en a que l'apparence trompeuse, parce qu'elle se prostitue dans la nouveauté, le docteur Lacan est, avec Lévi-Strauss, le soleil de l'hiver qui gèle la culture française depuis plus de trente ans. Sa mort, en septembre 1981, a plongé dans la détresse ses suiveurs, marxistes de la manche russe et de la manche chinoise, philosophes et épistémologues, sémioticiens de toutes couleurs, phonologistes, textomanes, anthropologues. Qu'ils se consolent : leur prophète n'était qu'un médiateur de talent, le truchement, dans un idiome où la préciosité le dispute à la jonglerie, d'une névrose collective plus virulente que jamais.

Automne 1965. Prix Nobel de physiologie
à Jacob, Lwoff et Monod.

L'attribution du « Nobel » à Jacob, Lwoff et Monod fait un barouf que le chauvinisme, si porté à gonfler les mérites français, n'explique pas. Par suite, les prix de Kastler ou de Néel, au titre du laser, excusez du peu, et du ferrimagnétisme, ne suscitent aucun bruit. Serait-ce que la sensibilité contemporaine gratifie le vital, qu'à une société paniquée la connaissance de la vie semble un palliatif contre la souffrance et la mort ? En 1979, le « Nobel » de Dausset tombe dans un calme plat en dépit de ses enjeux : l'immunité, version biologique de l'assurance qui défraye la chronique. A la vérité, en 65, le vacarme provient du « clan », inattendu si l'on songe qu'en France l'institution culturelle, dominée par les belles-lettres, a, vis-à-vis des savants, un parti pris atavique de condescendance. Non pas qu'il les rejette : il les choie et les parraine au contraire, à raison de leurs compétences et de sa faculté, à lui, de dire ce qu'ils ne sont capables, à l'en croire, que d'effectuer. En 1759, le retour de la comète de Halley, agitant la communauté scientifique européenne et ravivant les passions entre écoles mécaniciennes rivales, soulève une controverse entre d'Alembert et Clairaut. Après une séance de l'Académie où Lalande, disciple de ce maître, en présente les derniers calculs et fournit des précisions sur sa méthode, c'est, pour une large part, à travers une presse non spécialisée, *L'Année littéraire, L'Observateur littéraire, Le Mercure de France, le Journal encyclopédique*, que circulent, endossés ou anonymes, les arguments et les insinuations de ce débat [1]. On évoque les joutes futures de Cuvier et d'Etienne Geoffroy Saint-Hilaire, de Pasteur et de Pouchet sur l'unité des vivants ou la génération spontanée, leur retentissement dans l'opinion, leur prise en charge par les gens de plume.

Leur apanage est la langue dont, note Diderot, le savant ignore l'agrément. A eux de le lui dévoiler, de dégrossir ce profane dans les salons et partout, des cafés aux bureaux d'imprimeurs, où il peut s'entraîner à la conversation. D'Alembert ne s'impose pas au « clan » par ses considérations sur les trois corps mais par ses relations avec les auteurs qui fréquentent la Lespinasse.

Au XVIIIᵉ siècle, cette promotion est encore possible parce que les meilleurs, des mathématiques à l'histoire naturelle, travaillent librement en chambre, dans les cabinets privés, dans les laboratoires à domicile, en tout cas hors des universités qui les transformeraient en ânes bâtés ou en mercenaires. Mais les choses se compliquent après la Révolution, le « clan », qui met un point d'honneur à s'informer sur la science, se gardant, comme de la peste, des fonctionnaires.

Le fameux « Manifeste » de 1898 en faveur de Dreyfus ne modifie pas la situation profondément. Les créateurs unis aux clercs pour défendre la justice les accueillent d'autant plus chichement dans leur monde qu'ils se livrent à l'expérimentation. Les Italiens, les

---

1. Cf. René Taton. « Clairaut et le Retour de la comète de Halley », in *Minerva Publikation*. München, 1982, p. 253.

Américains, les Allemands assimilent ces bizarreries avec peine. Alexandre Fontana m'objecte qu'entre les deux grandes guerres, des physiciens réputés, les Joliot-Curie, Perrin, Langevin, interviennent dans le combat politique à la manière d'un groupe de pression. Reste que ce prestige ne leur confère aucun accès à la sociabilité mi-élitaire, mi-initiatique des écrivains ; qu'ils figurent à la portion congrue dans les rassemblements de l'intelligentsia déjà accueillante aux universitaires, à Pontigny par exemple ; qu'ils ne se rendent qu'à titre exceptionnel, et visiblement mal à l'aise, aux cocktails d'éditeurs ; que c'est une pratique incessamment répétitive qui réduit durant cinq siècles la culture à la souveraineté parolière. Au point que, depuis 1960, les enseignants au pouvoir dans le « clan » n'y introduisent les physiciens, les chimistes, les biologistes et jusqu'aux mathématiciens qu'au compte-gouttes et je crains qu'en 1984, la situation n'ait pas évolué notablement. La distance entre les professeurs scientifiques et les autres reproduit celle qui sépare ces derniers, avant 1950, des romanciers et des poètes. Ainsi le triomphe des lauréats de 1965 ne relève-t-il que d'occurrences exceptionnelles.

La réputation d'André Lwoff est strictement biologique. Il contribue en effet à introduire la génétique bactérienne en France où, vers 1945, on n'imagine pas que les microbes puissent servir au décryptage de l'hérédité et où les généticiens de stricte obédience demeurent fixés à la drosophile dont l'intronisation, en Amérique, date des lendemains de la Première Guerre. François Jacob et Jacques Monod, véritables vainqueurs, ne sont pas inconnus du « clan », le premier, par de puissants cousinages, l'un et l'autre par des démangeaisons d'écriture qu'exaucent en 1970 des best-sellers retentissants[1]. Mais surtout ils s'y trouvent catapultés par l'air du temps. N'inscrivent-ils pas officiellement dans la vie le code, le programme et les messages, tout ce lexique, ce corps de concepts que les sciences et les technologies en pointe répandent, distillent, infusent dans la quotidienneté et vers 1975, aux Etats-Unis, dans les baby-clubs de computing? Jacob et Monod présentent le premier modèle global de la cybernétique cellulaire. Les chromosomes du noyau enferment une molécule fixe d'acide désoxyribonucléique (D.N.A.) contenant toute la substance indispensable au fonctionnement des organismes et à leur reproduction qui s'effectuent au niveau cytoplasmique par la synthèse des enzymes (protéiniques). Celle-ci obéit au double contrôle :

— des gènes de structure déterminant l'organisation moléculaire des protéines. Ils s'agencent en unités d'action ou opérons souvent plus complexes que les gènes pris séparément et considérés comme unités de fonction. Ils transmettent à la cellule leur information par des messagers dictant aux ribosomes du cytoplasme la spécificité des protéines à produire ;

— des gènes régulateurs, répresseurs et opérateurs régissant, à travers les intermédiaires cytoplasmiques, l'expression des gènes de structure ; les régulateurs provoquant par des signaux une répression au niveau des récepteurs cellulaires ; les répresseurs émettant des signaux à leur tour dont un gène « opérateur », associé à un gène de structure, assume la réception.

Il y a, par conséquent, trois types de signaux :

1. Emis par les gènes de structure et véhiculés par les messagers.

1. François Jacob, *La Logique du vivant*, Paris, Gallimard. Jacques Monod, *Le Hasard et la Nécessité*, Paris, Le Seuil.

2. Emis par les gènes régulateurs et reçus, c'est-à-dire inhibés, par les répresseurs.

3. Emis par les répresseurs et reçus par les opérateurs.

Ils définissent deux catégories de structures :

1. Stable et linéaire (opérons).

2. Circulaire (gènes régulateurs → répresseurs cytoplasmiques → gènes opérateurs).

De leur interaction résulte la programmation génétique. Pour que les opérons forment des messagers, il faut que la possibilité leur en soit donnée par les opérateurs et que ceux-ci ne soient pas contrariés par les répresseurs. L'opérateur reçoit à la fois les instructions du cytoplasme et du génome. Il est à la charnière des systèmes inductibles chargés d'inhiber les inhibiteurs pour activer la production des messagers et des systèmes répressibles préposés à l'activation des répresseurs afin d'interdire la production des protéines.

A la sémiologie en poupe, douce est la révélation de cette grammaire dont Marshall Nirenberg démonte le fonctionnement. Plaçant un acide ribonucléique (A.R.N.) dans un milieu acellulaire, il obtient un composé pourvu d'un seul acide aminé se reconstituant identiquement le long de la chaîne. L'analyse quantitative indique qu'à la fabrication d'un tel composé trois fois plus de nucléotides que d'acides aminés sont nécessaires. Les nucléotides sont des polymères comportant trois éléments obligatoires — un sucre (pentose) à cinq atomes de carbone, un résidu de phosphate (phosphoryl), une base azotée, soit purique (adénine ou guanine), soit pyrimidique (adénine ou thymine) —, unités de base de D.N.A., disposés sur le chromosome selon une double chaîne, réalisant dans la nature quatre types exclusifs de combinaisons (adénine-thymine, thymine-adénine, guanine-cytosine,

cytosine-guanine) et se combinant trois par trois, en triplets ou « codons » d'information. Les acides aminés, de vingt sortes, pour l'ensemble des vivants, constituent la matière première des protéines et le principe de leur distinction, se répartissant dans les molécules à la manière des vingt lettres d'un alphabet, s'y plaçant, s'y joignant dans n'importe quel ordre, selon un vocabulaire indéfini, générateur de phrases indéfiniment variées.

Nirenberg démontre l'existence, jusqu'alors théorique, des triplets de nucléotides et la correspondance informationnelle entre ces triplets et chacun des vingt amino-acides. On conçoit qu'à l'écoute de nouvelles si prodigieuses, les professeurs, aux leviers de commande de l'intelligentsia française, soient littéralement confondus de bonheur. Le texte-roi, le texte-panacée, le texte-fétiche qui n'a rien à offrir que sa facture, n'est pas l'objet exclusif des sciences malheureusement et provisoirement dénommées humaines, il siège dans l'intime intrinsèque de notre nature, dans les grosses molécules dont nous sortons, nous, hommes, déchus de nos prétentions humanistes, comme d'un algorithme, à l'instar du colibacille *Escherichia coli.* Nous sommes texte des pieds à la tête et jusqu'au bout des ongles. Canguilhem éprouve sa troisième béatitude, la première remontant à la révélation d'*Un amour de Swann*, la deuxième à la soutenance récente de Foucault. A l'Institut d'histoire des sciences de la rue du Four il reçoit séparément les trois héros, les cajolant, les adorant, empressé, suivant sa détestable habitude, à céder aux charmes de la vogue.

Celle-ci a sur la politique de la recherche des conséquences regrettables. En cadence de la dictature des discours qui asphyxient la pensée, l'art et la littérature en France, l'absolutisme moléculaire s'abat férocement sur l'ensemble des sciences de la vie, intraitable à ce qui ne se plie pas à ses techniques, dédaigneux des disciplines robustes et, en fait, indéracinables, la physiologie, l'embryologie dont le seul tort est de définir les organismes par leurs corrélations et leur complexité irréductibles. Dans son discours de Stockholm, François Jacob lui-même remarque qu'un fragment de D.N.A. bactérien, transféré à une bactérie réceptrice par transformation ou par conjugaison incomplète, est incapable de se répliquer, n'y parvenant qu'une fois intégré, recombiné avec l'une des structures génétiques présentes dans la bactérie-hôte : « Les systèmes en jeu paraissent eux aussi fonctionner de façon plus subtile dans la cellule qu'une fois isolés dans un tube à essai [1]. » Et sans doute davantage dans un tissu que dans une cellule, dans un organe que dans un tissu et dans un individu que dans cet organe. C'est pourquoi l'extrapolation aux processus somatiques et psychiques des eucaryotes les plus différenciés du comportement chimique de la bactérie est problématique, dans la ligne directe et monotone de la philosophie qui depuis le XVIIIe siècle s'est engagée à briser la résistance du vivant au déterminisme. Le « réductionnisme » moderniste fortifié du concours des polymères et des ordinateurs en folie n'est pas garanti contre la banalité. Les travaux de Jean-Pierre Changeux projettent sur le neurone un éclairage inédit. Mais les représentations du travail cérébral qu'ils lui inspirent ont beau habiller de molécules l'ultrascientisme qu'on croyait parvenu au faîte avec Pavlov et Watson, elles font flèche de tous les bois du matérialisme.

On sait la suite : les laboratoires « traditionalistes »

---

1. F. Jacob, *Génétique de la cellule bactérienne*, Stockholm, reprint from *Les Prix Nobel*, 1968, p. 13.

pénalisés en fonction de leur attachement aux affaires décrétées vestigiales d'échanges ou d'intégrations à l'horizon tissulaire : régulations neuro-endocrines de la ponte chez les mammifères ou du sommeil chez les hibernants. En revanche, l'épistémologie à la mode édifiée en parangon, ses capitaines pourvus par le C.N.R.S. ou l'I.N.S.E.R.M. d'avantageux subsides et ses ressortissants d'emplois désirables. A croire que la biologie, à l'image de ce qui se passe en littérature et dans les arts, est devenue terroriste en France où l'obsession de la nouveauté dérape fréquemment vers la redondance.

Avril 1966. Les Mots et les Choses
   de Michel Foucault [1].

En avril 1966, dans *L'Express*, bénéficiaire à la fois
de l'euphorie économique qui lui apporte le soutien
massif des cadres et de la paix algérienne qui lui vaut la
reconnaissance des intellectuels non gagnés au *Nouvel
Observateur* à peine sorti des limbes, Madeleine Chapsal n'y va pas avec le dos de la cuiller. Sur *Les Mots et
les Choses* de Foucault, autour d'une photo couvrant
trois quarts de page, elle publie un article explosif et
colossal annonçant d'un seul coup la révolution philosophique et l'avènement d'un génie.

Nous sommes dans cette séquence charnière de la fin
de l'histoire où le bombardement publicitaire, entendez
des signifiants, signes de rien, commence à assaillir le
paysage jusqu'alors vaguement protégé de la culture,
signal de quelque chose. Moment exquis, moment
singulier où le réel et le simulacre semblent, tels qu'en
la volute baroque, s'embrasser, s'envelopper, s'entor-
tiller, l'un transfusant sa facticité à l'autre qui lui prête
sa vraisemblance en retour.

Quand, du docteur Lacan, paraît *Ecrits*, aboutissement, dans l'apothéose d'une réputation scientifique et
mondaine, de trente années de labeur ; quand il n'est

1. Paris, Gallimard.

bruit que de l'achèvement d'une seconde mythologique de Lévi-Strauss[1] et du chef-d'œuvre sémiotique si longtemps attendu de Roland Barthes[2], l'esprit du temps, qui a pris résolument ses quartiers d'hiver, emploie l'ouvrage de Foucault à trancher sur les circonstances. Je ne crois pas que Chapsal, relayée par la mode, fut fondée à le déclarer inaugural et péremptoire. Mais elle a raison d'y déceler un événement s'il est vrai qu'à celui-ci il incombe de marquer le terme d'un processus, jamais son essor, encore moins l'instant de sa génération, ne servant à l'histoire, face à n'importe laquelle de ses productions, qu'à dresser son propre bilan.

Triomphe du verbe qui la révèle exhaustivement à elle-même, institutions et usages, rites et valeurs. Dans les champs de Foucault, l'hôpital, l'asile, la prison, les jurisprudences, les lois, l'opinion ne sont qu'artefacts hors de l'expression qui nous en rend compte. Pas de génie du corps, de travail muet des mœurs et des techniques, de pouvoir silencieux des passions, pas de cache où se tramerait le devenir à l'ombre des langages. Voyez les toilettes que Barthes décrypte dans les journaux de mode, les refoulements que Lacan suit à la trace dans les lapsus, les règles de mariage, les manières d'habillement ou de table que Lévi-Strauss déchiffre dans les mythes des Indiens d'Amérique. Partout, c'est de la parole que sourd le réel dans l'espace purifié des structures. Au XIXe siècle, la fortune des sciences de l'homme sonne le glas de cet abject et des réseaux d'empiricité qui lui tiennent lieu de caution. Elles portent en germe les matières rigoureuses — biologie, linguistique, économie — qui l'accu-

1. *Du miel aux cendres*, Paris, Plon, 1967.
2. *Système de la mode*, Paris, Le Seuil, 1967.

lent peu à peu à disparaître parmi les vivants, les langues, les richesses.

Dommage que jamais l'histoire ne marche de ce pas, que les choses aux mots ne s'abandonnent si lâchement. En 1755, Tissot, par un texte fracassant, déclenche sur l'onanisme et plus généralement sur l'hygiène sexuelle un bavardage intarissable, embryon de la morale bourgeoise, dominante un siècle plus tard. Mais cet ouvrage n'est pas instaurateur, il dévoile des mouvements secrets et lointains de la sensibilité collective : le souci du rentable obsédant le pénis cinquante ans avant d'affecter les commerçants ; le privilège, consenti aux médecins, de veiller au grain, de jouer aux redresseurs de torts et aux contrôleurs universels.

Mais n'ai-je pas l'air d'affirmer l'existence d'un « vécu social », extrapolation du moi individuel, de longue date extirpé de toute réflexion sérieuse ? Il est mort, déclare Foucault, en vertu d'une disposition du discours. On sait bien qu'en littérature — où la première personne, même transposée, camouflée, métamorphosée, est toujours prête à rebondir dans sa souveraineté impatiente —, le texte du roman n'a pas le même sujet selon qu'il indique, comme de l'extérieur, les repères spatio-temporels de ce qu'il raconte, qu'il décrit les faits comme un narrateur « anonyme, invisible et neutre, magiquement mêlé aux figures de la fiction » ou « qu'il donne la version verbale de ce que silencieusement éprouve un personnage [1] ».

Aux obstinés qui s'accrochent aux vieilles lunes de l'intériorité, nous chantant que l'auteur ne s'absente ou ne se délègue ou ne se divise point sans prétexte, qu'il ne se trouve pas gratuitement chassé des énoncés

---

1. M. Foucault, *Archéologie du savoir*, Paris, Gallimard, 1969, p. 122-123.

comme un malpropre, faut-il seriner qu'il l'est pourtant dans la mesure où le sujet y jouit d'une position déterminée mais qui n'est pas forcément identique de l'un à l'autre, « dans la mesure où c'est une fonction vide pouvant être remplie par des individus jusqu'à un certain point indifférents, lorsqu'ils viennent à formuler l'énoncé, dans la mesure encore où un seul et même individu peut occuper, tour à tour, dans une série d'énoncés, différentes positions et prendre la place de différents sujets [1] ».

Prosopopée de la rhétorique lisse et froide qui appelle au meurtre de l'homme. Celui-ci ne se borne pas à souiller de sa présence indiscrète le règne éthéré des savoirs, il prétend impudemment les régir. Ils affranchissent la pensée en l'abolissant. Cependant les discours dont Foucault raconte la geste n'auraient pas eu raison du martyre sans le concours méphitique des marchandises. Marx, candide, voit dans leur réappropriation l'enjeu de la dignité et du bonheur communs. Que lui semblerait-il, à l'âge de l'abondance, du désir que les produits entraînent à la dérive, désir de mirages où le sujet et l'objet s'évanouissent réciproquement ? A la fin des années cinquante, à l'occasion d'un colloque autour de l'imaginaire organisé par le Centre des intellectuels catholiques, en forêt de Rambouillet, à Poigny, retraite, à l'époque, de l'équipe de France à la veille des rencontres internationales de football, Lacan, prenant le dernier la parole, proclame de but en blanc : « Le désir, chez les Grecs, c'est très difficile ! » Impraticable pour nous par l'exaspération de l'offre qui submerge et anéantit la demande.

Sinistre épilogue d'une longue évolution témoignant que l'histoire déborde les ordonnances où Foucault

1. *Ibid.*, p. 123.

entend la calfeutrer. Dans les cadres qu'il lui impose, à couvert des systèmes qui la jugulent, dans le tissu d'isomorphismes et d'isotopies qui en détermine les coupures, c'est invariablement la parolc instituée qui mène la danse. De cette formalisation du devenir, on conçoit que l'épistémologie structurale se lèche les babines, d'autant qu'elle tient en Foucault un praticien émérite, un chercheur des plus éclatants dans une discipline qui n'en est pas prodigue. Confrontez-le à un grand ensemble, au XIXe siècle européen, par exemple, lorsque sévissent l'internement, la philanthropie, l'hypocrisie, il n'a pas son pareil pour vous le rendre : *Naissance de la clinique*, *Surveiller et punir* sont des livres majeurs. Mais les concepts qui les caparaçonnent ne résistent pas aux instructions de l'expérience, les langages que Foucault monte en épingle ne naissent pas effectivement à l'instant où il leur prête attention : c'est plus tôt, tandis qu'il les néglige, donnant ses soins jaloux à ceux qui déclinent à haute voix une identité expirante, c'est dans un marmottement imperceptible qu'ils émettent leurs messages fondateurs, discours de vécu précédant et impulsant les discours de vérité. Dans les salles à manger nobiliaires convoitées, entre 1750 et la Révolution, par le tiers état inconscient de sa gourmandise, se fomente la revanche qui en 1800 promeut la table en modèle de la civilité bourgeoise. Vers 1750, le XIXe siècle en son entier, misogyne, familial, pudibond, médicalisé, est en place dans les attitudes, dans les valeurs, dans les émotions inadéquates à l'« épistémè » bien huilée des hiérarchies et des ressemblances, dont *Les Mots et les Choses* scande et cerne un XVIIIe siècle déjà usé.

Juin 1967. La guerre des Six Jours.

Au printemps 1967, les Israéliens entreprennent des opérations agricoles dans la zone démilitarisée de la frontière du Nord, provoquant de violents heurts avec la Syrie. Pour soulager son alliée, Nasser, le 22 mai, bloque le détroit de Tiran, conclut des accords avec la Jordanie et l'Irak, masse des troupes dans le Sinaï, mesures de longtemps par Israël jugées intolérables et propres à entraîner sa réaction brutale. Le 5 juin, sur trois fronts, syrien, jordanien et égyptien, sous le commandement du général Rabin, l'Etat hébreu déclenche les hostilités, l'amenant en six jours à la victoire totale.

Au soir du 5 juin, je me rends, avenue de Villiers à Paris, devant l'ambassade israélienne. J'y éprouve un sentiment de malaise. La foule exaltée pousse des clameurs martiales. On eût pu les entendre à Londres, à New York, à Buenos Aires. Du chauvinisme, j'assume mal l'ostentation. Je l'abhorre dans les nations farcies d'histoire, en France où j'enrage chroniquement contre les sottises cocardières. J'ai peine à me convaincre qu'il indique chez un peuple à la conquête de soi un moment nécessaire de sa prise de conscience. Pourquoi l'endosserais-je sous les couleurs juives ?

Pendant quatre années terribles, je connais le pointu

de la persécution. En 1944, je ne me sens ni étranger à la société ambiante ni embarrassé de m'y trouver à l'aise. Non point que l'intégration ancienne de ma famille m'abuse. Le Juif français n'est français qu'en acquérant la culture française. Or, des paysans d'Auvergne ou de Savoie dont la culture s'avère indigente et l'usage du français plutôt médiocre, on ne dit pas qu'ils s'assimilent. En sorte que le passage de l'identité juive à l'identité française ne relève pas du simple apprentissage, il aliène le Juif en tant que Juif et hypothèque sa francisation. Et si la culture qu'il s'attribue l'abolit comme Juif, alors qu'elle préserve les racines alpines ou auvergnates des paysans montagnards, c'est qu'elle est quelque chose de plus fondamental, la marque d'un effort pour être à la hauteur d'une tâche exemplaire, en somme de la volonté bonne d'être français. Sur le front de l'éthique se noue le drame de l'assimilation. Il la faut valoir constamment. Les critères du mérite et du démérite distinguent le Juif du non-Juif à l'intérieur d'un groupe dont il devient le membre toujours stagiaire, éternel candidat à la titularisation [1].

N'empêche qu'il aurait tort de jouer à la victime expiatoire. L'Alsacien, cinq fois, en moins d'un siècle, ballotté entre la France et l'Allemagne, cinq fois soupçonné d'allégeance à des adversaires qui n'étaient pas les siens, dépossédé d'une spécificité fastueusement affirmée dès le Moyen Age, se pense en 1984 assez assimilé pour parler de plus en plus fréquemment et de plus en plus spontanément français au préjudice de son idiome héréditaire, à l'instant où le prestige de la France et le champ d'extension de sa langue rétrécissent à vue d'œil.

1. Cf. Robert Misrahi, *La Condition réflexive de l'homme juif*, Paris, Julliard, 1963, p. 27.

278

N'empêche que des gentilshommes huguenots, souvent du plus haut lignage, bannis de la communauté nationale dans des temps où le lien civique passe par l'unité religieuse, ne gagnent au XIXe siècle leur réhabilitation qu'à coups de prouesses selon des modes et dans des domaines — la finance, le commerce, l'industrie — qui paradoxalement les apparentent aux Juifs.

Et n'empêche qu'assimilé de la quatrième génération, écrivain trouvant dans la langue française plus qu'un instrument ou un véhicule, mais une incitation à mon désir d'écrire, citoyen parcourant avec des fortunes diverses le chemin imparti aux non-Juifs engagés dans des voies ou visant des objectifs semblables, je me sens impliqué par mon lieu d'origine, plus authentique apparemment que les Juifs qui, y profitant d'avantages plus tangibles et y poursuivant, parfois éperdument, les considérations et les charges, s'y proclament désespérés.

Ainsi, le 5 juin, craignant, vingt-deux ans après la fin de l'holocauste, que la fatalité de la condition juive ne vienne l'accabler encore, j'éprouve ma solitude face aux criards. A l'annonce des succès de Rabin, c'est le souffle de Moïse narguant Pharaon, le courage de David devant les Philistins, le triomphe du Macchabée sur l'Epiphane qui sert de toile de fond à leur jubilation, c'est un discours invariable, plusieurs fois millénaire, qui oblitère le présent, c'est le devenir abandonnant ses prétentions à l'inédit qui se coule dans le récit primitif de la destinée juive pour l'effectuer textuellement. Langage insupportable contaminant les imaginations les plus allergiques à l'eschatologie. J'ai entendu mon frère Aron-Brunetière, scientifique de choc, sceptique par tempérament, héros de la Résistance sans la moindre relation à ses origines, soutenir que les Israé-

279

liens se trouvaient en Palestine chez eux puisqu'ils en avaient été, il y a trente siècles, propriétaires !

Mais ce qui, avenue de Villiers, surtout m'incommode, c'est la confusion du pluriel et du singulier. Elle a l'âge du judaïsme, elle lui est inhérente et consubstantielle. Le Juif est l'Hébreu, l'Ivri en voyage.

> Abraham a passé [...] C'est sur la barque de chaque Juif répétant le geste d'Abraham que les hommes passent à l'autre rive de l'humanité. L'homme juif en tant qu'Hébreu est le passeur qui [...] a fait passer le paganisme antique au christianisme, le paganisme oriental à l'Islam, les néo-paganismes aux humanismes [...] L'homme juif est le passeur, allant d'une rive à l'autre et, par là même, comme l'était Abraham l'Hébreu, l'homme juif est en exil nécessaire pour jouer ce rôle de missionnaire [1].

Et il est l'Israélite aussi, qui, à l'esprit universel de l'Ivri dispersé, oppose le particularisme des lois et des coutumes que Dieu, à lui seul, a confiées, peuple élu, s'il est vrai qu'à la suite d'Abraham, il convenait que l'Hébreu nomade demeurât solitaire. En tant qu'Israélite, le Juif est enfermé dans la représentation de son office sublime. Dieu lui a donné la Thora, le livre sacré, il lui a enjoint d'observer le Sabbat quand les non-Juifs travaillent, de demeurer l'octave de Soukoth dans une maison à nulle autre pareille, de s'abîmer le jour de Kippour dans une prière incomparable. L'Israélite nie l'Hébreu. Depuis Vespasien, cette déchirure concerne la Diaspora, depuis 1947, la Diaspora et Israël, d'Israël répercutée dans la Diaspora. Auparavant le Juif, replié sur ses habitudes, est simultanément lui et non lui, juif et français, juif et américain. A présent, il est juif,

---

1. André Neher, *L'Existence juive*, Paris, Le Seuil, 1962, p. 134.

français et israélien. Non content de cumuler deux identités, de l'exilé parmi les autres et du communautaire à leur encontre, il est sujet d'un Etat souverain. Le sionisme ne définit plus le retour assuranciel sur le sol ancestral mais la triple instauration du Juif en messager, en affidé et en patriote. L'adhésion absolue de la Diaspora au militarisme israélien le plus radical en fournit la démonstration quotidienne. Je m'occupe, et m'en flatte, d'un centre juif de coopération avec l'université palestinienne et laïque de Bir-Zeit en Cisjordanie. Honteuse et traîtresse attitude pour les organisations juives françaises en large proportion de souche maghrébine et jusqu'au-boutistes enflammées. Je trouve plus de compréhension chez des hommes d'Israël, Schlomo Reich, Amos Kenan, Amos Oz, Uri Avnery, le général Peled, outrés de la déréliction palestinienne et confrontés sur place au danger de leur cause héroïque. Merci à eux de justifier mes options moins risquées.

Mais je transgresse sans doute les bornes qu'ils ont fixées à leurs incartades. En effet, de deux choses l'une. Ou bien le sionisme exprime l'idéologie de l'ultime passage, du bond de l'Israël rêvé à l'Israël réel et il me semble que les Israéliens exilés, sous prétexte d'intérêts privés, à Paris ou à Marseille, y devraient jouer sans équivoque la carte de leur patrie. Ou bien il faut à la Diaspora s'unir organiquement aux sociétés qu'elle fréquente, tels les Juifs d'Algérie rentrés en métropole en 1962, retranchés en fait et de la France et d'Israël où ils n'ont pas émigré, s'en tenant quittes par des voyages. Du moins exposent-ils leur différence sous sa lumière véritable, à l'abri des persécutions et des servitudes. Du moins révèlent-ils qu'elle est constitutive de l'existence juive.

Je touche à une matière déflagrante car, en un vaste

milieu intellectuel français, il est de bon ton depuis la Libération de mettre ce clivage au compte des autres. D'eux, d'eux seuls, de leur convoitise et de leur haine, procèdent l'antisémitisme et le Juif[1]. Dès lors que les Juifs, en France, massivement se diluent dans la collectivité des non-Juifs, ceux-ci contre Dreyfus ourdissent une conjuration sordide, ils rédigent le prologue aux délires nazis :

> Voix sans timbre [...] Jamais la voix ne correspond aux paroles [...] De tous les dreyfusards le plus mou [...] N'est-ce pas enfantin de sentir un malaise et de créer un mystère parce qu'un étranger ne réagit pas sous les événements de la même manière que ferait l'un de nous ? Nous exigeons de cet enfant de Sem les beaux traits de la race indo-européenne. Il n'est point perméable aux excitations dont nous affectent notre terre, nos ancêtres, notre drapeau, le mot « honneur ». Il y a des illusions optiques où l'on a beau voir les signes graphiques, on n'en a plus l'intelligence. Ici l'aphasie est congénitale. Elle vient de la race[2].

Expulsion par les Rois Catholiques des Juifs immémorialement espagnols. Extermination par les nationaux-socialistes des Juifs allemands, hors les Italiens, les mieux enracinés d'Europe. C'est donc par un réflexe d'autodéfense, point par vocation, que les Juifs se sont enfermés dans des frontières. Israël est le produit d'une exclusion, l'institution politique et sociale surgie d'une mythologie antijuive de l'altérité. Aussi doit-il en permanence se garder d'ennemis préoccupés de l'abolir comme l'insupportable preuve d'une distance qu'ils se sont acharnés à creuser.

1. J.-P. Sartre, *Réflexions sur la question juive*, Paris, Gallimard, 1954.
2. Maurice Barrès, *Scène et Doctrine du nationalisme*, Paris, Félix Guben, 1902, p. 134, cité dans le beau livre de J.-D. Bredin, *L'Affaire*, Paris, Julliard, 1983, p. 37.

A ceci près qu'un processus partiel ne témoigne pas suffisamment d'un ensemble, que l'intégration des Juifs d'Espagne au XVᵉ siècle, des Juifs de France à la fin du XIXᵉ, des Juifs d'Allemagne à la veille de l'hitlérisme se détache sur une tendance profonde à la coupure. Abraham, pour devenir un chef, rompt sans regret avec sa famille, refuse, afin de se libérer de toute dépendance, de se lier avec la terre elle-même, errant avec ses troupeaux, fuyant, raconte Hegel, dans l'admirable préface de *L'Esprit du christianisme*, les buissons qui lui offrent ombre et fraîcheur, étranger à l'égard de l'homme et à l'égard de la nature, élevant Dieu à l'entité dominatrice infiniment séparée de toutes choses et de lui-même qui l'avait conçue par opposition à l'univers hostile.

Eloigné de Dieu dont il n'est que la créature la plus responsable, le Juif, fils d'Abraham, vise par son culte le monde dont lui est dévolue l'administration spirituelle. Sa religion, en priorité, enveloppe l'homme, l'homme juif d'abord et, à travers lui, tous les hommes. Chaque geste, chaque attitude lui dévoile sa gloire d'initié :

> La bénédiction qu'il donne en mangeant son pain, le vêtement de sa prière, l'ordonnance de son repas, le rythme de son étude, tout acte de vie, toute chambre de sa maison, tout spectacle [...], tout lui dit que son *edouth*, son témoignage de Dieu, a été donné avec les mêmes mots, dans les mêmes gestes, dans les mêmes symboles pour chacun de ses ancêtres, tout le replace au sein d'une ligne unique qui, par-delà l'espace, crée l'unité entre lui et ses frères[1].

Qu'est-ce donc que le judaïsme assoiffé d'humanité et se distinguant d'elle par des pratiques qui lui

---

1. R. Neher-Bernheim, « Humanisme de l'Unique », in *Aspects du génie d'Israël*, Cahiers du Sud, 1950, p. 144.

garantissent l'alliance de Dieu ? Aux pêcheurs qui, l'ayant recueilli, le prient d'indiquer son métier, Jonas le prophète répond, superbe : « Je suis hébreu. » Pourquoi donc s'offenser qu'après le triomphe d'Israël le général de Gaulle parlât de peuple sûr de soi et conquérant ? Je ne vois rien là que de flatteur, rien que ce qui, le plus incontestablement, caractérise la vérité juive. La bêtise, la vulgarité, l'infamie des antisémites est de tronquer cette présomption en obséquiosité, en bassesse cette certitude joyeuse. D'emblée, en Israël, les Juifs retrouvent leurs vertus intemporelles de courage et d'orgueil. Mêlant à la fierté de leur succès la constatation de leur destin d'exception, ils se démènent dans le panier de crabes où la tragédie de l'hitlérisme et la veulerie des Nations unies les ont plongés. La tristesse est que leur ardeur les banalise, que la furie qu'ils voudraient sacraliser a les traits de la cruauté ordinaire, qu'en couvrant les massacres de Sabra et de Chatila, les armées de Begin ont commis une faute inexpiable. Par chance, à cette occasion désastreuse, en Israël, dont c'est l'honneur, pour la première fois un renversement de l'opinion s'est produit, voire au beau milieu de la Diaspora américaine, rendant plus affligeant le fanatisme de la française que j'ai la consolation d'avoir bruyamment désavouée.

Pour qu'Israël vive, cessant de privilégier l'alarme sur l'essor, il est indispensable qu'il s'inculque une cohérence, renonçant à introduire les modèles économiques et technologiques des Etats-Unis dans un pays imprégné d'Orient jusque dans la théocratie qu'il a choisie pour gouvernement. Il est indispensable qu'il engage avec les cinq millions de Palestiniens un dialogue au lieu de les annihiler. A l'aurore du sionisme, Max Nordau, ami et collaborateur de Herzl, annonçait franchement la couleur : « Un peuple sans terre pour une terre sans peuple ! » Qu'y fait-il des Arabes ?

Pour qu'Israël vive, il doit cesser d'établir sa légitimité sur le martyre. Celui-ci atteste, il ne fonde rien, sauf à y déchiffrer l'ouvrage de Dieu. De génocides, le XXe siècle offre une série sinistre qui n'est pas l'objet d'une glose uniforme. N'y a-t-il pas chez les Juifs le sentiment que leur sacrifice est incommensurable, exigeant réparation à mesure de sa qualité surnaturelle ? L' « holocauste », il est vrai, achoppe aux analyses causales, n'en démontrant pas moins le risque d'une élimination planétaire du judaïsme, manifestant la catastrophe comme son lot et la menace de mort comme un corrélat de son existence. Ce qui ne lui confère en aucune manière de droit perpétuel à la revendication, surtout quand elle s'exprime inconsidérément. Voyez à Rome, en 1982, à la suite d'un attentat terroriste où de prétendus mandants de la Diaspora locale tinrent sur l'antisémitisme des propos irréfléchis. Du procès d'Eichmann, dont l'acte d'accusation ne fut pas dressé à la légère, il ressort que les fascistes eux-mêmes ne consentirent qu'à bout de souffle à livrer les Juifs aux Allemands. Le délire de persécution, associé à celui de grandeur, par exemple chez les Juifs de France, se nourrit de l'enfermement. Passeurs sans exil, puisque attachés à leurs rituels communautaires, Israélites sans Israël, puisque refusant d'en partager l'aventure, ils sont condamnés à la surenchère.

Etre un Juif responsable dans la Diaspora, c'est jouer pleinement le jeu des collectivités d'accueil sans abdiquer l'angoisse inspiratrice et l'appétit d'universalité légués par Abraham à sa descendance, c'est insérer le judaïsme en péril dans la réalité humaine au lieu de l'en distraire pour consacrer une malédiction. Il faut reconnaître à la société française, peut-être pour se faire pardonner cinquante ans d'ostracisme, des complaisances appuyées depuis 1945 à cet égard, entérinant par milliers les mariages mixtes, plus particulièrement dans la moyenne bourgeoisie antisémite par tempérament.

Sans doute est-ce renoncer à l'identité pour la lucidité. Mais il n'y a pas, pour le Juif, d'échappatoire à cette alternative douloureuse : être ou n'être pas le sujet d'une histoire globale. Dans la Diaspora actuelle, il n'est pas rare que s'intriquent l'incrédulité religieuse et l'attachement passionné à la tradition. Fidélité qui découvre la faille du séparatisme, l'assertion d'une supériorité originaire des valeurs juives sur celles de l'humanité non juive. Je redoute que le judaïsme ne se replie sur ses légendes, que sa dispersion effective accrochée au mythe d'une singularité radieuse ne le ravale au rang des simulacres tourbillonnant dans nos représentations affolées.

16-17 avril 1968. Colloque de Cluny.

A Cluny, au pied de l'abbaye régnant au Moyen Age sur 1 500 maisons-filles, d'où vint le pape Urbain, inventeur des Croisades, où Pierre le Vénérable reçut l'insolent Abélard ; si orgueilleuse que, sur elle, Bernard de Clairvaux déversa ses foudres tel Jérémie sur les rois d'Israël ; à Cluny, intellectuels communistes et leurs « compagnons de route » se réunissent au printemps 1968 pour célébrer l'union de la littérature et des professeurs, en contact depuis 1930, fiancés à partir de 1945, en ménage après 1960, avides soudain d'établissement.

Quatre instances contrôlent la cérémonie nuptiale : *La Nouvelle Critique,* le *Centre d'études et de recherches marxistes,* le *Groupe d'études et de recherches interdisciplinaires Vaugirard, Tel quel.* Des clercs parisiens composent les deux premières ; des enseignants de province la troisième ; des écrivains hors université, à l'exception de Julia Kristeva, la dernière.

Le rite se déroule sous l'égide de la linguistique structurale, solennellement désignée comme puissance tutélaire de l'institution culturelle française. A Cluny, c'en est fait de la libre entreprise dans la critique et la production des discours. Les 16 et 17 avril, des affidés scellent le pacte abolissant l'autonomie de l'écriture.

Celle-ci est mise en coupe réglée par des traitements inflexibles. La théorie s'emballe, elle se raidit, énoncé des énoncés, texte qui s'empare du texte pour le pasteuriser et l'anesthésier. C'est le boom des pratiques formelles recevant leurs lettres de créance épistémologiques. Messages narratifs et scripturaux, idéolèges du signe, déroulements syntagmatiques, unités de constitutions et de caractérisations arrachant l'œuvre à son empiricité triviale, n'en disant que ce qu'il s'y découvre de critères de littéralité et de figures de rhétorique, d'aphérèse ou d'apocope, de synérèse ou de déléation, de rupteurs grammaticaux — dans *Madame Bovary* d'après Philippe Bonnefis —, de contrepoints des séquences moyennes et des microséquences — chez Dumas père selon Annie Ubersfeld —, de la souscription de la forme — *Les Mystères de Paris* dans *La Sainte Famille* de Marx lue par Marcelin Pleynet.

Les noces, à Cluny, des docteurs et de ceux qui prétendent à la dignité d'auteurs procèdent sans humour d'une utopie de la modernité. Roland Barthes qui, quinze ans plus tôt, présente la démission de la littérature, patronne de Paris les manifestations de cet accouplement monstrueux. Déjà il rumine l'alibi plus tard publié sous le titre accrocheur de *Plaisir du texte* qui rapporte l'assassinat de la création à l'innocence du devenir :

> Le Nouveau n'est pas une mode, c'est une valeur, fondement de toute critique : notre évaluation du monde ne dépend plus, du moins directement, comme chez Nietzsche, de l'opposition du noble et du vil mais de l'Ancien et du Nouveau (l'érotique du Nouveau a commencé dès le XVIIIe siècle : longue transformation en marche). Pour échapper à l'aliénation de la société présente, il n'y a plus que ce moyen : la fuite en avant : tout langage ancien est immédiatement compromis et

tout langage devient ancien dès qu'il est répété. Or le langage encratique (celui qui se produit et se répand sous la protection du pouvoir) est statutairement un langage de répétition ; toutes les institutions officielles du langage sont des machines ressassantes : l'école, le sport, la publicité, l'œuvre de marque, la chanson, l'information redisent toujours la même structure, le même sens, souvent les mêmes mots : le stéréotype est un fait politique, la figure majeure de l'idéologie. En face, le Nouveau, c'est la jouissance [1].

Jouissance postiche du pénitent assujetti à des fantômes, avènements factices indexés sur les objets manufacturés, caduques à mesure de leur essor, voluptés des modes intellectuelles dont Barthes est si friand, relevant purement et simplement de la machinerie contemporaine du pouvoir. Sous les bourrasques du vent d'hiver, le commentaire prend le pas sur l'esprit en marche, le professeur, échappant à la claustration de sa fonction, s'arrogeant impudemment un rôle majeur dans la cité, la pénétrant par tous ses pores, infiltrant les organisations les moins armées pour l'accueillir, les affaires, les administrations, les syndicats, les Eglises, constituant le séminaire en théâtre permanent de la cuistrerie, ne balançant pas à coloniser les rêves. D'un seul élan la civilisation technologique donne congé au réel, aboutissement d'une longue procédure d'expulsion, de la digestion lente de la nature, manne inépuisable, tentation, tout au long du XIXe siècle, de la concupiscence bourgeoise. De la gloutonnerie ambiante, l'artiste alors se prémunit par l'illusion. Jusqu'au point où la technique prise à son propre piège, les appareils engendrant incessamment des appareils, les consommateurs, à leur tour, élisent dans l'artifice

1. *Le Plaisir du texte*, Paris, Le Seuil, 1973, p. 65-66.

Les modernes. 10.

domicile. Mais il n'y a plus d'artistes pour leur faire contre, car l'art meurt avec l'histoire qui se clôt. Vers 1890, à Vienne, dans la magnificence épuisée de la monarchie austro-hongroise, Klimt — le peintre est le messager électif du murmure du temps — introduit à une esthétique de l'oubli. A Paris un professeur, Mallarmé, achève le Requiem de la poésie, illustrant la résignation de l'écrivain de n'écrire désormais qu'à l'horizon de l'écriture défunte.

Pain béni pour le clerc à qui répugnent le vécu et l'insolence, avenues du possible, écueils des savoirs convenus. Il lui incombe d'homologuer l'objectivité de la littérature et de l'art afin d'en évider, jusqu'à la trame, le tissu sensible. Or la linguistique, science au berceau, dont, à ce jour, la phonologie constitue la porte étroite, ne prouve expérimentalement aucune des élucubrations qui se sont réclamées d'elle depuis trente ans. Celles-ci ne relèvent pas même des sciences dites « molles », en opposition, dans le jargon en vigueur, aux « dures », entendez aux plus rigoureuses, physique, chimie, voire biologie, au moins dans ses secteurs les plus « positifs », génétique ou immunologie moléculaire.

Aussi bien n'est-ce pas de vérité mais d'idéologie qu'il est question, surmontant tous les partages. Le formalisme s'éveille à l'est, lancé à Prague par des proscrits d'U.R.S.S., Boyards et Juifs mêlés. Ils trouvent des répondants ou des émules dans la Scandinavie protestante et l'Amérique puritaine de longtemps attirée par les logiques dispensant de patauger dans la mélasse du sens. En France, vers 1950, à la sémiologie structurale qui se profile, la droite et la gauche applaudissent de conserve. Le parti communiste, les éditions socio-chrétiennes du Seuil, la technocratie en ébullition s'y adonnent dans une solidarité sans nuances. A l'extrême gauche, entre les groupes et les chapelles pas davantage de distorsions : de *Tel quel* russe à *Tel quel* chinois les enchaînements métonymiques d'écart ou l'intertextualité ne varient pas.

L'exportation aux Etats-Unis des modes structuralistes françaises passe, dans une proportion remarquable, par les intellectuels du Parti. Ce n'est point sans doute par inadvertance que des responsables de l'université du Michigan, à Middlebury dans le Vermont, grande officine pédagogique des études françaises en Amérique du Nord, installent fort tôt et sans cesse reconduisent dans des prérogatives éminentes un stalinien incorrigible, Jean Peytard, coanimateur du Colloque de Cluny.

Mais jamais le désamorçage du discours révolutionnaire, jamais la magie qui désodorise le soufre, ne se sont exercés avec tant de faste que par et sur l'œuvre d'Althusser à la faveur d'une triple réduction : du marxisme à la science exacte ; du formalisme à la scientificité ; du marxisme au formalisme. Ainsi la dictature du prolétariat s'inscrit-elle dans un code ; ainsi, épuré de ses affectations conjoncturelles, sociologiques et historisantes, le système de Marx rend-il compte du fonctionnement d'une collectivité quelconque. Althusser se plaît au texte lacanien. Freud et Marx, décantés, axiomatisés, victoire de la structure sur les représentations incertaines. La culture pompidolienne dominante et les clercs américains les plus marxophobes se refusent semblablement aux clivages : Lévi-Strauss, conservateur libéral, Barthes, communisant repenti, Foucault, gaulliste bon teint dans les années soixante, Lacan, apolitique par vocation, Derrida tiraillé entre le prolétariat et Israël, Althusser, décrypteur du capital, un seul combat contre le véritable salaud qui ne l'est ni de classe ni de race, l'homme, témoin et véhicule de l'angoisse insoutenable de l'histoire à bout de souffle.

Tandis que Foucault, Lévi-Strauss, Lacan, Barthes, Derrida scellent l'union sacrée, parmi leurs disciples un débat s'engendre à l'extrême gauche sur des problèmes de pratique. A l'Ecole Normale supérieure, rue d'Ulm, les *Cahiers marxistes-léninistes* qui réunissent en 1965 formalistes de stricte obédience et althussériens résolus à tirer de la science de Marx des règles d'action, éclatent en 66 dans les *Cahiers pour l'analyse*, de pure affectation théoricienne, et l'U.J.C.m.-l. [1] fondée, en vue de la lutte, par Robert Linhart et Benny Lévy, dit Pierre Victor.

L'althussérisme et la tendance pro-chinoise du communisme français s'amalgament. L'antirévisionnisme se range sous la bannière de Pékin au moment où s'y déclenche une « révolution culturelle » sauvage, au demeurant ne pesant guère sur la détermination de nos « maos », leur allégeance au Grand Timonier, indifférente aux vicissitudes du devenir, passant par l'intemporelle observation de ses préceptes : prendre les leçons de la classe ouvrière, éprouver sur le tas l'opprobre de l'exploitation, étudier dans le détail la tactique patronale des divisions syndicales, en somme

1. Union de la jeunesse communiste marxiste-léniniste.

plonger dans le peuple de façon à s'y trouver comme poisson dans l'eau, s' « établir » en usine, fût-on agrégatif, fût-on agrégé, au plus bas de l'échelle, en tant qu'O.S., qu'O.S. seulement, biffer son origine, abolir son passé, tels ces rejetons d'illustres lignées s'infligeant au couvent une contrition anonyme, tromper, mentir, mystifier pour dissimuler, à défaut de l'extirper, une ignoble carapace bourgeoise, pour se mêler à la masse prolétarienne émancipatrice.

Simultanément, une insurrection venue d'Amérique gronde contre les artifices de la société technicienne. C'est l'âge écologique, troisième figure d'ascèse d'une civilisation frigorifiée, la première consistant dans la narcose des sentiments par l'œuvre d'art — voyez Roland Barthes —, la seconde, que je viens d'évoquer, dans l'abdication par l'intellectuel de son confort de classe, la dernière dans un refus du monde actuel à coups de musique et de drogue, d'exil et d'ésotérisme communautaire.

Mais ce qui, dans les années soixante, en Occident, surtout s'exalte, c'est la prétention des étudiants qui prolifèrent, parfois marxistes, parfois hippies, toujours pénétrés de leur haute mission, héritiers des époques glorieuses, au XIIe et au XIIIe siècle, quand ils tiennent, avec leurs profs, la dragée haute aux barons, se battant l'œil de leurs exploits, persiflant leurs principes d'honneur. Aux Etats-Unis l'enjeu véritable des contestataires, c'est la conscience, ravalée par les machines. Retour aux racines puritaines de leur patrie, dont ils s'érigent en nouveaux prophètes, messagers de la culpabilité collective à l'égard de la haine et de la mort donnée au Viêt-nam. Résurgence de la vocation universitaire du protestantisme dévoyée depuis le XIXe siècle dans une aventure frivole. Episode rétro d'une histoire endiguée.

En Allemagne, en Italie, le terrorisme captivera les intellectuels au nom des bonnes causes, la destruction du capitalisme et de la démocratie libérale, son alliée. Aux extrémités de la violence la France échappe par le discours. Reconnaissance au verbalisme qui a étouffé l'imaginaire depuis trente ans d'avoir épargné en contrepartie nos existences. Tel est le poids, ici, du didactisme, qu'il colonise la nation, s'y manifestant dans les usages et les mentalités les plus ordinaires. En sorte que la différence est flagrante de la République dite, de 1890 à 1940, « des Professeurs » avec le temps dont ils sont présentement les héros. Dans cette république-là, les universitaires, sourds aux mutations de la littérature et des arts, se tiennent soudain à la pointe du progrès philosophique et du combat idéologique. Auparavant, au XIXe siècle, face aux mandarinats pitoyables de Royer-Collard et de Victor Cousin, les penseurs authentiques, Maine de Biran, Comte, Cournot, n'enseignent pas. Des aspirations du groupe dominant, ils témoignent sans militer. Durkheim, puis Brunschvicg, puis Halbwachs, au contraire, exaltent, de leur chaire, l'élan moral et laïc de la Troisième République parvenue à sa majorité sereine après vingt-cinq années de tribulations. Nos clercs n'ont, avec ces docteurs, rien à voir. Ils n'ont pas l'ambition d'édifier, ne se laissant plus enclore dans une forteresse spirituelle, débordant les enclaves de leur fonction, partout sentencieux sous les traits de monsieur tout-le-monde, dans les affaires, les syndicats, les manufactures, partout rayonnants, dans les rencontres gastronomiques ou les salles de gymnastique, les congrès d'homosexuels ou les assemblées ecclésiales, princes de la cité qui a réduit le vécu au langage.

La parole ne conjure en France la terreur qu'à condition de se rendre elle-même terrifiante, menant prioritairement l'assaut des étudiants et des petits clercs contre une hiérarchie coupable d'un odieux forfait, l'usurpation du pouvoir au nom du savoir, patrimoine commun, dont ils n'assument plus d'être les consommateurs au rabais. Le *student protesting* américain, italien et allemand contamine en 1967 les Strasbourgeois. L'agitation gagne Paris. En janvier 1968, à Nanterre, Cohn-Bendit, étudiant en sociologie, insulte le ministre gaulliste Missoffe. Pendant l'hiver des incidents surgissent de pacotilles, d'une conférence sur Wilhelm Reich entraînant des réactions en chaîne, l'occupation de la résidence des filles, des pétitions contre la prohibition sexuelle et les interdits en général.

Le 20 mars, un commando des Comités Viêt-nam national, passant par exception aux actes contre les biens, attaque la vitrine parisienne de l'American Express aux cris de « F.L.N. vaincra ! » Arrestations. Le 22 mars, occupation des locaux administratifs nanterrois par 142 étudiants réclamant la libération de leurs camarades.

De ce mouvement anti-autoritaire, les pro-chinois se méfient comme d'un corporatisme démobilisateur. « A l'usine ! » crient-ils aux petits clercs excités. Linhart se rend le 4 avril à Nanterre chasser Juquin, préposé à l'éducation au P.C.F., lequel tente de contrôler la fronde. Parallèlement les « maos » encouragent l'action paramilitaire contre les commandos d'extrême droite :

> [...] Ils sont venus défendre la Fac de Nanterre, mais la défendre selon des modèles complètement chinois, disant : « Les étudiants de Nanterre, vous vous constituez [...] en groupes d'autodéfense. Nous, on va sur les toits avec des lance-pierres, avec des tas de matériels. » Ils avaient prévu de creuser des tranchées, de mettre des

troncs d'arbres pour que les voitures des fafs[1] tombent dans les tranchées s'ils arrivaient en voitures. Ils voulaient aussi faire étendre des trucs liquides pour qu'ils glissent dessus. Ils disaient : « On pourrait utiliser des tables qu'on enverrait des toits avec un système élastique très résistant. — Mais vous savez si ça marche ? — Oh, de toute façon ils l'ont bien fait à l'université de Pékin, alors ça doit marcher. » Dans la nuit du 1er au 2 mai, les militants qui étaient restés à discuter avec les pro-chinois se sont laissé complètement intoxiquer et il y en a qui sont allés à 2 heures du matin au bois de Boulogne couper des branches pour faire des lance-pierres et, finalement, pour la bonne forme, ils avaient ramassé tout ce qu'ils avaient pu trouver. La psychose était telle que les quelques militants responsables des journées anti-impérialistes de Nanterre n'ont pas osé les tenir et elles ne se sont pas tenues. Le soir, il y eut une réunion absolument folle où ils se sont engueulés avec les membres des Comités Viêt-nam de base sur le thème : « Vous nous avez empêchés de tenir nos réunions parce que vous avez créé une psychose générale pour rien du tout[2]. »

Grappin, doyen de Nanterre, ferme les lieux. Le 3 mai, les gens du « 22 mars » se ruant vers Paris, à quatre cents environ, envahissent la Sorbonne. Le recteur Roche requiert la police. Les flics, à 16 heures, pénètrent dans le bâtiment inviolable, s'emparant des garçons, relâchant les filles qui se dispersent dans les rues et appellent les badauds au secours de leurs compagnons. Une manifestation a lieu dès 16 heures 30 dans le bas du boulevard Saint-Michel. Le samedi 4 et le dimanche 5 mai, au Quartier latin, la nervosité est intense.

1. Fascistes.
2. Mouvement du 22 mars, *Ce n'est qu'un début, continuons le combat*, Paris. Maspero. 1968, p. 20-21.

La comparution de Dany[1] devant le conseil de discipline est prévue pour lundi. Depuis le 3 mai, les « 22 mars » multiplient les contacts. A la réunion du vendredi soir, les U.J.[2] affirment :

> Nous, à la manifestation on a groupé 300 personnes que nous ne connaissions pas, que nous sommes en train d'organiser en comité de défense contre la répression et qui sont prêts à faire un travail de distribution de tracts sur les quartiers à propos de ce qui s'est passé, pour secouer la population [...][3].

Façon de galvaniser les « 22 mars », de les inciter à une mégamanif. Le matériel rassemblé à Nanterre le 2 mai est récupéré. Le 6 mai, au matin, ça sent le roussi. Ça chauffe toute la journée. A Maubert, les types rentrent dans le chou des flics, ils repoussent les motopompes avec des pavés.

Attitude syndicale routinière. L'U.N.E.F.[4] s'applique par des cortèges à canaliser l'éruption. Promenade, ironise le « 22 mars », l'après-midi du 7 aux Champs-Elysées, pis encore, le mardi 8, de la Halle aux Vins au Luxembourg. Les rebelles pensent que c'est fini : c'est le barouf qui commence ! Tout bascule, la nuit du 8 au 9, quand Geismar, du S.N.E.Sup.[5], dans une autocritique ébouriffante, notifie qu'il ne sera pas complice de l'infamie : l'élargissement des étudiants français, mais le maintien en détention, avant l'expulsion, des étrangers, étudiants et, horreur suprême, travailleurs.

Le 10, les durs exigent l'amnistie générale, l'égalité inconditionnelle des Français et des autres, des

1. Cohn-Bendit.
2. Abréviation de U.J.C. m.-l.
3. Mouvement du 22 mars, *op. cit.*, p. 25-26.
4. Union nationale des étudiants de France.
5. Syndicat national de l'enseignement supérieur.

manuels et des « intellos ». On prépare une super-manif, on racole des lycéens, on invoque la solidarité des usines et des facultés. Objectif : la prison de la Santé. Devant celle-ci, l'immense procession défile sans s'arrêter, se dirigeant vers la rive droite, la place Vendôme et le ministère de la Justice. Au carrefour Saint-Germain-Saint-Michel, la route est coupée par des barrages policiers. Dans le Quartier latin il y a des dizaines de milliers de manifestants, entre trois et quatre mille lycéens, beaucoup d'ouvriers et d'employés et jusqu'à de paisibles habitants du secteur saisis brusquement de l'envie d'en découdre. Des barricades s'élèvent un peu partout : rue Lhomond, au coin de la rue Clovis et de la rue Mouffetard, au bas de la rue Gay-Lussac. « Dany le Roux » les inspecte tour à tour, invitant les gens au sang-froid. Inlassable, il répète : point d'outrances, point de massacre. Les C.R.S. sont harcelés. De cette nuit de Walpurgis le retentissement est formidable. Renouvelant l'opération si bien réussie au Moyen-Orient l'année précédente [1], Julien Besançon couvre l'événement pour *Europe 1*. Fièvre des transistors, retransmission dans la France stupéfiée du vacarme des grenades lacrymogènes et offensives, du hurlement des sirènes. Avec l'Etat la bataille est engagée par des mouvements sociaux composites. Au cœur de la ville-capitale, la rive gauche est transformée en symbole du contre-pouvoir dont les étudiants constituent le fer de lance, en dépit des slogans maos qui les déprécient par rapport aux prolétaires.

Les syndicats officiels, C.G.T., C.F.D.T., F.E.N., le samedi 11, préparent un débrayage national de vingt-quatre heures en guise de protestation contre les brutalités du service d'ordre. Le soir, à Orly, Pompi-

1. A l'occasion de la guerre des Six Jours.

dou, rentré d'Afghanistan, annonce des mesures d'apaisement.

Lundi 13, la France est en grève, les démonstrations d'étudiants, de lycéens, de travailleurs se multiplient tant à Paris qu'en province. En fin d'après-midi, la Sorbonne est occupée.

Le mardi 14 et les jours suivants, le XVIe arrondissement qui s'encanaille, mêlé à des ouvriers en vadrouille et à des marginaux désœuvrés, visite ce sanctuaire archaïque où la foire règne. La classe politique, majorité et opposition réunies, plaque sur ces phénomènes luxueux — l'agitation excède toutes les causes de son déclenchement — des représentations convention-nelles. La reprise des cours, selon Alain Peyrefitte, interviendra dès que les désordres auront cessé ; Georges Pompidou décide le dépôt d'une loi d'amnistie et l'opposition d'une motion de censure ; de Gaulle, le 19 mai, déclare : « La réforme, oui ; la chienlit, non » ; le parti communiste, le 23, souhaite la mise au point rapide d'un programme commun aux formations de gauche.

Les 15 et 16 mai, le processus inauguré par les élèves fait tache d'huile. Sur tout le territoire les travailleurs occupent les locaux. Concurremment, transports, médias, industries, tout s'arrête, hormis le gaz, l'élec-tricité et la distribution d'essence. Pompidou se fâche : le gouvernement accomplira son devoir !

Au Quartier latin, c'est la sédition. Plus de loi, plus de contrainte, des brutalités mais, dans l'ensemble, peu de victimes grâce à la pondération du préfet Grimaud. Le 15 mai, rue Victor-Cousin, je rencontre François Furet, historien fort en cheville avec les révoltes. Il me jette, sur un mode qui lui est familier, moitié sinistre, moitié goguenard : « C'est la submersion. » Elle atteint en effet le pays entier, elle gagne toutes les écoles, fût-ce celle si distinguée des Hautes Etudes, plus précisément sa Sixième Section que Braudel préside, citadelle du pouvoir arbitraire et laboratoire de la modernité belliqueuse. Lévi-Strauss, Barthes, Genette y exercent, *Tel quel* y sévit par personnes interposées, la structure y prospère, le sens s'y consume pitoyablement. Le 17 mai, de cette grande maison, le petit personnel, appuyé par quelques dignitaires progressistes, convoque une assemblée générale. Raymond Aron, écœuré, au bout de dix minutes claque la porte. Non pas que ce clerc soit autocrate par tempérament : libéral au contraire, indulgent dans les examens, souriant avec ses disciples, souffrant la discussion avec ses adversaires. Même apprécié des clercs gauchistes, de Glucksmann très spécialement : il est leur caution, le phare qu'ils ne perdent jamais de vue dans leurs navigations intempestives, le havre qu'hérétiques ils cochent sur leur carte secrète de l'orthodoxie. Mais il a le dérangement en horreur, certain que l'évolution, dans les amphithéâtres, à l'instar des sociétés, se produit artificiellement par les sursauts et pour de vrai par des transitions insensibles. Dans le désarroi contemporain, l'Université qu'il a, par des voies tortueuses, rejointe assez récemment lui semble le glaive et le bouclier de la raison. De celle-ci, la misère présente, sous les tortures du non-sens, le laisse de marbre, dès lors qu'elle est caparaçonnée d'institutions. Au Collège de France, qui bientôt l'accueille, aux Hautes Etudes, jusqu'à la vieille Sorbonne injustement décriée, si l'on se voue à la sémiologie, c'est qu'elle est saine. Sur le meurtre de l'imaginaire, sur la fin de l'histoire dont il s'est époumoné, durant trente ans, à proclamer la tragédie, il ne verse pas de larmes, il endosse tous les dogmes, voire les impostures s'ils circonscrivent des champs de recherche et des objets d'enseignement. Né en 1905, Raymond

301

Aron est un bourgeois idéaliste du XIXe siècle. Moins pessimiste qu'il aime à dire, enflammé de pédagogie, il pense au triomphe ultime de la sagesse dans une humanité savante.

Le 14 mai au soir, l'Odéon est occupé à son tour, en pleine saison du Théâtre des Nations. Le tumulte ne déplaît pas à Jean-Louis Barrault, toujours aux aguets de ce qui pétille. Mais il déchante instantanément, négligé, écarté par les envahisseurs. A l'Odéon, pendant près d'un mois, vingt-quatre heures sur vingt-quatre et à bureaux fermés, un spectacle se joue dont les protagonistes, vociférant n'importe quoi, ne se reconnaissent pas comme acteurs.

Pavés, barricades, grenades lacrymogènes, voitures brûlées, arbres arrachés, ça tourne mal à Paris et en province les 22, 23, 24 mai. A Lyon, sur un pont, un commissaire est tué par un camion. A la Sorbonne, les « Katangais », mi-délinquants, mi-libertaires, se fortifient dans les combles. Julien Besançon, contrarié dans ses missions, est tributaire des bons offices de Pierre Nora dont l'appartement, boulevard Saint-Michel, surplombe la situation.

Tout se résout alors en moins d'une semaine. Le 25 mai, Pompidou menace les rassemblements. Les samedi 25 et dimanche 26, au ministère de l'Industrie, rue de Grenelle, des négociations s'ouvrent entre le gouvernement et les syndicats. Le 27, un meeting organisé par l'U.N.E.F. se tient au stade Charléty. Les politiciens traditionnels y plastronnent. Le mardi 28, Mitterrand se déclare candidat à la succession du Général si le « non » l'emporte le 16 juin au référendum sur la loi de participation, vieille lune gaulliste rafistolée à la va-vite le 18 mai.

Le 29, en bout de matinée, de Gaulle quitte l'Elysée pour un énigmatique voyage, par Baden-Baden, chez

Massu, commandant les troupes françaises d'Allemagne, rejoignant Colombey à 18 heures 45 où lui parvient l'écho des manèges de la majorité désemparée et de l'opposition qui se livre aux projets d'avenir. A 21 heures, Mendès France, s'étant longuement entretenu avec Mitterrand, Mollet, Billières et Defferre, s'offre à assumer « les responsabilités que lui confierait toute la gauche réunie ». Rentré le 30 au début de l'après-midi à Paris, de Gaulle y préside d'abord le conseil des ministres puis, à 16 heures, à la radio, faisant part de la dissolution de l'Assemblée nationale et de l'annulation du référendum, invite le peuple à l'action contre les manœuvres totalitaires. Dans la soirée, entraînés par Malraux, Debré et d'autres barons, les nantis, les bien-pensants, les braves gens, en butte depuis le 3 mai aux avanies et aux flétrissures des voyous, remontent en masse, gonflés d'espérance, les Champs-Elysées.

Le nouveau gouvernement Pompidou est formé le 31 mai. En juin, le fuel commence à manquer. Des théories d'autos s'étalent jusqu'à cinq cents mètres des stations-service. De la Sorbonne, les délinquants primaires et secondaires héritent en toute propriété. Perches tendues au pouvoir à partir du 5 juin pour résorber le gâchis. Les facultés, l'Odéon sont évacués, les entreprises progressivement redémarrent malgré la résistance des comités ouvriers-étudiants. Le 6 juin, à Flins, 4 000 C.R.S. chassent les piquets de grève des usines Renault. Le 7, des grévistes renforcés par des étudiants refoulent les ouvriers et cadres revenus au travail. Du 8 au 11 s'enfle la répression faisant des alentours une zone interdite. Le 11 juin, un élève de dix-sept ans, Gilles Tautin, poursuivi par les gendarmes se noie près de Meulan. La liaison radiotéléphonique d'*Europe 1* est interrompue par les P.T.T. concevant, au terme d'un mois de paroxysmes, que le transistor,

médium « chaud », a sérieusement contribué à l'ébullition. Trains, métros, autobus, avions recirculent. Tout
est consommé.

En mai et juin 1968, plus tard encore, quand, à
l'invitation d'Edgar Morin, le plus subtil exégète des
« événements », je leur dédie un texte dans *Communi-
cations*, je crois à une déflagration des mentalités,
j'attribue l'effusion de l'imaginaire à une résurrection
du vécu. Plutôt que d'inscrire le chambardement dans
une évolution dont elle expose les mouvements indécis
en plein jour, j'y découvre l'irruption d'un contre-
courant, l'explosion de vérités endiguées, la nostalgie
d'un paradis perdu.

Quand on patauge dans la convention, quand on se
vautre dans l'ennui, la dérision soudain souveraine,
l'insolence gravée sur les murs répandent une chaleur
oubliée. C'est la vie, une respiration qui érode les
glaces. Surtout, c'est la parole débridée qui semble
pulvériser les codes que j'abhorre. Inconsistante ou
stupide, elle a toute mon indulgence. A l'Odéon, j'ai la
naïveté de confondre l'ineptie avec un raz de marée du
sens.

A ces logorrhées incoercibles, l'esprit du temps
imprime sa griffe déjà collée à la logomachie des
professeurs. C'est le même rien qui s'y prodigue
maintenant allant nu, dévergondé et indécent mais prêt
à revêtir, à la première occasion, la livrée des pédants.
Dans le chaos verbal les trouvailles qui surgissent,
parfois des trésors, résurgences d'une veine pas stérili-
sée tout à fait, ne m'excusent pas, quinze ans après,
d'avoir subi l'attraction du vide.

En Mai 68, je crois à une tornade emportant les
stéréotypes et les robots ; à l'assaut de la jouissance
contre le ronronnement des appétits. On se gorge de
corps et de sexe, pendant un mois l'on rêve et l'on agit

indifféremment. J'en conclus à l'ébranlement des instances bureaucratiques et techniciennes, au dégoût des consommateurs, à la déchéance des objets. Comme si l'apothéose du désir ne relevait pas des canons de la société ambiante qui suscite des offres incessamment dévaluées par la surenchère des demandes ! Que le symbole expulse la marchandise ne compte guère, car ce qui rapproche les convoitises de Mai de celles qui s'épanouissent depuis 1955, c'est qu'elles n'ont pas de contenu, tournées vers elles-mêmes au lieu de l'être vers le monde. Les chimères de la société permissive s'articulent à celles de la société d'abondance. L'histoire, par une des ruses dont elle n'hésite pas à coiffer sa marche, utilise en Mai 68 les voies du désordre pour mieux faire entendre ce que, de longtemps, elle murmure dans l'ordre légal : l'avènement d'une époque où la loi passe de la prescription des interdits à la régulation des concupiscences. Par quoi l'hédonisme économique conspire avec l'ascétisme qui régente l'idéologie. Pas de hiatus, nulle distorsion entre les pratiques formelles dans le roman ou en peinture et la profusion des vitrines, entre le chatoiement des enseignes et l'assoupissement des perceptions, entre l'esthétique du peu et le débordement des dépenses. C'est la même normalisation qui opère, la même pression sur le sensible de la rigueur scientifique ou des urgences du quotidien, c'est un même empire du commentaire substitué au réel par la phraséologie académique ou les publicités envahissantes : on n'achète plus tant les produits que le langage qui les diffuse, on ne mange plus tant les nourritures que ce qui s'en déclare et s'en écrit.

En mai et juin 68, je tombe dans le piège des poncifs, je crois à la destitution des professeurs emprisonnés dans un appareil ringard. C'est l'époque où la démogra-

phie étudiante renverse un rapport de forces sensible-
ment constant du XIXe siècle aux années cinquante :
face aux magisters, quelques dizaines de milliers de
disciples, les uns et les autres principalement issus de la
classe moyenne, en médecine et en droit briguant les
carrières nobles, l'apostolat dans les sciences, l'édification dans les lettres. Et voici que, vingt ans après la
Libération, par centaines de milliers les garçons et les
filles se pressent dans les facultés. Voici qu'aux sciences
sociales, en 1939 quasiment inconnues, ils s'adonnent
avec délectation. Voici que ces nouveaux venus réclament un statut à proportion de leur nombre et de la
dignité des nouveaux savoirs. A l'écoute d'un temps
tout entier branché sur la parole, ils prétendent s'en
arroger l'hégémonie galvaudée par des mandarins en
capilotade. Les événements de Mai 68 ne visent à rien
moins qu'à la ratification solennelle de la civilisation
des professeurs, à la mainmise sur la maison en ruine
des moutons bêlant la modernité par ressentiment. J'ai
souligné à propos des relations culturelles franco-
américaines de l'après-guerre que la déroute du vécu
dans la pensée est inséparable de l'essor du secteur
tertiaire dans la société de croissance, de l'irruption
dans les facultés des fils d'employés, de cadres subalternes et de petits fonctionnaires. Ils y introduisent un
préjugé de la table rase, sans aménité pour l'histoire
qui révèle, tel un stigmate de classe, leur hypothèque
héréditaire. L'éviction du sentiment, l'empire de la
théorie leur assurent une fortune jamais atteinte depuis
l'âge roman. Aux barricades du Quartier latin, l'aventure de l'idéologie formaliste aboutit spontanément. Je
les ai prises pour un cyclone tropical, elles n'étaient
qu'une tempête du vent d'hiver plus ravageante que les
précédentes. Vous savez la suite. Au début de 1969,
l'université de Vincennes qui s'ébranle, legs gaulliste à

Mai 68, haut lieu de la pensée convenue, rassemblement de ses phares, Foucault, Deleuze, Lyotard, des lacaniens, des linguistes, des antipsychiatres, des terroristes du signifiant, gage de l'écroulement de l'autorité, des barrières rompues, de l'équivalence des clercs, des plus humbles et des plus célèbres, de la communion des étudiants et des maîtres par le rite du tutoiement. Tout s'y apprend, cinéma, spectacle, musique, arts plastiques, pour indiquer bien à clair la cessation des partages : la création aux esthètes abusivement gratifiés d'un don mystérieux, la pédagogie aux besogneux relégués à la gestion des découvertes dont ils n'ont pas le brevet.

En mai et juin 68, je crois à l'incandescence du pluriel où les concepts se découragent, où l'identité est évaporée et la différence inconfortable, où l'on est ensemble sans se lier, où le temps est récusé, péril majeur, conjonction de tous les repoussoirs, du programme, du calendrier, de la hâte. Les comités, renouvelés quotidiennement, souvent plusieurs fois par jour, se proposent des tâches infinies sans jamais se targuer de fonctions, s'intitulant parfois « d'action et de réflexion », chacune attentive à désabuser les présomptions de l'autre. Le pluriel dénonce le commandement, l'organisation et l'essence, il mêle en les sauvegardant les incompatibles, ouvrant les espaces de culture aux travailleurs et les quartiers ouvriers aux culturels. J'y pressens la chute des systèmes qui entravent nos épanchements. La parution, en catastrophe, à l'instigation de l'impayable Wahl, d'une défense et illustration des structures [1] m'apparaît un chant du cygne. En Mai, les comportements désarticulent les messages :

1. *Qu'est-ce que le structuralisme ?*, Paris, Le Seuil, 1968

Nous disions : « Les types qui sont dans la manifestation sont capables de se défendre eux-mêmes » et nous avions décidé que le 10 mai il n'y aurait pas de service d'ordre afin que chacun se mette dedans. Dany s'était posté avec deux copains au coin du boulevard Saint-Michel et du boulevard Saint-Germain, disant : « Coupez les chaînes, pas de chaîne latérale, que la population puisse entrer dans la foule [...] tout le monde devient son propre service d'ordre », etc. [1].

Mais tout ce divers est mascarade : au théâtre, le texte volatilisé au profit des artifices et des images ; la peinture instaurant en tableau une photo, un caleçon, une voiture entièrement médiatisés par le langage. De lui tout émane puisque le réel est narration. A lui tout ramène, trônant dans les baragouins qui accompagnent les peintures dans les expositions et les musées.

Je ne suis point seul à m'être fourvoyé sur la circonstance. Tandis que les gaz obscurcissent à Paris les Ve et VIe arrondissements, les maos décèlent dans la répression et la résistance qu'elle enclenche un atout de la révolution. Au début de juin 68, les pro-chinois de l'U.J. concluent avec la fraction dure du « 22 mars » une alliance à l'assemblée générale des comités d'action, prélude, au tournant de 68 et 69, à leur fusion dans la Gauche prolétarienne [2].

Le 22 mars 1969, la G.P. lance un journal, *La Cause du peuple*, pour le premier anniversaire du mouvement. Directeur : Jean-Pierre Le Dantec. En juin, pour commémorer la mort de Gilles Tautin et saboter les élections présidentielles, cent cinquante maos agressent à Flins les agents de maîtrise de Renault. Graves

1. Mouvement du 22 mars, *op. cit.*, p. 7.
2. Plus communément nommée G. P. Cf. F. M. Samuelson, *Il était une fois Libé*, Paris, Le Seuil, 1979.

perturbations dans les lycées. A leur tête, Louis-le-Grand. Un cercle mao actif y infiltre les khâgnes : Jambet, Susong, Dispot, les frères Canu. Les communistes commencent à s'énerver. Pas question de chasser sur leurs terres en banlieue rouge. Le 14 septembre, à Argenteuil, bataille rangée entre les « révisionnistes » et la G.P.

En janvier 70, cinq Africains périssent asphyxiés d'avoir voulu se chauffer avec des moyens de fortune. En guise de représailles, l'architecte lacanien et prochinois Roland Castro, promoteur d'un groupuscule marginal, Vive la Révolution, entraînant Marguerite Duras, Michel Leiris, Jean Genet, Maurice Clavel, occupe le C.N.P.F. Les patrons alertent la police. Castro moleste les agents dans le panier à salade. Il est condamné le 23 février.

Période charnière. Le maoïsme affirme sa présence, incitant l'intelligentsia à l'assister. C'est plus fort qu'elle : il lui faut se dévouer à des causes. La G. P. se doit d'être bonne, née du zèle d'écoliers et de petits clercs. Et ne se bornant pas à la pureté, chic avec ça. Par son recrutement, par ses ouailles, fils de famille côtoyant la roture dans une admirable configuration égalitaire. Certes, on y adhère, bardé de dogmes, de la certitude que la France gavée, la France factice, la France urbanisée de 1969, dont la part rurale ne correspond plus qu'à dix pour cent de la population, est entièrement redevable des instructions de la grouillante et désolante campagne chinoise. Et l'on ne doute pas qu'on touche au but, que la bourgeoisie, en 68, a signé en blanc son acte de décès. Mais surtout on appartient à la G.P. comme à une caste, une oligarchie d'intraitables dans une constellation de la platitude, fraternité du renoncement mieux adaptée qu'elle n'imagine à une époque qui affecte la jouissance à la macération aussi bien qu'à la gourmandise.

Un clan cautionné par le « clan », de la ferveur, de la jeunesse, du boucan : une aubaine pour Clavel, prompt à sacrifier à la mode sa sérénité, son travail, ses biens mêmes pour ne pas rester au-dehors, indifférent au contenu du combat, gaulliste, catholique, gauchiste, sitôt qu'il confère du renom et entraîne à l'apostolat. Ce clerc a la croisade dans la peau, au point de s'être sur le tard retiré à Vézelay où saint Bernard, en 1146, prêcha la deuxième expédition contre les infidèles. Au point de témoigner, dans la polémique et l'exhortation, d'une authenticité, voire d'un talent dont sa plume est dépourvue dans le roman, au théâtre, en philosophie auxquels il s'essaya durant trente ans. Dans *Combat*, en janvier 70, il adresse à Sartre un sévère avertissement : que fait ce sage, où se trouve-t-il quand des militants croupissent dans les cachots ? *La Cause du peuple* se rebiffe. Foin de Sartre, foin de Clavel, foin des intellos, parlez-nous du martyr écrasé à Dunkerque sous une machine le 26 janvier ! Trop c'est trop. Les maos détruisent les grues du chantier. Marcellin, ministre de l'Intérieur du gouvernement Chaban-Delmas, fronce le sourcil. C'est l'escalade. A Paris, à la station de métro Passy, les maos volent des tickets de métro qu'ils distribuent aux voyageurs. Le pouvoir se cabre. Vendre *La Cause du peuple* est devenu dangereux. Jean-Pierre Le Dantec est arrêté le 22 mars 1970, deuxième anniversaire du « mouvement ». Alors Pierre Victor, à la mi-avril, déjeune avec Sartre qui, le 28, devient directeur de *La Cause du peuple*. Du maoïsme, il ne sait rien. Côté marxisme, il s'est surtout signalé de 1945 à 56 par le compagnonnage des staliniens. Mais il n'est ni enclin aux dérobades ni loin d'interpréter l'activisme pro-chinois à la lumière des « groupes en fusion [1] ». A en conjurer les malfaisances, les législateurs musclés de juin 1968 s'efforcent le 30 avril en votant la loi « anti-casseurs ». Pour toute réponse, les maos, dans le style des brigands au grand cœur d'Ancien Régime, dévalisent, en pleine affluence, l'épicerie Fauchon au profit des mal-nourris des bidonvilles.

En cette fin de printemps et dans l'été 70, le journal d'Hallier, *L'Idiot international* est l'asile des « chinois » menacés de toute obédience. On y voit Pierre Victor, Serge July, Gilbert Castro. La G.P. y délègue Jambet et Milner ; V.L.R. [2], Roland Castro.

Le 23 mai, afin de préparer la riposte aux procès de Le Dantec et de Le Bris, son successeur à *La Cause du peuple*, un meeting se tient à la Mutualité sous la présidence de Sartre. Geismar s'écrie : « Le 27, tous dans la rue ! »

Le 27, la G.P. est dissoute par le Conseil des ministres, Le Dantec condamné à un an de prison, Le Bris à huit mois. Arrêté en juillet, Geismar en prend pour dix-huit. *La Cause du peuple* n'est pas interdite mais harcelée en permanence. A Sartre, célébrité exige, on ne se risque pas à toucher. Le 21 juin, pour se mortifier de cet avantage, accompagné de nombreuses personnalités du « clan », il vend *La Cause du peuple* sur l'avenue du Général-Leclerc, dans le XIVe arrondissement et renouvelle l'opération le 26, sur le boulevard Bonne-Nouvelle.

A la G.P., on n'en est pas plus fier que ça. Du folklore, toujours du folklore ! En Chine, les académiciens sont recyclés en balayeurs. A l'atelier, les hommes de lettres, pas sur le forum pour y offrir le

1. Cf. la *Critique de la Raison dialectique*.
2. Abréviation de Vive la Révolution.

spectacle de l'abnégation ! Cependant, en janvier, on les convie à un nouveau meeting présidé par Leiris en soutien des vendeurs de *La Cause du peuple*, de plus en plus nombreux en taule.

Le 15 du même mois, premier numéro de *J'accuse*, codirigé par Linhart, Renberg et Glucksmann. C'est l'épiphanie de ce clerc, signalé à Jean Daniel par Clavel comme un superdoué. Un exagéré, à vrai dire, assumant allègrement les trente millions de morts de la révolution culturelle chinoise pour tomber sitôt après dans l'exécration phobique du Goulag dont personne ne songe à lui faire l'éloge, à cheval sur la justice mais irrésistiblement poussé vers Israël au détriment des Palestiniens, le cœur à gauche mais battant la chamade à l'écoute de Raymond Aron.

A cette publication, Bamberger, ami de Godard, fournit des capitaux. Elle draine des journalistes — principalement du *Nouvel Observateur* —, des artistes, des écrivains, des cinéastes, pêle-mêle Katia Kaupp, Mariella Righini, Michèle Manceaux, Alexandre Astruc, Marc Karmitz, Gérard Fromanger, Jean-Luc Godard, Catherine Humblot, Agnès Varda. Rivalité immédiate avec *L'Idiot international*, très friand de collaborateurs dans le vent ; concurrence avec *Tout*, organe de Roland Castro qui réconcilie la violence avec la fête au nez des rigoristes de la G.P. criant au « liquidateur ».

Car ce n'est pas la saison de se divertir. Un Groupe d'information sur les prisons est créé par Vidal-Naquet, Domenach et Foucault affilié à la G.P. à la suite de sa leçon inaugurale, en automne 70, au Collège de France.

J'accuse fusionne avec *La Cause du peuple*. En juin

naît l'A.P.L. [1], sous la houlette de Jean-Claude Vernier et la direction de Maurice Clavel. Celui-ci s'affirme l'incontestable vedette de la contestation. Le 13 décembre 1971, à l'O.R.T.F., dans l'émission « A armes égales » où il est confronté à Jean Royer, maire réactionnaire et « père la pudeur » de Tours, il quitte le plateau, le film qu'il présente ayant été censuré. Enorme sensation. Jean Daniel, qui est au studio, dîne avec le héros à La Coupole. La parisianité, la provocation et la révolte se coalisent. Le 23 avril 71, un article de *Tout* cosigné par Jean-Jacques Lebel et Guy Hocquenghem : « Libre disposition de notre corps — Y en a plein le cul ! » provoque l'indignation de Royer. Le journal de Castro, que Sartre, bien évidemment, dirige, a des relations privilégiées avec les minorités sexuelles militantes, M.L.F. et F.H.A.R. [2].

Au fil des shows ou des éclats, la lutte, péniblement, se poursuit. En février 1972, *La Cause du peuple* n° 18 imprime : « Contrôlons la Régie nationale. » Départ de l'intervention des maos à Billancourt où des licenciés, deux émigrés et un « établi », Christian Riss, observent une grève de la faim. Le Dantec, récemment libéré, contacte Simone Signoret qui, pendant trois semaines, rend visite aux trois braves. L'A.P.L. s'acharne à répandre l'affaire. Le 14 février, dix-huit personnes, conduites par Sartre, sont refoulées de l'île Seguin. Le 25, un jeune ouvrier de vingt-quatre ans, Pierre Overney, distribuant des tracts, est tué par Tramoni, chef de la surveillance de l'usine. Le soir, à la télévision, le meurtre, filmé par un correspondant de l'Agence de presse Libération, est montré au public à

1 Agence de presse Libération
2. Front homosexuel d'action révolutionnaire

l'initiative courageuse de Philippe Gildas, Hervé Chabalier et Bernard Langlois.

La première moitié du septennat de Georges Pompidou s'achève. En juillet 1972, Jacques Chaban-Delmas, homme libéral dont le gouvernement persécuta la G.P., est remplacé par Pierre Messmer. *La Cause du peuple* dépérit en été. La Gauche prolétarienne se désintègre. Le projet d'un journal relaye les combats.

Précédemment, au cours de l'été 1970, Serge July avait été chargé d'élaborer un hebdomadaire apte à élargir la résistance et à desserrer l'étau étranglant *La Cause du peuple* [1]. Au bout de l'année la direction mao lui expose ses griefs : décollage de la réalité, mégalomanie, intellectualisme. Pis : d'avoir failli à l'essentiel, l'organisation de la solidarité, en septembre, avec les grévistes de la faim écroués. Il est exilé en province, tels avant 1789 les seigneurs ou les parlementaires en défaveur, et replacé à la base, manière de s'y repénétrer de la matière brûlante et pathétique de l'aliénation. A Douai, il séjourne deux ans, intervenant dans les faits divers, particulièrement dans l'imbroglio judiciaire de la jeune fille violée et tuée à Bruay-en-Artois. En janvier 73, il regagne Paris afin d'y animer *Libération*.

La Cause du peuple s'est consumée dans l'ouvriérisme. Jean-Claude Vernier, triomphateur de l'A.P.L., plaide pour un support élargissant ses cibles. Fin 72, tout est prêt. Sartre, pour ne rien changer, est proclamé patron. A résoudre l'épineux problème de la cohabitation des politiques et des culturels, le « clan » s'emploie. Le 6 décembre 1972, au siège de l'A.P.L., une réunion au sommet rassemble Pierre Victor, leader historique des pro-chinois français, Sartre et Foucault assis côte à côte, le premier silencieux, le second disert,

1. F. M. Samuelson, *op. cit.*, p. 76.

Clavel l'air ébloui, en veste de marin, Alexandre Astruc, Philippe Gavi, rapporteur, Vernier, président, et Claude Mauriac qui rapporte la scène [1].

L'équipe fondatrice abat ses cartes dans un « Manifeste ». J'en résume la substance.

Libération, né du peuple, s'y replonge. La parole est aux opprimés et aux exploités.

L'information est puisée à la source, au café, dans la rue.

Libération exerce la critique quotidienne de la quotidienneté, c'est-à-dire d'un monde soumis à l'injustice et à la violence : l'accident de travail, de la route, un dancing qui flambe, une femme inculpée d'avortement, un homosexuel condamné, voilà sa pâture.

Ainsi *Libération* ne fait pas la politique des politiques. La sienne est l'expérimentation directe, par le peuple, de sa condition.

Libération s'appuie sur des bureaux décentralisés en prise sur les réalités régionales et communales, en osmose avec les forces vives du corps social.

Libération regroupe des collaborateurs hétérogènes aux convictions divergentes. Aucun n'est partisan d'un socialisme autoritaire.

Grâce à ses généreux donateurs, à Sartre, à Clavel, à Foucault, à ses rédacteurs désintéressés, sous-payés et qui le resteront des années, *Libération* paraît en février 1973, tiré, présomptueusement, à cent mille exemplaires, fidèle à son « Manifeste ». Un discours perpétuant les mythes de Mai 68 — le droit au désir, la parole festive, le multiple — et leurs contradictions — la structure qui gère l'informel, le code qui ordonne le

---

1. *Temps immobile, IV : Et comme l'espérance est violente.* Paris Grasset, 1976.

divers, le culte des gourous dans la dénonciation de la maîtrise.

Esprit inaltéré en 1984. A travers les crises répétées [1] — en 1974 sur la question Lip, la candidature Piaget, le duel Mitterrand-Giscard —, les inventions incessantes — annonces gratuites, *Sandwich*, supplément du samedi où les pédés déballent leurs fantasmes, où les taulards s'expriment, où les femmes se proposent —, les modernisations successives — nouvelle maquette, orientation plus commerciale en mai 78, introduction de la publicité en 82 —, *Libération* persiste à manier l'insolence qui déroute la gauche si mal à l'aise dans les marges, écœure les staliniens grevés de conventions et la droite accrochée aux vestiges. Mais en s'attachant à ressusciter la vie, *Libération* n'esquive pas les commentaires qui la stérilisent. De cet incongru, c'est la faille, l'espace invétéré de la déférence. Des petits clercs en pagaille, des précieux, des assujettis, enseignants ou pas, il n'importe, y persécutent encore la littérature et les arts, les truquant au gré des modes.

1. Cf. F. M. Samuelson, *op. cit.*

1971. Annales, Économies, Sociétés, Civilisations [1].

Grand Dieu, que va faire l'histoire dans cette galère, un temps s'évertuant à l'éclipser sous les trépidations de la nouveauté ? Les professionnels, dans les années soixante, ne s'y trompent pas, conscients de leur déchéance, mis à mal, dissuadés dans leur tâche par les théoriciens répétant à qui veut les entendre que la succession n'est qu'un leurre face au système stable des structures.

Après la Première Guerre mondiale pourtant, des historiens prennent date dans la poussée des sciences sociales en train de se tailler, en Amérique, en Allemagne, la part du lion : la sociologie, l'ethnologie, l'économétrie. A Strasbourg, où l'université reconquise accapare les talents — Halbwachs, Gilson, Blondel —, Marc Bloch et Lucien Febvre fondent la revue *Annales économiques et sociales* pour en finir avec l'histoire-récit en vigueur depuis la fin du XIXe siècle.

De la Troisième République naissante, cette narration, à laquelle Lavisse prête sa plume ardente, se préoccupe d'assurer les arrières par une glose nationaliste et populaire. Jeanne la Pucelle est plus noble que les nobles puisqu'elle sauve le roi, maître légitime

1. Paris, Armand Colin, n°s XXVI, XXVIII.

d'une France centralisée, libérée de l'étranger et des traîtres, selon une règle qu'illustrèrent plus tard Louis XI, Henri IV, Louis XIII, imités par Robespierre et Napoléon.

Du mythe à l'affirmation scientifique, nulle distance. Il s'incarne dans le document d'où surgit le fait brut, propre, net, irréfutable, renseignant sur le passé humain avec autant d'évidence que les ossements découverts par Cuvier sur les espèces disparues. Indistinctement positiviste et édifiante, cette histoire trouve dans le champ politico-administratif, diplomatique et militaire ses aliments de prédilection. Démocratique et plébéienne, elle dédaigne paradoxalement le social, les forces qui, dans la démographie et l'économie, par les mariages et les profits, la natalité et le marché, régissent son fonctionnement. Elle ignore les représentations et les attitudes, acculée par la dignité de sa mission à occulter ces choses vulgaires.

Les *Annales* réussissent un doublé, s'en prenant à un scientisme de bazar et gommant les inflexions patriotardes qui ponctuent la mémoire officielle. La guerre a désacralisé les valeurs françaises. Par son paroxysme et son extension, elle a déplacé le regard de l'observateur des batailles et des traités sur l'essence des civilisations. A Strasbourg, en 1929, par une troublante coïncidence, au moment où s'entame à New York la dépression planétaire, l'histoire s'adonne à la totalisation, du même coup évaporant les circonstances particulières qu'elle a hypostasiées durant cinquante ans.

Ni Bloch, ni Febvre, ni leurs premiers acolytes ne la dépersonnalisent sans ménagement, ne s'effarouchant pas des noms propres dont ils ne songent à se dessaisir comme d'impuretés. Bloch interpelle les seigneurs de France et d'Angleterre à l'instar des paysans d'Auvergne ou du Yorkshire. Febvre s'adresse à des héros, à

318

Rabelais, à Luther pour en recueillir les clefs du XVIe siècle. Cependant, c'est préférentiellement sur la foi des récents modèles, de l'économie de Simiand déroulée dans la longue durée mondiale, de l'anthropologie de Mauss où la matière et le symbole, la langue et les usages, l'art et le quotidien, le luxe et la nécessité inextricablement s'entrenouent, que les *Annales* découvrent à l'histoire un horizon infini et inversement des objets jusqu'alors méprisés, arpents de blé et plants de haricots. En ceux-ci, vingt-cinq ans plus tard, Goubert lira avec une curiosité avide les secrets des siècles de Louis XIV et de Louis XV.

A la Libération, les sciences, en France, les « dures » d'abord, subissent une douloureuse conversion. Dans l'université, avant-guerre, à Paris ou en province, on ne s'inquiète pas exagérément des questions d'atome ou de fission. Les Joliot, les Perrin siègent au Collège de France ou à l'Ecole de physique de Paris. Dans les années 1950 encore, à Strasbourg, Ollivier, estimé pédagogue, parodie dans ses cours de licence le nom du génial Rutherford par des onomatopées stupides : « Refeufeu ! Refeufeu ! » En biologie, c'est dans les marges, à l'Institut Pasteur, que la génétique s'élève au diapason chimique, moléculaire et microbien qu'elle a entre 1940 et 1945 adopté à Pasadena, à Stanford ou à Columbia. En 1946, au Musée de l'Homme, citadelle, depuis 1930, de la recherche para-institutionnelle, Lévi-Strauss commence à prêcher la linguistique aux anthropologues. En histoire, sous le patronage de la revue *Annales* à peine relevée de l'assassinat, en 1943, de Bloch par la milice, Braudel vient.

Ce clerc, haut en couleur, professeur à Alger, entame dans les années trente, sous la direction de Lucien Febvre, une thèse de doctorat sur la Barbarie à l'époque de Philippe II, bientôt à l'étroit dans cette enclave, au Bassin méditerranéen en son entier accrochant son désir, rôdant les bibliothèques d'Europe du Sud et d'Afrique du Nord, acharné au travail, enfin, à Dubrovnik, l'antique Raguse, dénichant son trésor, un dépôt d'archives lui contant tout sur la navigation et le négoce espagnols dans la seconde moitié du XVIᵉ siècle. Captif en Allemagne, il y rédige la thèse qu'il soutient, dans l'éclat, en Sorbonne, en 1947, déclaré par Febvre son universel légataire aux *Annales,* au Collège de France, sous peu à la sixième section de l'Ecole Pratique et pour meilleur ouvrier de son dessein, l'expansion de l'histoire souveraine, la réunion, sous sa loi des marches dispersées de la géographie, de l'économie, de la statistique, de la démographie, de l'anthropologie, la conquête cynique de tous les territoires où s'exerce l'activité sociale jusques et y compris les nourritures et la reproduction, ressortissant traditionnellement aux sciences naturelles.

En 1957, après la mort de Febvre, Braudel cumule les pouvoirs, présidant le jury d'agrégation, régnant au C.N.R.S., plus rusé qu'un renard, méchant comme un dogue avec ses adversaires, débonnaire avec les clients ne lui ménageant ni flatterie ni peine pour gagner un lopin d'influence dans ses domaines, roi-soleil à partir de 1960, tenant sa cour rue de Varennes et rue de la Baume, se déplaçant d'un lieu à l'autre, tel Louis XIV du Louvre à Saint-Germain et à Fontainebleau avant l'inauguration de Versailles, ici la Maison des sciences de l'Homme, boulevard Raspail, dont il s'instaure l'administrateur. Quand s'y déclenche la terreur formaliste, que croyez-vous qu'il arriva ? Ce fut ce clerc qui jubila. A la pointe des tendances qui s'acharnent à couper l'histoire du devenir, concept suspect, strapontin du progrès, illusion des XVIIIᵉ et XIXᵉ siècles, sousproduit de l'optimisme naïf des « Lumières », il célèbre depuis trente ans les continuités implacables — la terre, les climats, les pesanteurs de l'agriculture et de l'élevage, les routines et les besoins —, les révolutions dans les États et les mutations de mentalité n'influant guère sur ces cargaisons d'invariance.

Donc Braudel, à la fin des années cinquante, rassemblant sous son drapeau les pionniers, racolant Meuvret et Labrousse qui dressa en franc-tireur, par la description des mouvements de prix, un magistral tableau de la France prérévolutionnaire, met l'histoire au pas mathématique et sémiotique. Chaunu ouvre la marche, reconstituant en deux mille cinq cents pages imprimées le commerce de Séville du XVIe au XVIIe siècle au moyen de séries, suite d'unités homogènes et comparables rendant possible la mesure d'une évolution par intervalles annuels. Car le propos de la sériation est d'éliminer si l'on peut dire le temps du temps par la maîtrise de la durée, de l'étaler en microséquences passées au peigne fin, ramenées à l'identité par un nettoyage radical, vidées de leurs qualités spécifiques, mirages de la brisure et du pluriel sur une avenue rectiligne.

Dans la décennie soixante, c'est la folie. On ne se restreint plus aux séries simples débitant les recensements et les mercuriales. La méthode quantitative, appuyée sur l'informatique, est gourmande, engendrant des sources à satiété — cartulaires du Moyen Age, registres paroissiaux de l'Ancien Régime —, logeant à la même enseigne l'alphabétisation des masses et la lecture des élites, le sentiment de la mort et l'idéologie politique, la production céréalière et le recrutement militaire. De la combinaison des indicateurs économiques et démographiques, elle conclut à la minceur du changement au cours des longues périodes qu'elle inspecte. Dans le Languedoc de Le Roy Ladurie, du XVᵉ au XVIᵉ siècle, il y a certes des fluctuations et des différences, par la répartition de la rente foncière et la dévolution de la propriété à la bourgeoisie, par la pénurie et l'abondance, par la hausse ou la baisse des prix. Mais les facteurs de permanence, les limites de la productivité agricole, la carence des bonnes terres, la « famine » monétaire, bref les blocages structurels de la croissance figent quasiment la chronologie du midi de la France sur près d'un demi-millénaire.

Aussi bien l'histoire se croit-elle à l'abri de l'événement, ce drôle qui, dans les cohérences qu'elle dévoile, venait autrefois jeter le trouble, la scandant de surgissements saugrenus, miracles qu'elle prodiguait comme si, renaissant à chaque instant de ses cendres, les explosions l'assuraient de sa puissance génératrice inépuisable. Sous ces soubresauts chaotiques, François Furet débusque l'ajustement de la théologie du fait concret à la téléologie humaniste [1] : sans origines, l'événement, du moins, a-t-il des espérances ! A la façon du positivisme qu'il récuse, Furet n'échappe pas à la fascination de l'épigenèse. Il omet que l'éruption n'est pas au début mais au terme d'un long processus où les signes s'égaillent avant de s'imbriquer, où ils chuchotent avant de s'égosiller. Rétrospectivement éloquents, ils sont occultés à l'instant de leur émission. On s'aperçoit à peine de la parution de l'*Onania* de Bekker en 1710. Cinquante ans plus tard *L'Onanisme* de Tissot fait un tabac.

L'opposition de la singularité à la série par la « nouvelle histoire » correspond à celle du sous-entendu au discours par la nouvelle critique littéraire. Les « comptages » de l'Histoire quantitative ont beau

1. *Annales, E., S., C.*, XXVI, « Le Quantitatif en Histoire », Paris, A. Colin, 1971, repris in *Atelier de l'histoire*, Paris, Flammarion, 1982, p. 65.

renvoyer à des ponctions fiscales, à des assolements triennaux et à toutes sortes de pratiques qui ne ressortissent pas du langage, ils lisent dans les énoncés une information suffisante. Or, l'événement libère des énergies opérant en silence dans le vécu commun. Insupportable ingérence du « sujet » ! A la « nouvelle histoire » celui-ci, fût-il collectif, fait horreur. A Braudel il paraît répugnant, toujours prêt à montrer son sexe. Aries le paya cher, relégué par le tyran pour s'être égaré dans les alcôves, les écoles ou les cimetières sous prétexte d'y scruter les âmes. Duby, par chance, a bravé l'interdit, à Bouvines dégageant magistralement de la bataille l'instance d'un sentiment national qui ligue le roi, le peuple, les communes, les barons de France dans une coalition de deux heures sourdement mûrie pendant deux siècles de rassemblement capétien. L'histoire du non-dit est dans l'enfance. Dès à présent il dévoile des vérités émoustillantes à ceux qui lui prêtent attention. Les médecins, au tournant du XIXe et du XXe siècle, à l'apogée d'une puissance transcendant leurs rôles, leur efficacité, leur fortune dans une symbolique du prestige, le piègent en le confrontant à la compétence : la spécialisation, lentement et difficilement introduite dans leur profession, avant que la Sécurité sociale ne la normalise et que les médias ne la vulgarisent, y introduit ce que Heidegger nomme la question de la technique, quand l'objet voile l'originaire, en l'occurrence un tout indivisé, un patient, un corps, un esprit, une existence, un état civil, un statut. La splendeur de l'ancien médecin, indivisiblement généraliste, clinicien, chimiste, physicien, somaticien et psychopathologue, confesseur, notaire par procuration, ne résiste pas à l'atomisation des savoirs et à la virtuosité des prestations. La décadence, en France, du pouvoir médical, se fomente sous le label de l'oto-rhino-laryngologie, de l'ophtalmologie, de la pédiatrie, intronisées entre 1890 et 1900 à la Faculté de médecine de Paris dans l'euphorie de son essor.

Mars 1972. L'Anti-Œdipe.

Les événements de 68 ne créent rien mais dévoilent des représentations sourdement mûries depuis l'envol de la civilisation d'abondance : du pluriel ; de l'éclatement ; du corps épanoui et battant.

En France le sexe ronge son frein dans les fers alors qu'il s'émancipe par tout l'Occident. En novembre 1968, éberlué, j'assiste à New York, dans Soho [1], pas encore « in » mais dangereux à traverser de nuit, au spectacle *Dyonisus Sixty-Nine,* d'après *Les Bacchantes* d'Euripide. Les acteurs du « Performance Group » y jouent dévêtus, accueillant dans cet appareil, pour les conduire à leurs sièges, les participants à une liturgie barbante. Célébration d'un corps sublimé, bientôt exporté en Europe où, en 1969, Paris acclame *Hair,* le rite du nu se galvaudant dans les comédies musicales sans y gagner en piquant, car ici, comme dans les sexshops, l'érotisme est aliéné par le discours.

Les équivoques de Mai 68, de la licence coalisée à l'ascèse, s'exaspèrent dans le militantisme sexuel. J'ai parlé de l'acte de naissance du F.H.A.R. dans le numéro 12 de *Tout,* journal de Roland Castro. L'homosexualité s'affiche et se banalise par le double truchement de l'idéologie et des lieux — bars, boîtes, clubs, saunas, cinémas —, où la baise est de rigueur, à

1. Au sud de Manhattan.

la mode américaine, dans des salles réservées nommées « backrooms », les ténèbres y figurant le dernier rempart du tabou.

C'est l'époque où les femmes se croisent pour raccorder la dignité à leur désir, à l'instar de l'homme, lui ôtant les brevets de la galanterie et de l'initiative. Elles profitent d'une conjoncture idoine, de la démystification de l'amour qui s'affranchit à force de désamorcer ses attraits. En 1974, pour réclamer une jouissance sans entraves, elles sont 343, bénies par le M.L.F., à se vanter dans un manifeste d'avoir volontairement interrompu leur grossesse.

Les deux sexes engagent une lutte pour une reconnaissance mutuelle qui ébranle les interdits en abaissant l'âge des étreintes. Le milieu populaire où la classe dominante avait réussi à implanter ses censures se déculpabilise en cadence des milieux nantis. En 1974, Giscard, à peine élu, ramène de vingt et un ans à dix-huit l'âge de voter et de disposer de sa personne. En 1976, par la légalisation de l'avortement, toutes les femmes sont officiellement conviées au plaisir.

Occasion pour les hommes de faire valoir réciproquement leur droit à la beauté, autrefois ratifié par l'aristocratie et froidement aboli par les bourgeois d'après la Révolution. Habillés de noir, austères, ils s'appliquent, au XIXe siècle, à s'effacer pour mieux valoriser les femmes, défendues et adulées. La séduction est passive. Le sujet autonome se doit d'être laid et les échotiers du Second Empire n'en finissent pas de cracher sur les messieurs, ces parias de la création [1]. Ils

1. Préjugé tenace : j'ai entendu le 30 juin 1984 André Pieyre de Mandiargues déclarer tout de go à l'émission télévisée « Droit de réponse » de Michel Polac, que la seule évocation de la promiscuité des hommes dans les dortoirs, les casernes, les conseils de révision, lui donnait des idées de suicide.

offusquent, dans les bals et dans les salons, les cous blancs, les poitrines, les chevilles fines dont l'éclaircie, par un faux pas, convaincrait un athée des bontés de la providence.

De la virilité, assignée au costume blafard, l'épreuve cruciale est la disgrâce du sous-vêtement, camouflant les attributs du mâle pour s'en assimiler l'opprobre, si tant est que, glorieux par leurs rendements, ils sont avilis par l'étalage. Vers 1930, le slip, issu du maillot ultra-court récemment apparu aux bains de mer, est lancé sur le marché, à la place des anciens caleçons, sous les aspects et aux prix modiques qui s'y conservent durant près de trente ans. Dans le cérémonial initiatique des conseils de révision devant qui la nation, toutes classes confondues, se présente, le gage de l'aptitude au service et de la trempe des sentiments est fourni par les dessous pendouillants, bâillants, à grosses côtes certifiant qu'on ne saurait être à la fois un soldat téméraire et un éphèbe froufroutant.

Pourtant, entre 1955 et 1960, une évolution se dessine. Dans la société industrielle en effervescence, des firmes s'intéressent à ces parties subalternes et inavouables de l'habillement : « Eminence », à l'enseigne paternelle des princes de l'Eglise, qui crée des modèles originaux en coton uni ; « Kangourou », dont le sigle déclare l'essentiel, une poche énorme pour accueillir avec le maximum d'égards une anatomie indocile en préservant les tissages inesthétiques traditionnels, façon d'apaiser les familles collet monté. L'on passe en douceur de l'usage au confort au moment où les ménages l'avalisent à coups de machines à laver le linge ou la vaisselle, de frigidaires et de télévisions.

Sans éclat, jusqu'au terme des années soixante, quand, soudain, à l'apogée de l'ère de croissance, le slip, décidément pionnier, sacrifie le confort à l'art. La

« taille basse », la couleur, le synthétique investissent les bonneteries, atteignent les grandes surfaces et les banlieues, se répandent dans les campagnes, arrachant le sous-vêtement à la morosité d'un destin hygiénique pour le promouvoir conjointement en gadget et en ressort de l'élégance à l'exemple de la cravate ou de la chemise. Chez « Eminence », le leader, dont les ventes doublent entre 1969 et 1974, 57 %, en 1973, à raison de 121 millions, affectent la taille basse et 33 % la couleur. « Hom », qui se spécialise en formats minimes, simultanément bondit de 5 à 58 millions de chiffre d'affaires, dispensant à ses adeptes toutes les couleurs de l'arc-en-ciel. Grimpée identique chez « Jil » avec, en 1973, un chiffre de 73 millions et la deuxième place dans le palmarès national. Les marques « classiques » sont en déroute. « Jockey », le géant américain, rivé aux lignes tristes, au blanc et aux côtes, style « Petit-Bateau » d'avant-guerre, ferme son usine française. Aux adultes de trente à quarante ans constituant la majorité des acquéreurs, se joignent progressivement des jeunes gens, voire des enfants qui surmontent la résistance des mères, certaines préférant prendre les devants : « Maman a du goût », relate, enthousiaste, en 1974, Claude, dix-neuf ans, étudiant en sciences économiques, « elle m'achète des slips très jolis, en couleur et même à fleurs [1] ».

Porter un minislip rouge ou bleu, c'est, pour quantité de garçons, valider leur corps. « J'aime les slips de couleur et de taille basse, dit un agent de maîtrise de vingt-cinq ans, parce que je fais du sport. Quand je me déshabille, je me sens plus à l'aise, j'ai l'impression d'être en maillot de bain. » Mais l'homme n'est pas seul en cause. De son bien-être, les femmes représentent un

1. Cf. *Le Nouvel Observateur*, 2 décembre 1974.

atout majeur et l'afféterie de ses dessous ne lui pose aucun problème dès lors qu'elles en sont solidaires. Vers 1970, dans une proportion de 70 %, l'achat de ces articles leur incombe. A cette intervention décisive, les annonceurs prêtent une attention vigilante, associant dans les publicités massives qui frappent après 1968 les étrangers débarquant en France les spectacles les plus audacieux à une masculinité irréprochable. « Jil » et « Mariner » insistent sur les pilosités profuses, les grosses moustaches, les jambes velues. Surtout pas d'équivoques, depuis l'échec, en 1967, de « Selimaille » dessinant, à l'ombre d'un slip d'avant-garde, une silhouette à la définition imprécise. Furibondes, les clientes s'étaient détournées de cette marchandise injurieuse. Tranquillisées, elles se livrent à des réflexions touchantes : « J'achète des slips taille basse à mon mari, parce que cela lui donne un derrière bien rond. » Encouragés, les messieurs se laissent aller aux confidences : « Moi qui suis pudique, déclare un cadre de trente-cinq ans, avec un slip en couleur, je peux circuler plus facilement à la maison [...] Et ma femme se montre à son tour plus facilement en petite tenue. Notre vie intime en a été améliorée. » Un autre y va encore plus carrément. La taille basse, la couleur agissent comme des signaux : « Quand le zizi est proéminent dans le slip, peut-être que ça aguiche davantage les filles, il se voit à l'œil nu, il n'est pas perdu dans le pantalon. »

De ce bout d'étoffe, le symbole excède les morphologies même flatteuses, il introduit à une phénoménologie inédite de l'apparence. « Jil », montrant un homme au slip anachronique en butte aux quolibets d'un groupe d'amis « modernes », s'inscrit dans la lignée française des romans d'initiation. Par six douzaines de chemises, Julien Sorel conquiert, sous le règne puritain des commerçants, ses lettres de noblesse parisiennes. Qui sont-ils aujourd'hui, ces moqueurs et ce désuet ? Des bourgeois probablement : ils pourraient être ouvriers. La fortune du slip fantaisie souligne, dans l'essoufflement de la lutte de classes, la mutation du corps masculin en instrument de la réussite et du bonheur.

Sous Louis-Philippe, un homme important est aussi un homme qui pèse lourd. Puisque soudain il aspire à se dévêtir et qu'avec lui les femmes rivalisent en hanches étroites et en ventres plats, il s'agit, toutes affaires cessantes, d'adapter la nutrition aux normes de l'esthétique du nu. Mai 68, par le canal inattendu des gastronomes, trame dans la nation une révolution du goût.

Retour aux sources calqué sur celui des communautés cherchant dans l'Ardèche ou les Cévennes, par l'éducation des chèvres ou des plantes curatives, un palliatif contre les malfaisances de la ville. Découverte des fruits et des légumes exotiques, réincarnations du bon sauvage. Appel à la diététique et à l'hygiène. Les voix s'y confondent des « pros » — chefs, chroniqueurs, gourmets — et des médecins exploitant cette chance de leur souveraineté défaillante. Elles gonflent la rumeur collective des champions du corps tiraillés entre les aspirations contradictoires de la coquetterie et de la gourmandise. En 1972, dégageant la leçon de cette excitation générale, Gault et Millau proclament les impératifs de la nouvelle cuisine.

Veiller à l'authenticité des aliments. Laissez là cassoulets, choucroutes, aligots, convertir la nostalgie des terroirs en religion des matériaux. Fréquenter les marchés[1].

1. Paul Bocuse, *La Cuisine du marché*. Paris, Flammarion, 1976.

Substituer aux hiérarchies qualitatives — le haricot primant la rave, le turbot la morue — les vertus naturelles : fraîcheur, primeur, tendreté.

Bouleverser les techniques. Rompre avec les cuissons forcenées épuisant les mets, les spoliant de leurs forces vives, réprimant les saveurs, étouffant les accents. Rétablir la crudité dans ses droits, les étendre à toute nourriture, à commencer par les viandes et les poissons. Bannir les sauces qui masquent l'incurie des apprêts par des artifices frauduleux. Assaisonner en nuance. Souscrire aux vinaigres de miel et de framboise. Rendre aux comestibles une innocence calculée.

En finir avec les bouffes du XIXᵉ siècle, les fabrications qui gavent sous prétexte de combler, vous agressant par un potage à la reine, en modeste prélude au dîner :

> Ayez trois poulets ; videz-les, flambez-les, enlevez-en les estomacs en entier, mettez-les sur un attelet et couvrez-les d'une petite bande de lard [...] ; enveloppez-les de papier pour qu'ils ne prennent point de couleur ; mettez-les à la broche ou dans une casserole que vous aurez foncée de quelques lames de veau, de jambon, d'un oignon, de deux ou trois carottes et d'un bouquet de persil assaisonné ; mettez ces estomacs, couvrez-les de légères bandes de lard, de deux ou trois ronds de papier beurré, afin qu'ils ne prennent point de couleur, dirai-je encore ; mouillez le tout de deux ou trois cuillerées à ragoût de consommé, faites-le partir sur le fourneau ; après mettez-le dessus ou sur une paillasse ; faites cuire ces estomacs vingt minutes ; retirez-les et faites-les refroidir ; passez ce fond au travers d'un tamis de soie ; faites avec ce fond une panade [...], hachez ces estomacs très menu ; mettez-les dans un mortier, avec vingt amandes douces et deux ou trois amères émondées ; piquez bien le tout ; après joignez-y votre panade et pilez de nouveau ; retirez-le, mouillez-le avec le

331

consommé de vos carcasses au point de le passer à l'étamine[1].

Varier les recettes où le fluide, l'impalpable — mousses et coulis de tout acabit, de poissons, de légumes, de volailles —, arrachent les denrées à leur identité lourdaude.

Servir de petites portions épanchant dans les assiettes une science profuse : le réel, en tout état de cause, n'étant qu'une retombée de la rhétorique dominante, ainsi qu'on constate dans les restaurants dont la clientèle commande en priorité le menu indiqué par les guides.

En somme, exaucer le vœu d'une société simultanément éprise de tonus et de gracilité, permettre aux filles de se faufiler dans les blue-jeans, fournir aux technocrates et aux cadres une sustentation convenable à leur maintien, aux sportifs l'énergie favorable aux records. Secouer le joug héréditaire de la table sans offenser sa majesté, allier l'utile à l'agréable, élaguer, abréger, purifier et, grâce suprême, favoriser l'évasion, recueillir les messages de la Chine, de l'Inde, où les toxicomanes à la même époque trouvent le paradis de la défonce, et plus particulièrement du Japon dont l'art de ne pas cuire et de présenter les aliments est soudain porté au pinacle à la façon de sa calligraphie ou de ses estampes au XIXe siècle.

Aussi bien, du corps, la planète s'avère-t-elle le domaine. Il la couvre et la rôde durant les vacances, orgie de l'année sociale, démocratisées en 1936 par les congés payés français et commercialisées en 1938 en Angleterre par un génial promoteur : « Butlin inondera de soleil votre mois de septembre. Joie et enchan-

1. A. Beauvilliers, *L'Art du cuisinier*, t. I, Paris, Petit, 1816, p. 28-29.

tement des loisirs [...] à Skegness et Cleaton-on-Sea! »
L'ouverture de camps de détente à tarifs réduits a, juste
avant la Seconde Guerre mondiale, un aspect de conte
de fées :

> Enfant d'un peuple individualiste, j'avais regardé avec
> un peu de stupeur les foules américaines transformer les
> plages populaires en litières de mirlitons et de chapeaux
> en papier, mais je n'avais rien vu de comparable à cette
> entreprise de plaisir à prix fixes, de repos standardisé et
> je prétends vous décrire ici une chose encore inconnue
> de nos chercheurs de merveilleux [1].

A la fin du XVIIIe siècle, Goldoni décrit chez les
bourgeois de Livourne, prête-nom de Venise, une
fureur de villégiature, antique privilège nobiliaire. Mais
l'aristocratie est oisive en permanence. Elle ignore le
partage de la semaine et du dimanche, des saisons de la
peine et du divertissement. Elle se déplace au gré de ses
humeurs ou à l'instigation des climats. Au XIXe siècle,
en France, les nouveaux maîtres acculés au travail
rémunérateur se vengent sur le prolétariat misérable de
leurs servitudes dorées par la stricte interdiction du
temps libre.

Dans la société d'abondance, le droit au départ
exalte celui des corps. Le Club Méditerranée qui
compte, en 1950, 2 300 adhérents en accuse 90 800 au
bout de quinze ans. En progression lente d'abord :
74 500 en 62, 87 000 en 63, en 64, 87 700. A partir de
1966, en expansion sauvage : 189 000 en 68, 299 000 en
72. Il affrète une flotte de charters, multiplie ses
villages d'accueil, s'installe aux Antilles en 1968,
rachète en 1970 le Club européen du tourisme et
segmente l'univers en trois grands « lacs » d'implanta-

---

1. Claude Blanchard, *Paris-Soir*, 8 août 1938.

tion, indiquant sans ambages qu'à l'abri des tempêtes, il offre à ses gentils membres, de la Corrèze aux antipodes, les délices entrelacées du dépaysement et de l'assurance. Aux petits employés, aux secrétaires de direction, aux cadres subalternes et supérieurs, il réserve le tableau de sites étranges, de populations effrayantes, de bêtes sauvages dans un cosmos apprivoisé. A sa clientèle française, à longueur d'année, il dispense une simulation du pouvoir sur ses colonies résiliées, une hallucination de paysages interchangeables, de distances abolies et de temps suspendu. Durant les séjours où le tutoiement rituel exhorte les conditions inégales à la fraternité solaire, un zèle particulier aux intérêts du corps est attaché. Dans les communautés estivales, dès avant l'explosion de l'ère permissive, celui-ci se plaît à s'envoyer en l'air.

Après 68, au rythme de la liberté des mœurs qui favorise les accouplements, le sexe et le ventre complotant, la bouffe se dévoile un créneau majeur où s'est engouffré, dès sa création, le Club Méditerranée abordant chaque journée par un petit déjeuner flambant.

C'est qu'il faut entretenir une complexion se dépensant intensément en exercices et en étreintes. Le vacancier est performant, il convoite l'apothéose, bronzé, vigoureux, séducteur.

Cependant, des plongées sous-marines, des randonnées équestres, des copulations répétitives, des festins roboratifs et des clairs de lune tropicaux, c'est encore et toujours le verbe qui s'empare, les confisquant, lorsqu'il ne les subroge pas simplement. Face aux lecteurs de prospectus, les partants effectifs sont rares. En 1973, Jet-Tours distribue 480 000 programmes, en 1984 plus d'un million. La parole a le pas sur l'action. Kuoni édite 650 000 fascicules annuels. Nouvelles Frontières, en 1966, palpitant à peine, commence, par tracts ronéotypés, à vanter ses mérites. Il rallie, en 1983, 300 000 clients contre 250 000 en 1982 — bond remarquable en temps de récession et de restriction des changes —, par une graphomanie dévorante : 289 000 brochures de 329 pages. Le Club Méditerranée tire son catalogue à 1 665 000 exemplaires, vendu vingt francs, remboursables à la location. Selon des estimations pessimistes, il faut de 25 à 40 textes pour enregistrer une vente, la fourchette la plus optimiste oscillant entre 10 et 20[1].

Au début des années soixante-dix, à théoriser sur la déflagration des corps-langages, Guattari invite Deleuze.

Ce clerc-ci n'était pas destiné aux éclats. Jusqu'en 1968, sa carrière se déroule entre l'obscurité et la convention : enseignant de lycée, professeur de faculté en province. A l'université de Strasbourg, dont il est boursier de licence, dédommagement accordé au meilleur candidat malchanceux à l'Ecole Normale supérieure, il vient au printemps 1946 payer sa dette par un exposé sur la logique formelle que Canguilhem salue comme un chef-d'œuvre.

On se répète à l'envi ce mot d'Alquié qu'en sa khâgne de Louis-le-Grand, il n'eut jamais, sinon Deprun, d'élève si doué. Sa réputation dans le sérail philosophique n'a guère de retentissement extérieur. De ses pairs, il se distingue par son allergie aux systèmes à l'allemande, aux encyclopédies, aux ontologies. Quand il n'est bruit que de Hegel ou de Heidegger, il s'affirme nominaliste, étudie Hume et les empiristes anglais ; tout s'ameutant contre Bergson, affectueusement il l'interpelle, non sur des balivernes de finalité mais sur les subtiles collusions de la pensée et

1. Cf. Régine Gabbey in *L'Express*, février 1984.

du sensible. Il se complaît chez les sophistes, ces amis des phénomènes, ces fossoyeurs de l'essence, s'attachant à leurs filiations diffluentes, Spinoza qui traite l'univers comme un tourbillon d'événements, Nietzsche qui le saccage sous les assauts du vouloir. Se risquant dans la matière littéraire, il la dissémine [1]. La différence est sa patrie. Le dehors, le multiple, le petit peu le galvanisent. Il a l'intériorité, l'identité, la totalité en exécration.

En 1968, l'irruption du n'importe quoi lui semble un encouragement aux grandes entreprises. Va-t-il demeurer dans son poêle quand le chambard du Quartier latin répand les preuves qu'il administre en catimini depuis vingt-cinq ans ? C'est alors, en 1969, qu'il se ligue à Félix Guattari, bonhomme d'une autre pâte, vif-argent, cynique, agitateur de profession, gros loup sous des regards d'agneau de lait. Depuis 1955, en rupture d'études pharmaceutiques, il est soignant à la clinique de la Borde, dans le Loir-et-Cher, attiré par Oury qui, en 1950, s'y soulève contre l'orthodoxie en médecine mentale. L'antipsychiatrie, inspirée de Cooper et de Laing, y prospère, abolissant les clivages de la déraison par où le scandale arrive et du bon sens, fondement de l'ordre. Dichotomie opposant le pouvoir — judiciaire, flicard, médical — au désir.

A ce brulôt, Guattari s'est tôt voué, non point, tel Deleuze, par le commentaire, mais dans la pratique. Entière légitimation du dérèglement, institutionnalisation de l'informel, insertion de la pulsion dans la dynamique du champ social, plein-emploi de la folie dont la collectivité, à son insu, s'enrichit.

Je ne suis pas sûr que Félix, travaillant sur les paranoïaques ou les schizophrènes, ait clairement

1. *Marcel Proust et les Signes*, Paris, P.U.F., 1964.

aperçu que, dans la société d'abondance, le désir se débride, qu'il est simultanément le roi et son fou soumis à d'étranges récupérations. En 68, tout pétant et s'éparpillant en comités, commissions, mouvements, groupuscules, galops d'essai de sa sociabilité onirique, Guattari se croit naïvement ratifié et promis par l'histoire à un rôle de déstabilisation permanente.

A Deleuze qui lui procure références et savoirs, il insuffle une corrosion héritée de quinze ans d'activité frondeuse, un parti pris de provocation et de dévergondage. A l'unisson ils chantent la frénésie pour la plus grande joie des petits clercs avides d'encanaillement.

Aussi bien le désir, depuis dix mille ans, habite-t-il le social. L'ambition de nos compères n'est pas humble. C'est de l'homme — qu'ils refusent de nommer tant il leur répugne —, dans l'immensité des espaces et des durées, dont ils prétendent connaître et fixer le destin par l'exercice illimité de ses fonctions matérielles, machines à créer des flux en un irrésistible déferlement.

Au commencement, il y a les sauvages scellant l'union de leur puissance et de la terre, « grande stase inengendrée, élément suprême de la production qui conditionne l'appropriation et l'utilisation communes du sol [1] ». Le territoire, première machine productive, machine d'inscription inépuisable, absorbe toutes les émissions, de sperme et de merde, de troupeaux et de graines, de rêves et de convulsions. Radicale est l'alternative : discipliner cette voracité ou disparaître. Donc les sauvages codent : mais le désir frémit dans leurs agencements.

Puis surgissent les barbares. Dans le chef — le despote et son gouvernement — convergent les flux productifs. Il ne se borne plus à les coder, il les

---

1. *L'Anti-Œdipe*, Paris, Editions de Minuit, p. 164.

surcode : voyez le tyran de Hobbes. Mais il amorce un processus, aux effets incalculables, par la déterritorialisation des énergies qu'il dérobe au corps plein de la terre.

Dernière séquence, la civilisation, culminant dans le capitalisme, étrange circulation de l'argent à l'affût des placements. Aussitôt il révèle ses bienfaits, décodant les flux, rendant l'abstrait concret et immanent le transcendant, déterritorialisant à toute barde, essaimant, dissolvant, disjoignant, découpant. Hélas, dans l'élan de leur chute, les digues abattues se relèvent, le capitalisme induit sa propre négation, il reterritorialise, il recode. Tout repousse et rapplique, les Etats, les patries, les familles. Et les instruments de répression qui leur font cortège. Et les mythes, les mensonges, les légendes vénéneuses, l'« Œdipe » en tête, conçu à Vienne dans la crise gériatrique d'un Empire empêtré de son opulence.

Le capitalisme est sympathique pourtant : « Notre société produit des schizes comme des shampooings Dop ou des autos Renault à la seule différence qu'ils ne sont pas vendables [1]. »

Pour apparaître complètement présentable, il lui faudrait si peu de chose ! S'abandonner à ses excès, ne pas réinvestir ses plus-values, abdiquer ses ambitions d'harmonie. Le désir, le bon désir, est pluriel, il s'effiloche, il explose. Les pannes, les ratés, les courts-circuits, les intermittences, voilà son ordinaire. Point de source, de terme, de régulation de ses fulgurances. Il annule l'homme, cette parodie d'unité. Le sexe n'est pas humain : de l'illusion qu'il y en a deux, voire un seul, dictant son modèle à l'autre, Freud porte la responsabilité malsaine. Il existe des molécules, de grosses machines qui les ingurgitent, c'est tout.

1. *Ibid.*, p. 292.

Car le désir, le bon désir n'a ni rime ni raison. Des signifiants, il se méfie, signes gorgés de sens, à les inspecter sérieusement. Il se meut, quant à lui, dans le vide auquel les formalismes saussurien et postsaussurien sont loin d'atteindre, pénétrés de références et conservant au signifié sa part entière. Profitablement Hjelmslev rectifie leur tir. Sa linguistique est à la mesure des technologies nouvelles, de l'électronique qui ne passe ni par la voix ni par l'écriture, de l'informatique, de la fluctique, cette récente trouvaille qui opère par jets de gaz. Les signes de Hjelmslev sont parfaitement lisses, décrivant une aire d'immanence algébrique où l'expression et le contenu se présupposent réciproquement, où l'articulation ne s'effectue « plus entre deux niveaux hiérarchisés de la langue mais entre deux plans déterritorialisés convertibles constitués par la relation entre la forme du contenu et la forme de l'expression [1] », où il n'y a que des points, des schizes, des coupures de flux qui crèvent le mur du signifiant.

Ne vous effrayez pas de ces débordements. Avec la culture légale, ils ne coupent pas les ponts. Deleuze, de l'université, a reçu de solides leçons de déférence. Celle-ci suinte à chaque page, délicatement acoquinée à la violence. Il y a les civilités littéraires, les citations d'écrivains élégants, morts ou vivants, de Lenz à Lewis Carroll, de Klossowski à Beckett, de Blanchot à Lévi-Strauss. Il y a les complicités de « clan », les sourires confraternels à Lyotard, à Serres, à Clavel si philosophiquement indigent et si prisé par les clercs. Il y a les gracieusetés à Sartre dont nos amis qui n'apprécient guère les lubies d'un autre âge sur la conscience et le pour-autrui récupèrent, dans l'orbite de la Gauche

1. *Ibid.*, p. 288.

prolétarienne, la billevesée des « groupes en fusion ».
Il y a l'hommage appuyé à Marx. On a beau déchaîner
les désirs à la façon de Keynes et de l'ultralibéralisme
anglo-saxon, on ne se démarque pas sans nuance du
guide de Lénine et, dans les ambiguïtés de 1968, des
jeunes gens que *L'Anti-Œdipe* est parti pour enjôler.
Sur la fécondité de la matière et la purulence de
l'humanisme, sur l'amour, sur la praxis, sur le travail,
Marx profère de subtiles et mystérieuses paroles traves-
ties par des faussaires en organisations bureaucratiques
et en régimes coercitifs.

Mais surtout il y a l'hymne à Lacan. Certes, le culte
de Freud et du signifiant-phallus est un attrape-nigaud,
la psychanalyse et le « familialisme » s'entendent
comme larrons en foire. L'« Œdipe » résume toutes les
misères et toutes les impostures de la sensibilité occidentale, la privation, la culpabilité, l'angoisse. Mais,
par chance, à la parole du maître, Lacan est résolument
infidèle, dévoilant qu'Œdipe est imaginaire « et que
cette ou ces images sont produites par une structure
œdipianisante » n'agissant « que pour autant qu'elle
reproduit l'élément de la castration qui, lui, n'est pas
imaginaire mais symbolique [1] ». Mener l'« Œdipe » à la
cime de son autocritique, c'est la sublime tâche de
Lacan. Et, dans cette foulée, de conduire la linguistique, panacée contemporaine, à s'interroger elle-même,
expliquant comment la structure « par-delà les images
qui la remplissent et la symbolique qui la conditionne
dans la représentation, découvre son univers comme un
principe positif de non-consistance qui la dissout, où le
désir est renversé dans l'ordre de la production, rap-
porté à ses éléments moléculaires où il ne manque de
rien, parce qu'il se définit comme *être objet naturel et*

1. *Ibid.*, p. 370.

sensible en même temps que le réel se définit comme être objectif du désir [1] ». Il s'ensuit que, malgré quelques morsures, le docteur est sacré précurseur de la schizo-analyse et de l'industrie hypersophistiquée des machines désirantes.

L'une va avec l'autre, sœurs bienfaisantes. Celle-là pulvérise inlassablement et inexorablement les moi, les sujets, les personnes ; elle fait « couler les flux qu'ils seraient capables d'émettre, de recevoir ou d'intercepter » ; elle établit « toujours plus loin et plus fin les schizes » ; elle construit les machines désirantes qui recoupent les coupures et les groupent avec d'autres. Le schizo-analyste ressemble à l'artisan Zen réparant avec du ciment d'or chaque fendillement d'une tasse de thé cassée [2]. Ainsi s'emploie-t-il à schizophréniser ses matériaux au lieu de les névrotiser selon la méthode psychanalytique. Ainsi, d'une petite chiquenaude, inverse-t-il le mouvement enclenché par les autocrates érigeant le divan en souveraineté territoriale. Ainsi renoue-t-il avec les flux et pousse-t-il les simulacres jusqu'aux limites indéfinies où ils ne sont plus des artifices mais une terre à créer toujours. Il expérimente ce que les sophistes les plus arrogants se bornaient à conjecturer — qu'il n'est de réalité que dans le mirage —, exposant dans le morcellement des désirs les pièces à charge de la déterritorialisation.

De ces engins prêtant aux calomnies les plus insidieuses, dites-vous bien que la nature est spécifique et originale, qu'ils n'ont aucune similitude avec ceux de la technique. Pour une analogie — ils rencontrent en commun des instances d'antiproduction s'efforçant de s'approprier leurs forces productives —, un abîme les

1. *Ibid.*, p. 370-371.
2. *Ibid.*, p. 434.

341

sépare. Les machines désirantes n'opèrent que dans le détraquement, l'épars, le discontinu. Les machines techniques nagent dans l'huile, articulées et engrenées. Un seul rouage s'y dérange-t-il, l'ensemble est bloqué. Ne vous laissez pas bercer par le boniment des gadgets qu'elles enfanteraient uniment. Le désir répugne au commerce, ses cibles ne sont jamais identifiables, ne se distinguant qu'en éclatant, ne visant aucun but, ne remplissant nul programme, ne comblant pas de besoin. Il fabrique du n'importe quoi au dam du capitalisme et de ses succédanés totalitaires, échouant à colmater ses brèches dans leurs citadelles entamées. Les sales machines, machines à fric, précipitant, par l'avalanche de l'offre, la demande, relèvent de la société névrotique ; les machines désirantes, les belles machines, sont psychotiques.

Et moi, je vous déclare que les gadgets sont en parenté avec les schizes. La civilisation mécanique qui tient nos amis et leur jargon à bout de bras édifie des machines délirantes à répandre le vide. Et si le beau désir est désir de rien, il faut croire que la névrose, ouvrage de la répression, a la vie dure, entraînant Deleuze à pourfendre avec la dernière âpreté un pur rejeton de ses machines, une inanité quelconque parfaitement à sa place dans les terrains crevassés, sans discriminations, sans hiérarchies, sans valeur, de la schizophrénie radieuse [1].

Pour vous tout confesser, je suis convaincu que, dans la constellation des désirs soumis en 1972 à la pression vénale des magasins de fringues et des clubs de vacances, cette fresque de corps aux organes disloqués,

1. Cf. Gilles Deleuze, « A propos des nouveaux philosophes et d'un problème plus général », supplément au n° 24 de la revue bimestrielle *Minuit*, Paris, Editions de Minuit, 5 juin 1977, reproduit dans *Le Monde*, 19-20 juin 1977.

ce désintéressement, ce recours à la technique pour la dévier de son usage vulgaire relèvent d'un genre moral oublié, mi-fable, mi-utopie. Cependant je regrette que, prisonnier de la fiction, l'excellent Guattari, dont j'aime l'humour, étouffe celui de Proust et de Kafka sous les abstractions, que le rire prétendu schizo qui les secoue face à la grimace œdipienne, cette entreprise souterraine, cette « instauration non humaine d'une machine littéraire nouvelle, à proprement parler machine à faire des lettres et à désœdipianiser l'amour trop humain [1] », occulte leur dérision authentique, leur anarchie, leur satanisme, le dessous d'une parole qui n'exprime pas ce qu'elle énonce, revanche du sens sur l'apparence.

1. L'Anti-Œdipe, p 472.

1972. Douze ans d'art contemporain, *Paris*.

Pompidou, dont la brève aventure universitaire est marquée par la sagesse classique, dans sa seconde vie, bancaire puis politique, cultive le goût du jour. Mme Claude Pompidou y contribue pour beaucoup, aux aguets des événements et férue de Michel Guy, roi de la plante verte, ami du monde et des arts, snob au point de n'en vouloir rien perdre, toqué d'opéra où Tubeuf le guide, de théâtre qu'en 1984 il continue d'animer au Festival d'automne et de peinture, poussant le président à s'y mouiller. Il en résulte l'exposition du Grand Palais, bilan de la civilisation gelée dont je retrace, pas à pas, le tragique itinéraire.

De 1950 à 1960, la conscience, progressivement, est arrachée à la pensée. Dans les années soixante, le vide en celle-ci fait la loi à couvert des savoirs lui imprimant une plénitude par la farce des structures. 68, au lieu d'ébranler sous les coups du plaisir et des contre-pouvoirs cette dictature du non-être, l'exaspère en suspendant la science au désir.

Au théâtre, en 1972, le n'importe quoi s'érige en paradigme. Avignon est la capitale de l'incohérence. Les schizes, les pannes, les flux, si bien décrits par *L'Anti-Œdipe,* y rythment les mises en scène, dont les corps livrés à la compulsion constituent la cheville ouvrière.

Ici ou là, à Lyon, à Paris, des esthètes — Patrice Chéreau —, des professeurs — Antoine Vitez — conservent au spectacle une rigueur, préférant le « répertoire » — Shakespeare, Marivaux, Molière — aux pièces contemporaines affichant l'indiscrète identité d'auteurs périmés dans l'histoire anonyme.

Les arts plastiques sont à la traîne. Au XIXe siècle, fréquemment en avance sur la poésie même, ils pèsent sur l'air du temps, demeurant promoteurs jusqu'aux années 1950 où l'abstraction rend la dernière lueur du regard. La génération du nouveau réalisme, en 1960, opère la rupture, greffant ses ouvrages sur les ustensiles de la civilisation d'abondance, objets ambivalents d'amour et de répulsion, voitures compressées, poubelles, machines, surenchère et simulacre des produits de consommation. Mais, par la révélation que la modernité se confond avec la moquerie. Christo, Arman, César, Raysse et leurs amis rencontrent un climat hostile, les champions de la nouveauté, romanesque, musicale, anthropologique, trouvant dans la componction théoricienne un irrésistible appareil du changement. Le prix décerné en 1964 à Rauschenberg par la Biennale de Venise déplaçant vers l'Amérique le pôle de la création, quelques néo-réalistes désabusés y vont chercher fortune.

C'est le discours maintenant, exerçant un vœu incomplètement satisfait depuis le XVIIIe siècle, qui, en France, gouverne inconditionnellement. Delacroix, avant 1850, conseillait aux peintres de prendre garde à la littérature sous peine d'y laisser leur peau. Pendant un peu plus d'un siècle, à force de commentaires, elle s'arroge une tutelle sur les arts sans parvenir à les annexer. Vers 1960, ceux-ci s'abandonnent à leur prédatrice au nom de finalités communes :

Le rejet du sujet, vécu fantoche et monde évanoui, dont Cézanne, héroïquement, assume la restitution presque impossible.

Le rejet du sens par la matérialité, le physique de l'œuvre. Finies les interprétations où la métaphysique humaniste investit son capital d'âneries ; fini l'imaginaire dont le « moi » tire les ficelles vermoulues. Barthes est le maître incontesté. Les peintres et les sculpteurs radieux appréhendent un degré zéro de leur écriture et s'en remettent au texte comme à une bible détenant la clef de leurs signes.

Hélas ! ils n'en recueillent que des fruits verts. La fête est à New York et, en Europe, à Londres, à Düsseldorf, à Milan. A Paris, le marasme est à son comble. Les marchands n'arrivent plus à vendre. Les tableaux qu'ils proposent à 25 000 francs s'emportent à moins de dix mille à Drouot. Déchéance incompréhensible à l'ère de la prospérité économique maximale, sinon par l'aliénation des créateurs justifiant par Lacan ou Derrida leur existence. La détresse des négociants procède du désarroi de clients qui, mal remis de l'éviction brutale de Poliakoff ou d'Estève par les « reliefs » de Spoerri et les déchets d'Arman, sont plongés sans transition dans des galeries-succursales de l'Ecole des Hautes Etudes. Les clercs, peu à peu, prenant le contrôle de la sensibilité générale, le marché, vers 1972, connaît un regain de jouissance.

A New York aussi, règne la rhétorique. Mais les rapports de la peinture à la société et à la culture dominantes n'offrent avec ceux qui sévissent en France aucun point de comparaison.

Hors du roman et de la poésie, le passé artistique des Etats-Unis est mince. En 1945, fracassante est leur entrée dans la compétition picturale mondiale : Pollock, Rothko, de Kooning, Jasper Johns. A la fin de la décennie cinquante, le pop art issu de la bande dessinée rétablit entre l'oligarchie esthétique récente et la veine américaine traditionnelle des liens que le minimal art ne coupe d'aucune manière. Le pop est un récit des représentations et des pratiques quotidiennes. L'art conceptuel n'est qu'une autre aventure du verbe accordée conjointement à des mouvements contestataires et à un fonds idéologique anglo-saxon. C'est l'époque où le cinéma, art populaire par excellence, traverse une dépression grave ; où, symétriquement, les dramaturges, musiciens et plasticiens désabusés se découvrent des racines. Au succès, sur les campus, de la sémiologie française concourent de vieilles habitudes, la proscription du sentiment encombrant, le sacrifice des signifiés aux signifiants dans une civilisation publicitaire dont le simulacre est le prince. D'où, tout naturellement, l'expulsion de l'homme sous les auspices de l'école analytique, empirique et logique de Peirce, renforcée de l'épistémologie mathématique de Wittgenstein. Ce Viennois sert de référence aux créateurs new-yorkais dans le vent. Chaque langage recèle une structure dont on ne peut parler en s'y enfermant mais qu'un second dévoile, possédant à son tour une structure définissable à l'intérieur d'un troisième, etc. [1]. Joseph Kosuth, Carl André ou Sol Lewitt rendent compte par un problème d'algèbre, un poème, une étude sémantique ou un message non visuel quelconque du message de la peinture. Façon définitive d'en déclarer caduque l'expression sensorielle.

A Paris, au Grand Palais, dans la solennité d'une exposition officielle, les illusions se déploient d'une

_____

1. Cf. Jean Clair, *Art en France*, Paris, Editions du Chêne, 1972, p. 90.

modernité répondant à la demande et d'une provocation légitimée par le négoce. Au rien du tout deux voies accèdent principalement.

L'image, déshumanisée, déconnectée, à plusieurs variantes :

Image-phénomène, retombée de l'idée, copie de l'intelligible. Titus-Carmel : le dessin réaliste et le dessin-épure montrent, face à face, l'illusion et l'absolu. Hommage et démenti à Pascal. Ratification du nombre d'or et destitution de la peinture.

Image rhétorique, littérale, ne renvoyant qu'à elle-même, point suppléante mais inductive, image de l'image, plus que réelle. Kermarrec : segments du monde sensible animal ou humain, non identifiables et s'articulant selon un code. Monory : photographie bleue, monotone, redondante, inscrivant parodiquement le rêve dans les choses, les dissociant, les multipliant par les similitudes. Stämpfli : excroissances, agrandissements de pneus, de bouteilles en quête de leur essence.

Image militante où, sur les ruines de l'être, l'esprit de Mai 68 glisse un zeste de positivité. Les Malassis (Cueco, Fleury, Latil, Parré, Tisserand, Zeimert) : dénonciation collective des réalités politiques, économiques et sociales de la France. Allégories empruntées à l'imagerie de masse : quarante-cinq toiles de 162 centimètres sur 130 effectuées pour l'expo sous le titre de « Grand Méchoui ».

Deuxième avenue du vide : la forme.

Support-surface : ni d'œuvre en soi ni d'espace qui la bloque ; signes en gestation, signes en vadrouille ; pas d'estampilles comme sur les meubles du XVIIIe siècle, pas de datations, repères autobiographiques démodés ; pas de lieux assignés — musées, appartements — à la clôture du « tableau » ; pas de matières patentées,

châssis, papier, couleurs ; pas de subterfuges plastiques, horizon, perspective, profondeur. La toile se
définit par sa constitution. Souple, s'enroulant, se
pliant, se pressant. Sans envers ni endroit, se traitant
d'après son tissage, sa trame, son grain, sa capillarité,
sa diffusion[1]. Moins toile que voile, moins peinte que
teinte. Se contestant par d'autres matériaux, le bois, le
métal. Répétitive, pour marquer l'inanité de l'inspiration — cf. en musique les expériences semblables de
Phil Glass. Viallat : travail sur les nœuds, les cordes, les
filets, à partir de la fibre souple. Jaccard : toiles-bâches
mises en condition sur toiles-bâches.

Absent du Grand Palais : le « body art », le comportement. Ultime destitution de la peinture, vacante,
décomposée, déconsidérée, expropriée jusqu'au vestige de son support. Boltanski : photo du peintre et de
ses frères. Triple meurtre : de la peinture par le cliché
du peintre ; du peintre par sa représentation d'avant la
peinture ; de cette représentation par trois figures
indiscernables. Journiac : à la suite d'Yves Klein colo-
riant des femmes en public, des rites, des messes avec
communiants sérieux comme un pape, en guise de
peinture.

1. Jean Clair, op cit , p. 101

1974. *Exposition de dessins de Byzantios chez Karl Flinker.*

Dans les années soixante, les peintres, ne disant plus l'avenir, ressassent les leçons du présent : la faillite du visible, l'oppression des discours. A la sensation, des obstinés s'accrochent dans le désespoir.

Je connais un de ces opiniâtres, artiste puissant et lucide, impitoyable aux langages de rien, condescendant par distinction, intransigeant par noblesse d'âme, bardé d'angoisse dans un temps s'en protégeant. Byzantios, parisien depuis 1946, a hérité de l'ancienne Grèce l'innocence, le regard matinal que vient frapper, selon Heidegger, l'être en éclosion. Il en a reçu aussi l'énergie éteinte en nos sociétés. Je le reçois sur mon esquif, la « Méduse », dont j'ai désigné les principaux actionnaires, ligue dissidente dans la tradition des *Treize* de Balzac, conspirateurs et dandys.

En 1962, Byzantios expose chez Jeanne Bucher dix-neuf tableaux, intermède non figuratif d'une œuvre éperdue de représentations. Comme s'il pressentait que, dans la dénégation de l'art par lui-même, l'abstraction constituait le dernier sursaut plastique. Et comme s'il tenait à s'assurer que le « sujet » résiste à toutes réductions avant qu'il ne soit bafoué par les procédés néo-réalistes qui le font renaître de ses cendres. Il est vrai qu'il rayonne dans ces compositions superbes, détaché sur un fond retrouvant ici les droits dont Poliakoff, Riopelle, ou Vieira da Silva l'ont dépossédé et, concurremment, articulant ses inflexions vers l'avant, dans une ordonnance qui sourit au monde. Hartung ou Mathieu creusent dans l'espace le vide par les hachures, les brisures, les touches et les traits éclatés. Byzantios y réintroduit une plénitude et une flagrance. Son dessin habite la couleur, il guide la lumière, au prix de contentions douloureuses, car on la devine impatiente, prête à créer une brèche dans le tissu des accents. Maîtresse de ses fureurs, elle ne franchit pas le seuil de l'éblouissement et les signes, se comportant comme des personnages ou des objets, produisent du sens au lieu de le congédier.

Celui-ci resurgit avec fougue en 1965 chez Zervos, érudit et marchand d'exception, qui se promène depuis cinquante ans des Cyclades à Picasso et accueille en sa galerie inattentive à la conjoncture les arbres, les fruits, les légumes de Byzantios. Pourtant le débat ouvert chez Jeanne Bucher semble s'envenimer, l'avantage décidément passer à la lumière, le sujet se débattre contre les éclairages stridents. C'est que Byzantios, derechef, opte pour un parti qui excède ses penchants. Ayant, par l'abstraction, réhabilité la peinture en train de sombrer dans la pseudo-figuration du nouveau réalisme et du pop art, il témoigne, quand s'ébranle l'art conceptuel, que le chatoiement du perçu est le tribut à payer pour rendre à la représentation sa légitimité vacillante. Mais cet acte de foi s'épanchant en d'admirables toiles dont, vingt ans après, pas une n'a perdu de sa percussion, est une invitation à la rigueur graphique et Byzantios entame une longue route qui le mène en quatre étapes à la retrouvaille du réel. Qu'en dépit d'une réputation conquise par je ne sais quel travail du non-dit sur l'engourdissement du jugement public, il ne soit pas encore situé dans le panthéon des stars, n'affecte en rien son talent et ne revêt aucune espèce d'importance. Nietzsche nous a hygiéniquement désabusés des valeurs de mode, enseignant qu'il n'est d'invention qu'intempestive.

En 1972, au musée Galliera, Byzantios dévoile ses batteries sur de grands formats dans la lignée des modèles qui le fascinent depuis l'adolescence, byzantins, romains, romans, des Fayoum surtout qu'il m'emmène voir et revoir au Louvre, têtes fixant l'univers de leurs yeux fulgurants, sujets détournés d'eux-mêmes pour dialoguer avec les essences. Son dessin exigeant ne suffisant pas à dissuader les emballements de la couleur, il la lui faut prendre à son piège, l'empâter afin de l'assagir. Des à-plats, des couches épaisses de matière, de puissantes natures mortes se dégagent, fût-ce des silhouettes humaines auxquelles, à l'époque même de l'exposition Pompidou qui ne les récupère que pastichées, il n'hésite pas à restituer une vie sans masques ni dérobades. Mais leur identité lui semble encore incertaine. Pour en détecter les caractéristiques les plus intimes, il convient de les cerner, de les épurer. Pendant six ans de retraite harassante, usant par séance des centaines de mines, il dessine, livrant, en 1974, son secret chez Karl Flinker.

Voici des gens allant, venant, s'arrêtant devant un magasin de nouveautés ou sous les arbres du Luxembourg. Imaginez-les dans leur présence naïve, croqués pour ainsi dire au fil de l'apparence. Imaginez ensuite, sur une immense feuille blanche, méticuleusement, longuement tirées à la règle, des lignes verticales et horizontales, quadrillage liminaire du champ. Les hommes, les femmes, la rue, les vitrines peu à peu s'oblitèrent, les lignes s'entrecroisent, se compriment, se mêlent dans un réseau complexe, lacis dont la dynamique échappe à la vision première : ainsi, chez Leibniz, les forces infimes, l'en-dessous du perçu, induisant par sommations l'évidence du sensible. Plus le papier se comble, plus les blancs deviennent opératoires, car la lumière qui résiste à l'enveloppement pondère les accents, les rythme, les répartit, les noue sans tomber dans l'illusion du lointain et des profondeurs. L'exigence ancienne, chez Byzantios, du premier plan trouve ici entière satisfaction : pas de « devant » ni de « derrière », sinon dans l'esprit fabriquant du volume avec du contigu.

En 1978, Byzantios porte sur les toiles cette manière imparable et, en 1980, chez Flinker d'autres fruits, d'autres légumes expriment la chance de la figuration recouvrée. Voyez ces pommes de terre, j'en compte seize, et ce couteau posés sur une nappe dont on dénombre les replis. Nul clair-obscur, ni dedans ni dehors, pas d'horizon. Pas d'histoire : ces objets relèvent d'une nécessité plastique étrangère à l'anecdote. Rien de plus vécu que cette peinture, rien de moins psychologique s'il est vrai qu'elle renonce à la perspective qui, depuis la Renaissance, nous habitue à traiter l'espace en état d'âme.

En 1982, Byzantios s'attaque de front aux personnages, son vieux souci. Têtes incisives, femmes allongées, assises, debout, solitaires, plurielles, robes noires, blanches, rouges, scènes de moins en moins résignées à l'austérité, décors de plus en plus exubérants. Peinture rétro ? Neuve seulement. Décadente, face aux coups de boutoir des modernes ? De ceux-ci, je m'escrime à clamer au long de ce voyage d'hiver qu'ils s'ajustent purement et simplement à la banalité technicienne. Le talent de Byzantios entonne plus glorieusement le requiem d'une culture. Il figurera parmi ces reliques mémorables que viendront contempler nos petits-enfants dans un musée de la fin de l'histoire conçu par les computers d'après l'an deux mille quand le mythe et le rêve auront tracé d'autres filières.

1976. Le Célibataire français *de Jean Borie*[1].

Imaginez un quadragénaire un peu ample, la voix grave, la barbe soignée, élégant à l'anglaise, souvent portant flanelle, à l'avion préférant le train et surtout les paquebots quand ils battaient les mers, Barnabooth plutôt que Gatsby, celui-ci, du luxe, ayant l'outrance davantage que la distinction ; imaginez encore un professeur anachronique, passionné à ses élèves, irréprochable en ses prestations, peu goûté généralement de ses collègues, des traditionnels qui le jugent incongru et des modernes, parce qu'inactuel : c'est Jean Borie.

Il n'existe plus guère, hors Guillemin, d'histoire littéraire en France, édulcorée dans les biographies ou répudiée par les formalismes. Goldmann, dans les années cinquante, lui préserve un statut à couvert d'une sociologie marxiste de la connaissance. De son *Dieu caché* scrutant Pascal et Racine dans la constellation des gens de robe, il n'y a pas de descendance. Pierre Barberis ne parvient pas tout à fait à dévoiler l'immanence des auteurs à leur temps, le tenant pour une enveloppe, un signal, un support, rarement pour un tissu nourricier. C'est en ce foyer qu'au contraire Borie

1. Paris. Le Sagittaire.

les replonge, nouant son vécu aux leurs. Le XIXᵉ siècle est sa mémoire, transmise par une mère, institutrice laïque, qui lui en ravive les causes : le peuple, l'éducation, le progrès. Son désir l'inclinant inversement à la solitude, la voie lui est tracée du dépistage des contradictions et des songes émaillant l'idéologie bourgeoise.

Chez Zola il plante son décor[1]. Du positif à revendre, une littérature arc-boutée aux savoirs de pointe. La société balisée, durant vingt-cinq ans, de part en part, ratissée littéralement, de quoi faire enrager les experts. La biologie traquée dans ses mécanismes, la reproduction, l'hérédité. Face à ce naturalisme impavide, des fantasmes ébouriffés : la brute, le fou, les débordements du corps et la foi, n'osant qu'à la fin dire son nom, en l'humanité prolifique et laborieuse. Entre la nausée initiale, la déchéance de Renée, le méphitisme des Halles, l'exubérance du jardin d'Albine, la tératologie de Nana, et l'alléluia final à la fécondité, au travail, à la justice, à la vérité, du cloaque des Rougon-Macquart jaillissent les signes avant-coureurs de la rédemption : la souveraineté de Pauline, sœur des pauvres et chef d'entreprise, innocente sans ingénuité, amoureuse sans mesquinerie, altière sans frigidité ; l'espérance du bon docteur, léguant dans l'épilogue, à sa famille tarée, un bébé régénérant. Ainsi la feinte, d'elle-même, se déjoue, du déterminisme et de la gauche agnostique, paravent ou vestibule de la mystique qui court à travers le XIXᵉ siècle français.

Elle le pénètre par tous les pores, atteignant ceux qu'on en croirait le mieux protégés. Au culte de la femme les saint-simoniens, gestionnaires et technocrates, succombent les premiers. Idole mais sauvée, guérie de ses maladies ataviques, la prostitution et

1. *Zola et les Mythes*, Paris, Le Seuil, coll. « Pierres vives », 1971.

l'adultère, petit oiseau blessé mais athlétique à mesure du rôle maternel et caressant que la nature lui octroie. Incontinent exploité par les libérateurs, soumettant la malheureuse aux frustrations les plus humiliantes. Enfantin ne confère à la divine compagne le droit aux infractions que pour mieux la garder de la jouissance. De Vigny, gentilhomme hautain, homme de guerre, l'Eve dolente, d'une pâleur un peu exsangue, est la muse-objet : « Des visiteurs surviennent, on la montre, on la vante, on la congédie d'un sourire. Elle garantit et ne s'impose point, elle assure dans la discrétion[1]. » Michelet moins machiste en apparence, aux pieds d'Athénaïs se prosternant, lui prodiguant égards et tendresse, se comporte en colonisateur pourtant, soucieux d'élever à la dignité humaine la sauvage sevrée des valeurs de l'Occident. Lorsqu'il la proclame son interlocutrice par excellence, l'impérialisme viril se dénonce sous les airs de vénération :

> Et s'il faut absolument une femme de chambre pour d'autres soins délicats, je vais vous en présenter une qui brûle de l'être, qui a cent fois plus de zèle que Mlle Julie, que Mlle Lisette et toutes les illustres de ce genre ; qui, de plus n'est pas maligne, ne dira rien aux voisins à votre désavantage, qui ne rira pas de vous avec un amant, qui ne tirera pas la langue par-derrière quand vous parlerez, etc. — Mais cette perle où est-elle donc ? Je la prends, c'est mon affaire... — Où est-elle ? A côté de vous[2].

Au peuple martyr et rédempteur, Sand, Hugo, Michelet, Zola, tous les prophètes, les réformateurs, les utopistes célèbrent un sacrifice expiatoire. Ce qui n'empêche pas, dans *Germinal*, l'ingénieur Hennebeau, en l'occurrence loyal interprète de l'auteur, de

1. Jean Borie, *Le Tyran timide*, Paris, Klincksieck, 1973.
2. Michelet, *L'Amour*.

déclarer tout de go que si, par un effet pernicieux de l'évolution, l'ouvrier passait du tranquille assouvissement des instincts aux souffrances de la passion, le malheur de la terre s'élargirait indéfiniment. Entendez qu'il vaut mieux bloquer les humbles à leur niveau et les laisser forniquer comme des bêtes que de les abandonner aux tentations esthétiques et démoralisantes des superbes. Rousseau revu par les philanthropes bien-pensants.

De cette hypocrisie, Jean Borie se délecte sataniquement car ses complices, ses amis, ses frères sont dans l'autre camp, Flaubert, Baudelaire, les Goncourt, le premier Huysmans, cyniques, inengagés, dandys. A ces réfractaires il offre son *Célibataire français,* portrait d'un monstre, les « religieux », les militants confondant dans le même opprobre les hommes non mariés et les symboles du mal politique et social : le Moyen Age, avec ses prêtres et ses guerriers en armure ; l'Ancien Régime avec ses libertins persécuteurs des besogneux et des simples ; les nobles exerçant leur droit de cuissage et les curés leur ascendant sur les pauvres filles sans défense. Gloire au peuple conjugal, à la famille populaire représentée sous deux figures emblématiques, la femme et l'enfant, le mari toujours au second plan [1]. La vie triomphant de la mort, comme sur les tympans romans, à Vézelay, à Autun, à Conques, les Justes des Réprouvés.

D'où l'angoisse des filiations troubles, des fatalités morbides. Explorateur des hantises, après 1850 organisées en systèmes, Jean Borie ne se cantonne plus dans les discours dits « littéraires ». Il rencontre des médecins, des statisticiens, des hygiénistes, des économistes, la sensibilité sans frontière d'une collectivité qui, de

---

1. *Le Célibataire français,* p. 154.

gauche à droite, de l'ultraprogressiste Zola des *Evangiles* à l'ultraréactionnaire Barrès de *L'Energie nationale,* conspire dans l'obsession de la race pure[1]. Historien de la culture, historien des sciences, historien tout court, joyeux et percutant, qui ne cesse de manifester son indifférence à la mode, Borie en a reçu pour son dernier livre des hommages, son titre et son éditeur fort lié au clan des modernes ayant prêté à méprise et convaincu quelques moutons de sa conversion, impossible, à la théoricité et à l'ennui !

1. Jean Borie, *Les Mythologies de l'hérédité*, Paris, Galilée, 1980.

1977. Dandies. Baudelaire et Cie
   de Roger Kempf[1].

Nos modernes raffolent des différences, les affichant
comme des trophées, faux sourire printanier sous les
tempêtes du vent d'hiver. Chacun a la sienne, Foucault,
Deleuze, Derrida, à l'enseigne du renfermement, des
schizos, de la rature, effluves d'un brouhaha idéologique planétaire. Les femmes s'inquiètent de la leur et les
homos, les malades, les lycéens, les immigrés, les
peuples encore asservis et ceux qui ont conquis leur
liberté. Le drame est qu'en la revendiquant bruyamment, tous la compromettent.

On ne rêve que morcellement et micropouvoirs. Les
gens, dans la rue, s'isolent par les walkmans. Le réel,
selon Leibniz, est un « compossible », l'harmonie
conçue en Dieu de monades particulières et irréductibles. Le nôtre est un tourbillon dont les éléments sont
interchangeables. On passe d'une chaîne à l'autre dix,
vingt, trente fois l'heure à la télévision. On part pour
Bangkok ou pour la Barbade avec la même euphorie de
dépaysement programmé et contrôlé par les marchands
de voyages. On achète des mets analogues dans d'im-
menses officines, pareils des métropoles aux moindres
cantons. La bourgeoisie du XIXe siècle fantasmant,

1. Paris, Le Seuil, coll. « Pierres vives ».

histoire de se légitimer, la suprématie ontologique des propriétaires sur les producteurs met en branle un déroulement qui, à long terme, pulvérise ses ambitions. La démocratie — que, d'emblée, Stendhal, Baudelaire, Nietzsche, percent à clair — est un principe régulateur irrésistible entraînant le nivellement général. La naïveté de Marx est de confondre l'énergie matérielle — technique et économique — du capitalisme avec la symbolique, prête à sacrifier les avantages du profit aux griseries de l'expansion. Symétriquement, dans le prolétariat, la souffrance avec l'élan révolutionnaire. Car l'opprimé ne s'en prend pas à ses exploiteurs pour changer le monde mais pour en jouir à leur façon. L'hétérogénéité des goûts, des habitudes, des sentiments est, dans les sociétés industrielles, vouée à disparaître et concurremment la distinction dont, au nom de la justice sociale, je salue sans réserve l'éclatement, cependant qu'il me désole au nom des valeurs esthétiques et culturelles dont je suis le chevalier impénitent.

Dans l'uniformité des manières, pas de transaction avec les réfractaires, les irréguliers, les dissidents. Je conte l'épopée, depuis 1945, de la moutonnerie pitoyable, la suffisance béate des suiveurs, la sujétion réciproque des maîtres et des disciples aux langages institués. Que vient fiche le dandysme en cette ornière ? Quand Roger Kempf publie le livre unique dédié à la singularité depuis trente ans, comment s'étonner qu'il suscite peu d'émotions ? A l'ère du prêt-à-porter où l'on s'obstine à baptiser « dandys » les magasins de « nouveautés », ne sait-on pas que ces mots s'excluent, que le « dernier cri » répugne à ces sauvages ? Au XIXᵉ siècle, leur âge d'or, ils se manifestent par le dédain, les esquives, le silence et l'irrédentisme en toute occasion. Jamais provocateurs, tels, sottement, qu'on les décrit. Saint-Cricq dont la chronique louis-philipparde est pleine, qui mange du chocolat avec des huîtres au Café Anglais, qui affirme à propos des étudiants en médecine chahuteurs de Royer-Collard qu'il « lui eût été doux de tuer une dizaine de ces morceaux de merde habillés en hommes[1] », qui se coiffe de rose, se peinturlure les ongles et se sangle à la bavaroise, est l'antidandy par excellence. Le vrai, l'authentique, Brummel, père officiel, bien que, de la famille, Baudelaire et Barbey fondent dans l'Antiquité la généalogie, « Beau Brummel » ou « le Beau », plus simplement, porte des gants épousant la forme de sa main comme une mousseline mouillée : le dandysme ne consiste pas dans l'aspect de cette merveille, seule-ment, à l'insu de tous, en ce qu'elle émane de quatre artistes s'étant ainsi distribué l'ouvrage : un pour le pouce, trois pour le reste[2] ! Ce n'est pas son train impérial, sa mise éclatante, l'extrinsèque de sa splen-deur qui distinguent à Vienne le duc, futur maréchal de Richelieu, confident et ambassadeur de Louis XV, dandy, selon Barbey d'Aurevilly d'avant les dandies, mais un détail : les chevaux de son carrosse, ceux de selle et ceux de suite, avaient été ferrés en argent. Le métal, scindé en deux, n'était fixé que par un clou minuscule. Les chevaux bientôt déferrés, le peuple put se partager leurs dépouilles. Le dandysme ne tenait qu'à un clou[3].

C'est pourquoi il ressortit au mystère où la classe dominante niche au XIXe siècle le refus de sa condition ravivant, sous le régime de l'horizontalité et de la transparence bourgeoises, les occultations et les verti-

1. Stendhal à Mérimée.
2. Roger Kempf, *op. cit.*, p. 174.
3. *Ibid.*, p. 81.

calités d'Ancien Régime. Dans l'*Histoire des Treize*, festival du dandysme balzacien, tout se passe et se noue à l'ombre : la conspiration des hors-la-loi et des seigneurs, l'initiation, l'énigme, quand le jour a de la nuit l'opacité voluptueuse et menaçante. La duchesse de Langeais, femme-dandy (seule, avec Mathilde de La Mole et Emma Bovary, à justifier cette qualification flatteuse) envoie sa voiture et sa livrée devant le domicile d'Armand de Montriveau pour faire croire à l'opinion qu'elle lui a cédé tandis qu'il se promène tranquillement avec Marsay et qu'elle gît palpitante au fond de sa demeure. Loin de déranger les usages par une ostentation malséante, elle témoigne subrepticement de son appartenance à un clan appliqué à les mépriser. D'un aveu, elle fabrique un secret.

Aux mœurs, c'est-à-dire aux différences, voici des lustres que Kempf attache son zèle. Il entre à peine en écriture qu'il est fasciné par la Société de Saint-Vincent-de-Paul, peut-être parce que adolescent il a eu, lui aussi, ses pauvres. Sur ceux d'Ozanam il projette le regard et la parole des nantis avec une dérision dont je regrette qu'elle ne lui ait pas servi de tremplin à la plus brillante carrière romanesque ou théâtrale. Et, plus tard, à l'Amérique qu'il aime comme un auteur ses créatures, il dédie un petit livre [1] où je retrouve l'esprit de Tocqueville, l'un des rares Français à s'être intéressé, pour eux-mêmes, aux autres. Par les politesses qui, aux Etats-Unis, dissimulent, étouffent, subjuguent les haines, par l'amour du feu dans une société urbaine soumise pendant cent ans à des incendies ravageurs, par la propitiation de la mort californienne ou les rites des restaurants d'Evanston, banlieue paisible de Chi-

1. *How nice to see you !* Paris, Le Seuil, 1971.

cago, Roger Kempf scelle le raccommodement de l'anthropologie et de la jouissance.

Il le cultive dans une critique littéraire déclarant au jargon la guerre. Cigares de Balzac, véhicules proustiens, double pupitre où Bouvard et Pécuchet accomplissent la fraternité virile et studieuse, austère et jalouse, ratée par Flaubert avec son ami Alfred Le Poittevin [1]. Va-et-vient du vécu aux discours brisant la glace où le « textualisme » de nos contemporains les entrave. Non point que Kempf, jamais, les dépossède de leurs privilèges. Charlus ne ressemble qu'à Charlus, fût-il mâtiné de Montesquiou. Le livre est fécondé par le livre, le *Rouge* par les lectures de Julien Sorel. Mais, dans sa lettre, il ne dit pas tout ce qu'il recèle. La sémiotique est avare, elle est comptable. Pas de non-dit pour piéger ou démentir ce qui s'exprime. Donc, pas d'humour, pas de mythes où, sous la voie oblique et mutilante des signifiants, se produisent les déflagrations de l'imaginaire.

Dans les années soixante, personne ne prenant garde qu'elles affectent le corps, Roger Kempf, pionnier, débusque en celui-ci une grille infaillible du romanesque. Il la décrypte chez Diderot [2] dans le geste, l'attitude, les larmes, les vapeurs, la pulsion et les masques enrobant sataniquement la présence pour la rendre subversive. A travers des essais plus libres les uns que les autres, il capte dans la robe de Mme Arnoux, la maladie de Julie, le postérieur de Charlus, le suspens, sur un pied, de Rastignac devant la croisée de Mme de Restaud, les vivants hiéroglyphes de la fiction [3].

1. Roger Kempf, *Mœurs*, Paris, Le Seuil, coll. « Pierres vives », 1976.
2. *Diderot et le Roman*, Paris, Le Seuil, coll. « Pierres vives », 1964.
3. *Sur le corps romanesque*, Paris, Le Seuil, coll. « Pierres vives », 1968.

10 mai 1981. Election de François Mitterrand à la présidence de la République.

A 20 heures, pour la droite, au-delà de l'accablement, c'est l'horreur, la folie mimant la sagesse, le désordre empruntant les voies de la règle, la monstruosité prétendant à la norme dans le gouvernement des nations. La stupeur passée, les battus, vite, se ressaisissent. Le scandale ne saurait durablement offusquer la convenance, l'indignité conserver la tête haute. Le cyclone s'éloignant, le fleuve spontanément regagne son lit, la nature dégrisée retourne sous la loi.

Car la droite, indécrottablement, se pense légitime, telle la noblesse d'avant 1789. Depuis cent cinquante ans, il est vrai, elle tient les rênes que ni les barricades de 1848, ni la Commune de Paris, ni le Front populaire ne lui arrachent pour de bon. On dirait qu'un titre de propriété lui est reconnu sur les affaires. Le parti communiste n'a guère envie de s'y frotter, s'entendant mieux à l'opposition. A ce consentement presque unanime correspond depuis quarante ans une donnée électorale : France de droite et France de gauche rassemblent chacune 48 % des suffrages, un marais de 4 % arbitrant les scrutins. Sous la Cinquième République, pendant vingt-trois ans, ils portent sans désemparer une coalition gaullo-libérale au gouvernement. En 1981, c'est l'allergie à Giscard et les extrémités de la crise qui favorisent François Mitterrand, point aimé pour lui-même, élu à coups de promesses intenables puis bercé par la grâce dont ses sondeurs lui diffusent les chants. D'un processus, l'événement n'indique pas l'amorce mais la terminaison. Déjà le pays désavoue son vote qu'on crédite le président d'un débordement d'affections. Maligne, la réaction ne s'y laisse pas prendre, sentant sourdre la rancœur de tous les coins du corps social et de tous ses éléments, même de gauche, que déçoivent les pusillanimités, les incohérences et les précipitations du changement. Qu'effraient aussi les menaces sur la fortune protégée, toutes classes confondues, par dix siècles de méfiance paysanne.

En quelques mois, la haine, savamment orchestrée par les partis vaincus, gangrène l'Etat socialiste. Ils poussent des cris d'orfraie à la nationalisation d'établissements déjà épaulés par la puissance publique. De celle-ci, la mainmise sur l'énergie, les transports, les banques actives, les géants industriels s'accroît depuis cinquante ans irrésistiblement. Aux yeux de l'Amérique où tout est privé, à l'exception de l'armée, du trésor et des bureaux d'immigration — je ne parle pas de la poste, vieux bastion fédéral coiffé soudain par des holdings pour cause d'inefficacité ! —, nul doute que le contrôle de Thomson ou de Rhône-Poulenc relève du vol. Mais, en France, ce type de spoliation inventé par la monarchie n'a aucune chance de s'interrompre sous quelque régime que ce soit.

Pour défendre la libre entreprise une cabale, dès juin, se déchaîne contre Jack Lang. Au terme d'une longue méditation sur l'inviolabilité du « clan » intellectuel et littéraire parisien, on conçoit que je me divertisse des appels droitiers lancés à sa rescousse. Nul n'ignore que c'est de Gaulle, à la gloire de Malraux, qui dote la culture d'un ministère. Celui-ci se développe, en dépit de maigres subsides, à mesure des sollicitations, revendications, pleurnicheries de ses partenaires, gens de théâtre, musiciens, artistes divers qui, dans la foulée assurancielle de notre civilisation paniquée, viennent, année après année, mêler leurs voix suppliantes à celles des fonctionnaires, syndicats et citoyens de tous bords, soucieux de couverture sociale. A l'Etat, bien avant 1981, ces champions de l'audace arrachent dans des proportions imposantes les moyens d'exister. Torts de Lang : l'augmentation substantielle du budget culturel ; l'attention aux plasticiens par une nouvelle division administrative ; le respect de l'archéologie qu'il tire de son ghetto officiel ; l'injection des beaux-arts dans les prisons par les seringues de Jean-Pierre Colin ; la fondation d'un musée de la mode, à la satisfaction d'une profession peu suspecte d'inclinations plébéiennes et la répétition de l'opération en faveur de la table négligée par la gourmandise réactionnaire ; la multiplication des initiatives à l'avantage des créateurs et des consommateurs de cinéma, d'opéra ou de rock. Sans parler de quelques shows, la fête de la musique le jour de l'été par exemple qui, de Paris, fait tache d'huile dans toute la France et jusque dans les pays voisins. Son œuvre a mon estime et ma sympathie. Hélas, à l'instar de ses détracteurs, il n'a pas assimilé le fonctionnement de l'institution culturelle française. Confondant la veine « progressiste » des intellectuels avec une adhésion au gouvernement, il n'arrête pas de se lamenter sur leur défection. Que n'a-t-il pris conscience que le « clan » traditionnellement se prononce contre le pouvoir en place, jamais en sa faveur ! Que c'est miracle, par une dérogation très spéciale à des principes séculaires, qu'il le soutienne, à présent du bout des lèvres. Il y va de son destin et de son honneur, de l'idée qu'il s'est forgée de sa liberté. A ses suborneurs on le verrait clamer, telle Carmen à l'acte des arènes, qu'il mourrait plutôt que de se rendre !

Au moins le ministre de la Culture indique-t-il franchement sa couleur, abattant ses cartes sans discrétion, transférant dès 1980-1981 sa démesure et les séductions qu'il prodigua quinze ans au Festival de Nancy, dans l'organisation de colloques mitterrandistes où le « clan », pour quelques mois encore opposant, se range joyeusement, avec des amis étrangers, sous sa bannière — biologistes à Valençay, cinéastes à Hyères, écrivains, metteurs en scène, historiens, anthropologues illustres de la Méditerranée à Saint-Maximin, côte à côte Ruffié, Berque, Miquel, Kemal, Strehler. Hissés au pouvoir, les socialistes manifestent rarement la même ardeur, doutant d'eux-mêmes, refusant de s'assumer pour ce qu'ils sont, écartelés entre un langage intraitable et une action timorée. Discours à la Saint-Just de Quilès et Mermaz au Congrès de Valence, imprécations, anathèmes, écho des charrettes de 93. Dans la pratique, des mamours à l'adversaire. En 1974, Giscard d'Estaing, sans atermoiements ni tapage, liquide une centaine de journalistes à la télévision. On en limoge, en 81, une petite douzaine et l'opposition hurle à la purge. Le garde des Sceaux dont la grandeur est d'avoir démonté la guillotine, vilipendé par les magistrats du parquet juridiquement soumis à son autorité, leur dispense des sourires au lieu de les mater [1]. De ce scénario immuable, de ces bontés, de ces délicatesses partout gaspillées, de ces ménagements d'un ennemi ourdissant sa revanche, se dégage l'im-

1. S'abaissant à décorer de la Légion d'honneur l'avocat général Richon qui requit haineusement la peine de mort contre Buffet et Bontemps, lequel, dans la cour de l'exécution, en présence de son défenseur, Me Badinter, cria au ministère public : « Tu bandes, Richon ! »

pression qu'on lui demande pardon de l'avoir sup-
planté !

Mais le pire est qu'afin d'écarter le spectre de
l'usurpation, l'establishment socialiste se coule dans le
moule de ses prédécesseurs, adoptant le « look » de la
Cinquième République, techno-bureaucratique, inhu-
maine et frigorifiée. Je rêvais d'une sociabilité qui, à la
morgue et à l'abstraction, substituerait la gentillesse,
apanage étymologique des seigneurs. Je regrette que
les principaux du régime endossent avec une fréquence
croissante les défroques vulgaires des parvenus. J'enrage que l'Etat se résigne à l'hégémonie des énarques.
Non point que certains ne soient de gauche mais leur
idéologie n'est qu'une fioriture, le luxe d'un déterminisme imbécile dont ils sont les opérateurs enthou-
siastes.

Etonnez-vous que, banalisé à souhait par ses
méthodes et par ses manières, le nouveau pouvoir ait
manqué ce qu'il eût dû accomplir par priorité : la
réhabilitation de la différence. Certes, à peine assis
place Beauvau, Defferre fourbit la loi de décentralisa-
tion qui affranchit imperceptiblement la France de
Paris. Mais, de ce beau mouvement initial, on dirait
que nos dirigeants s'effarouchent, se drapant dans la
platitude qui habite désormais leur comportement. A
une civilisation des indiscernables, ils s'avèrent incapa-
bles d'inculquer le goût de la singularité dont elle a
perdu l'usage sauf à la poursuivre dans les modes qui
l'assassinent, babas contre pops ou new-wave contre
punks. Pendant la campagne présidentielle, au printemps 81, j'ai enregistré chez François Mitterrand
l'intime conviction qu'une société socialiste ne s'épa-
nouirait qu'en cadence de ses contre-pouvoirs. Mais,
pour jouer de ces béances, pour s'accommoder de ces
marges, il lui faudrait de l'aplomb, du panache, une

vocation de l'inaugural. Elle préfère commémorer, choix périlleux en ces occurrences. Il y a, dans l'affolement des sensibilités, dans le désarroi des désirs, des tensions à encourager, des pulsions à investir ; il y a dans la léthargie ambiante des murmures de créativité et, dans l'ennui, des embryons de vie associative ; il y a des musiciens dans le métro et des flopées de radios libres dont le gouvernement aurait pu bénéficier ; dans l'apathie générale, il y a des résidus d'existence qu'il est grand temps d'aller cueillir.

En avril 1984, au cours de l'unique prestation télévisée à laquelle, en trois ans, il est convié, Michel Rocard remarque qu'à son adhésion à la gauche il n'y a pas d'explication, car elle procède du cœur. Juste. Je suis de gauche comme j'aime Mozart et il m'a suffi un soir de mai 84 de voir et d'écouter pendant quelques secondes sur le petit écran Florentin, sbire de l'association Légitime Défense, pour évoquer le mal radical. C'est pourquoi les dérobades et les conventions du socialisme n'ont pas entamé ma foi. Reste que, depuis 1981, la succession des événements : la consommation mythique — fourrez-vous-en jusque-là ! — dans une économie bloquée ; les restrictions droitières de la « contre-réforme » — mangez moins, appauvrissez-vous, chômez davantage et de préférence sans vous plaindre — à l'horizon d'un monde en crise dont rien n'indique qu'il puisse retrouver un jour la moindre croissance ; l'abandon pathétique du programme optimiste de l'union de la gauche ; reste que ces déboires, ces revirements soumettent les hommes de cœur à une interrogation déchirante. Serait-ce qu'entre le directivisme en France et la jungle, il ne se présente qu'un compromis qu'on hésite à nommer, tant la S.F.I.O. l'a rendu odieux ?

Les rodomontades des nouveaux « compagnons » du

P.C., leurs airs blessés sur la vilenie sociale-démocrate ne trompent personne : Guy Mollet demeura coûte que coûte la caution du C.E.R.E.S. Chevènement est né démagogue. Politiquement habile, justicier constamment montant sur ses ergots pour ramener le parti sur ses rails. En sociologie, en économie, mi-sophiste, mi-doctrinaire. De deux choses l'une. Ou bien l'on fait chambre à part — en restant ensemble dans la communauté européenne, a fortiori dans celle du libre-échange universel à moins de se rallier aux Soviétiques sans conditions —, l'on consomme à gogo et l'on s'endette jusqu'à l'insupportable, car ce quant-à-soi est un leurre, un simulacre, un discours : le C.E.R.E.S. et son président m'ont toujours inspiré une réticence profonde, ils s'enivrent de mes repoussoirs, la technocratie, la planification, le formalisme ; ministre de la Recherche. Chevènement n'a cessé d'encenser les fossoyeurs du sens.

Ou bien l'on acquiesce aux demi-mesures, aux troisièmes voies. On balance entre les modèles austro-anglais et germano-suédois, la nationalisation bien tempérée et l'ultrasyndicalisme, la propriété partielle des moyens de production et la pression raisonnable des producteurs. En tout état de cause, à la fin du XXe siècle, on proscrit les dépenses excessives, on en revient aux sources puritaines du capitalisme, aux rigueurs immanentes à l'esprit d'enrichissement. Et l'on enterre le projet de socialisme « à la française ». Le président Mitterrand s'y résout par lucidité.

1983. Exposition Manet.

L'art — momies égyptiennes ou poteries crétoises, portraits de Raphaël ou estampes japonaises, statuettes Dogon ou trésors de Saint-Marc, peintures romanes ou sculptures de Carpeaux, œuvres antiques ou récentes, productions naïves ou de la culture savante — ressortit sur le mode des vacances, des médicaments et de la cuisine surgelée à la consommation de masse : deux cent mille spectateurs d'*Aïda* à Bercy-Chirac, plus de huit cent mille visiteurs pour Manet dans les galeries du Grand Palais.

Dans ses phases critiques l'histoire a une propension aux bilans. En Alexandrie, au IVe siècle, se récapitule le savoir du monde. Notre encyclopédisme à nous ne prétend pas à la mémoire mais au simulacre. Il brasse des informations interchangeables, passant de l'opéra au drame, de Poussin aux abstraits, d'une rétrospective Visconti à la girafe de Charles X, comme de Bahreïn au Pendjab par les Jet Tours. A contre-courant de cette culture froide faut-il mettre l'apothéose de Manet au compte de la vie et de la liberté qu'il célèbre ? Je crains que la foule, plutôt que de méditer sa leçon, se soit efforcée de l'ensevelir.

221 numéros, huiles, aquarelles, pastels, eaux-fortes, dessins, dont une douzaine de chefs-d'œuvre absolus, à

l'aube de la grande glaciation, chant du cygne de la peinture, je veux dire du regard insoumis au discours. On sait le sort par suite échu aux génies maudits par un temps qui les interdit de sensations : Van Gogh, à trente-sept ans, se suicidant pour s'être abandonné à la jouissance des blés et des tournesols.

Défi de Manet aux poncifs contemporains sur le vécu. De celui-ci la plénitude est en raison inverse des états d'âme. Dans *Le Balcon*, les personnages communient sans communiquer. La composition, apparemment conventionnelle — trois amis posant dans une maison — intègre dans un contrepoint inouï, au lieu d'attitudes ou d'émotions racontées, des accords ou des dissonances plastiques. Le réel surgit de la perception, pas de l'idée que l'on en prend : la narration est le marchepied du psychologisme. Le vert cru de la balustrade et du volet qu'on n'eût même pas, en 1868, osé imaginer, la blancheur des robes, la cravate d'Antoine Guillemet, le pot de fleurs au premier plan et l'adolescent estompé en profondeur, le petit chien ténériffe, tout converse sans avoir besoin de parler. Tout est intérieur parce que le sujet diffuse du mystère, tout est en dehors par sa force de propulsion, son air d'avancer et de crever la toile dont Fayoum et byzantins enseignent la magie.

Manet accomplit d'autres prodiges. Ses toiles ne sont jamais semblables. Aucun système ne leur préexiste, seul le sensible les informe. Dans le *Déjeuner à l'atelier*, il est fastueux, vraie débauche du divers. Dans *Le Fifre*, l'économie se généralise. Un fond quasi monochrome, un jeune garçon au dépouillement janséniste : quelques taches, remarque Zola, suffisent à en définir l'essence ; le rouge du pantalon, le blanc de la bretelle et des guêtres, le noir de la vareuse, des chaussures et d'un brin de képi, trois touches de jaune. Pas de perspective, non plus que dans l'admirable *Sweam-Boat* de Chicago où les bateaux, sombres accents sur une mer bleue, récusent quatre siècles d'illusionnisme occidental. Tout, chez Manet, détonne : le peu, le bref, le silence. Tout est incartade, hantise de notre modernité. Ecrire, dit Michel Leiris — et sans doute, plus généralement, créer —, c'est se rapprocher du danger, s'exposer sans cesse aux blessures. De ce grand écrivain — auquel, ainsi qu'à Bataille, son ami, je ne reconnais qu'un péché : d'avoir couvert de sa haute stature pendant soixante ans la vaine réconciliation de l'esprit et des professeurs —, de ce téméraire j'ai parlé à peine et moins encore des auteurs que j'aime, Jean Demélier, Michel Chaillou, d'isolés, de dissidents qui se sont frayé, avec quelques rares peintres et des musiciens plus rares peut-être, une voie étroite dans la banquise. A ces phénomènes[1], à ces libertins, à ces apôtres, la mission est impartie de témoigner, dans l'ère post-historique qui se lève, de l'irréductibilité du sens. Aucune civilisation ne survit à une hibernation radicale. La revendication, à l'égard du positivisme médical officiel, de la sensibilité contemporaine et, sur celle-ci, l'attraction exercée par les représentations taoïstes de la subjectivité du corps, ne sauraient être prises à la légère. Dans le froid qui s'érige en condition d'existence permanente des sociétés et des cultures, l'humanité se doit, pour retarder sa mort physique, d'aménager des serres.

---

1. Parmi lesquels, au premier plan, E. M. Cioran, l'un des plus profonds penseurs de cette époque.

375

DU MÊME AUTEUR

Chez B. Grasset

LA RETENUE, roman, 1962.

POINT MORT, roman, 1964.

LE PÉNIS ET LA DÉMORALISATION DE L'OCCI-
DENT (avec Roger Kempf), 1978.

Chez A. Colin

ESSAI SUR LA SENSIBILITÉ ALIMENTAIRE À
PARIS AU XIXᵉ SIÈCLE, Cahier des Annales, nᵒ 25,
1967.

Chez 10/18

PHILOSOPHIE ZOOLOGIQUE de Lamarck, présentation par Jean-Paul Aron, 1968.

Chez Christian Bourgois Éditeur

ESSAIS D'ÉPISTÉMOLOGIE BIOLOGIQUE, 1969.

THÉÂTRE, 1970.

Chez Mouton

ANTHROPOLOGIE DU CONSCRIT FRANÇAIS
(avec P. Dumont et E. Le Roy Ladurie), 1972.

Chez R. Laffont

LE MANGEUR DU XIXᵉ SIÈCLE, 1975.

Chez Denoël/Gonthier

QU'EST-CE QUE LA CULTURE FRANÇAISE?
Collectif Médiations, n° 2, 1975.

Chez Fayard

MISÉRABLE ET GLORIEUSE, LA FEMME DU
XIXe SIÈCLE, collectif animé et présenté par Jean-Paul
Aron, 1980.

Impression Bussière à Saint-Amand (Cher),
le 20 décembre 1991.
Dépôt légal : décembre 1991.
1ᵉʳ dépôt légal dans la collection : septembre 1986.
Numéro d'imprimeur : 3527.
ISBN 2-07-032370-6./Imprimé en France.